Heinzpeter Hempelmann

Philosophie – eine Einführung für Theologen

Band 1: Antike

Vorsokratiker – Platon – Aristoteles

Die THEOLOGISCHE VERLAGSGEMEINSCHAFT (TVG)
ist eine Arbeitsgemeinschaft der Verlage
Brunnen Gießen und SCM-R.Brockhaus Witten

Text Aristoteles, *Metaphysik*, Buch XII, Kap 7–9 nach:
Aristoteles, *Philosophische Schriften in sechs Bänden*, Bd. 5, *Metaphysik*, Übers. v.
Hermann Bonit, Felix Meiner Verlag Hamburg, 2019 (e-Book), S. 270-278

Umschlaggestaltung: Jonathan Maul
Druck: Hubert & Co, Göttingen
ISBN Buch: 978-3-7655-9115-0
ISBN E-Book: 978-3-7655-7722-2
www.brunnen-verlag.de

Inhalt

Einführung

I. Eine Philosophie-Einführung wie keine andere

Es gibt hervorragende Philosophiegeschichten, in einem Guss, aus einer Hand: in der Tradition der Aufklärung und mit wachem Blick für politische Dimensionen Bertrand Russel, klassisch Wilhelm Windelband/Heinz Heimsoeth; gut eingeführt und in allgemein verständlicher Sprache: Hans-Joachim Störig, aus angelsächsischer Perspektive Anthony Kenny; es gibt immer neue Kurzdarstellungen wie die von Ruffing und Reisch und – jüngst und prominent – : die von Jürgen Habermas, interessanterweise mit speziellem Fokus auf dem Verhältnis von Glauben und Denken. Es gibt sie als Gemeinschaftswerk von Fachleuten, die ihre Expertise für ihr Spezialgebiet einbringen: klassisch und unübertroffen die von Friedrich Ueberweg begründete, inzwischen auf 40 Bände angelegte Philosophie-Geschichte, die beiden Bände Klassiker der Philosophie, herausgegeben von Otfried Höffe, die Philosophie-Reihe der Wissenschaftlichen Buchgesellschaft oder den ebenfalls bewährten Röd: Geschichte der Philosophie in 14 Bänden. Es gibt sie einführend und unterhaltsam, mit dem Fokus auf kennzeichnenden biografischen Details: als absoluter Bestseller mit z. Zt. 41 Auflagen *Die philosophische Hintertreppe* von Wilhelm Weischedel, mit grafischen Hilfsmitteln wie Comics (Philosophie für Einsteiger), als schon für Jugendliche empfohlene Einführung wie Jostein Gaarders „Sophies Welt“ oder als Textsammlungen zu philosophischen Epochen und Positionen mit Einführungen und Kommentaren, so etwa Gadamers *Philosophisches Lesebuch*, das vor allem wegen seiner kurzen Hinleitungen so lesenswert ist, und Vorländers Textsammlungen, kombiniert mit einer Philosophiegeschichte. Es gibt faszinierende Kurzdarstellungen der wirkmächtigsten Philosophen des Abendlandes, etwa die Basis-Bibliothek Philosophie von Zimmer oder das von Lutz herausgegebene *Metzlers Philosophenlexikon* mit seinen ebenso knappen wie informativen Gesamtdarstellungen, es gibt ganze Buchreihen, in denen Positionen einzelner Philosophen herausgearbeitet und kritisch kommentiert werden, etwa in der Speck-Reihe. Es gibt neben diesen philosophiegeschichtlich orientierten Darstellungen dann auch solche, die als Wörterbuch organisiert sind und je nach Umfang unter einem Stichwort eine eigene Philosophiegeschichte bringen: Man vergleiche etwa den fast 100 Spalten starken Artikel Gott im alles überragenden Historischen Wörterbuch Philosophie (Bd. 3, 721-814). Es gibt die Enzyklopädien zur Philosophie bzw. Wissenschaftstheorie von Sandkühler und Mittelstraß, beide mehrbändig. Es gibt aber auch Lexika, die bezogen auf den jeweiligen Philosophen die jeweils wichtigsten Werke und ihre Rezeption beschreiben: Unentbehrliches Werkzeug ist hier Volpis großes Werklexikon der Philosophie in zwei voluminösen Bänden; einen Blick wert sind aber auch die jeweils neu verfassten Artikel in den verschiedenen Auflagen des Kindler-Literatur-Lexikons, in der Regel ebenfalls von Fachleuten verfasst.

Es gibt, es gibt, es gibt. Man könnte noch eine Weile so fortfahren. Was gibt es denn noch nicht? Was bräuchte es denn noch? Braucht es die vorliegende Einführung in die Philosophie, deren ersten Band Sie in der Hand halten? Was ist deren *unique selling point*, ihr Alleinstellungsmerkmal? Es kommt hier nicht auf seine Kosten,

- wer für Philosophen ausführliche, sie im Kontext ihrer Zeit verstehende Biografien sucht: Das Leben und die geschichtlichen Hintergründe haben ein unterschiedliches Gewicht, wenn es um den Zugang zu einer philosophischen Position geht. Dem entsprechend fallen die Bezugnahmen und Schilderungen stärker oder schwächer aus;
- wer umfassende, alle Teile des Werkes eines Philosophen berücksichtigende Gesamtdarstellungen sucht: Wir nehmen das Gesamte insoweit in den Blick, wie es von Belang ist für das Verständnis dessen, was uns in dieser Philosophiegeschichte besonders interessiert. So ist etwa die Aristotelische Ethik von überragender Bedeutung. Sie tritt aber hier zurück – abgesehen von einem Exkurs zur Sklavenfrage –, weil im Fokus die Gotteslehre des Aristoteles steht, ihre Einbettung in die „Metaphysik“ und das Wissenschaftskonzept, das alles trägt;
- wer repräsentative Textsammlungen sucht: Davon gibt es genug. Was wir hier bieten, sind bewusst kurz gehaltene exemplarische Texte für jeden der behandelten Philosophen. Sie besitzen jeweils eine Schlüsselrolle, vermitteln einen „O-Ton“ der jeweiligen Überlieferung. Sie schrecken aber wegen ihrer Knappheit nicht ab, locken vielmehr, einmal einzutauchen und Witterung aufzunehmen. Da sie entsprechend eingebettet sind, bieten sie die Chance, auch bei geringerem Leseaufwand einen, wenn auch begrenzten, Original-Zugang zum Denker zu finden;
- wer ein Abschreiten der Mainstream-Philosophen oder dessen, was jemand jeweils dafür hält, erwartet: Abgesehen davon, dass gerade hier gilt: alles eine Frage der Perspektive, werden etwa für die Zeit vom 9.–14. Jh. viel zu wenige Personen und Positionen behandelt oder nur summarisch dargestellt. Dafür kommen viele vor, die viele Philosophiegeschichten nicht in der ersten Reihe sehen, etwa Blaise Pascal, Johann Georg Hamann oder Paul Ricoeur. Der Grund ist wiederum: Sie sind theologisch von besonderer Bedeutung;
- wer eine gendergerechte Darstellung sucht: Kriterium für die Berücksichtigung ist ärgerlicherweise nicht das Geschlecht, sondern die Relevanz. Es gibt in der Gegenwart eine ganze Reihe von ausgezeichneten Philosophinnen, etwa Wissenschaftstheoretikerinnen wie Elisabeth Ströker und Karen Gloy, oder US-Philosophinnen wie Martha Nussbaum oder wie die in Deutschland weniger bekannte Neiman Susan. Es gibt so fruchtbare Denkerinnen wie Annemarie Piper in der Schweiz oder Hanna-Barbara Gerl-Falkowitz in Deutschland. Sie alle ragen aber – noch – nicht so heraus, dass sie eine exzeptionelle Darstellung erfordern würden.[1] Spätere mögen sie in ihrer dann ggf. sichtbaren theologischen Relevanz würdigen. In unserer Darstellung fehlt „das

[1] Interessanterweise werden sie alle nicht berücksichtigt in dem Band von Regine Munz (Hg.): *Philosophinnen des 20. Jahrhunderts*, Darmstadt 2004.

andere Geschlecht" freilich nicht völlig. Hannah Arendt wird im Gegenüber zu Martin Heidegger, aber in ihrer selbstständigen Bedeutung dargestellt. Analoges gilt für Simone de Beauvoir, die wir in ihrer Weggenossenschaft mit Jean-Paul Sartre ansprechen, aber auch in ihrer Bedeutung für die moderne feministische Bewegung.

Es kann also sein, dass die vorliegende Philosophiegeschichte für Sie gar nicht die richtige ist und dass Sie deshalb besser zu einer anderen greifen sollten. Wenn Sie aber eine suchen, die folgende Eigenschaften verbindet, dann werden Sie hoffentlich nicht enttäuscht:

– *Fokus auf Theologie, Religion und Kirche*[2]: In der abendländischen Geistesgeschichte durchdringen sich fortgesetzt Glaube und Vernunft, Wissenschaft und Offenbarung. Ebenso sehr finden immer wieder Prozesse der Abstoßung und Abgrenzung statt, von beiden Seiten! Man kann weder die Entwicklung der Theologie noch die der Philosophie verstehen, wenn man sich nicht beide Player vergegenwärtigt. Das gilt bis in die Gegenwart hinein. Wissenschaft kann hier geradezu zum Instrument neuer Aufklärung und zum Mittel der Bekämpfung der verdummenden Religion werden (so z. B. im wissenschaftlichen Materialismus des dialektischen Materialismus oder in den aggressiven Vorstößen des „Neuen Atheismus"). Umgekehrt gibt es Strömungen in christlichen Kirchen, die den Kampf gegen die atheistische Wissenschaft, speziell die moderne Evolutionsbiologie, zu einem herausragenden geistlichen Anliegen erklären. Was für Voraussetzungen liegen hier jeweils zugrunde, die man philosophisch greifen kann? Auf welche erkenntnistheoretischen Weichenstellungen lassen sich diese Haltungen zurückführen? Vielleicht noch spannender ist es, wenn sich Glaube und Philosophie nicht explizit gegenüberstehen, sondern programmatisch befruchten und durchdringen. Natürlich denken wir alle zuerst an die Verbindung von Metaphysik und Theologie bei Aristoteles, die Melange von Platonismus und biblischem Gottesglauben, beides bis ins Mittelalter hochwirksam. Aber es gibt auch Beispiele aus jüngerer und jüngster Zeit, die eine immense Wirkung entfaltet haben und entfalten. Von der Rezeption der Philosophie des jungen Heidegger in der Existenzialtheologie Rudolf Bultmanns und seiner Schüler bis hin zu explizit „messianischen" Zügen und Bezügen bei Jacques Derrida oder dem Konzept eines „schwachen Denkens" „jenseits des – metaphysisch gedachten und verabschiedeten – Christentums" bei Gianni Vattimo.
– *Fokus auf Zugänglichkeit*: Ein eigenes Philosophiestudium und über ein Vierteljahrhundert philosophiedidaktische Bemühungen im akademischen Unterricht haben mir gezeigt, wie wichtig es ist, einen ersten qualifizierten Zugang zu finden, der dann

[2] Erste verdienstvolle Zugänge finden sich bei Helmut Lamparter: *Prüfet die Geister. Wegbereiter des 20. Jahrhunderts*, Wuppertal 1961, und Alfred Emanuel Stückelberger: *Menschliches Wissen, Gottes Weisheit. Geschichte der Philosophie von ihren Anfängen bis zur Gegenwart*, Wuppertal 1980. Beide populärwissenschaftliche Veröffentlichungen versuchen christliche Leser zumindest für Philosophie und Philosophen zu interessieren. Während es Stückelberger gelingt, Philosophie als ein Stück bedeutsamer Kultur und als Wesensäußerung des Menschen zu begreifen, verharrt Lamparter in einer vorwiegend apologetischen Haltung. Beiden ist gemeinsam, dass Philosophie als eine Größe vorgestellt wird, die dem Glauben als fremde Größe gegenübersteht, die von ihm kritisiert und von ihm aus auch zurückgewiesen werden kann. Wir versuchen hier konsequent das Gegenteil zu zeigen. Es gibt kein theologisch-geistliches Konzept, das nicht seinerseits durch – philosophisch beschreibbare – Positionen und Voraussetzungen bestimmt wäre.

Weiteres ermöglicht und zu weiterem Eindringen in dieses anspruchsvolle Feld lockt. Das erklärt den Verzicht auf monografischen Ehrgeiz und bei der Darstellung der Biografie die Beschränkung auf das, was zum Erschließen des Denkens notwendig ist, ebenso die Konzentration auf die Teile des Werkes, die theologisch besonders relevant sind und bei theologisch suchenden Lesern auch besonderes Interesse finden und also eine Motivation bedeuten. Aus diesem Grund sind auch die Literaturhinweise und Anmerkungen reduziert und die Auswahltexte sind konzentriert auf exemplarische, aber nur begrenzt für das Ganze repräsentative Kostproben. All das folgt dem didaktisch-pädagogischen Anspruch, den Zugang zu einem Philosophen so weit zu erleichtern, wie in der Sache zu verantworten. Es reicht in diesem Zusammenhang, wenn sich schwierige Positionen zunächst ansatzweise erschließen; wenn ein Zugang sich öffnet, über den später tiefer und weiter eingedrungen werden kann. Schon die Fokussierung auf einzelne Philosophen und Philosophinnen stellt ja einen didaktisch viel geübten Kniff dar. Wenn diese als produktive und kreative Köpfe erscheinen, ist ja schnell übersehen, wie viel und wie sehr sie sich ihrer Zeit und ihren Vorgängern verdanken; wie sehr sie – und sei es, indem sie eine antithetische Position einnehmen – Kinder ihrer Zeit und der jeweiligen Strömungen sind. Versuchen wir, solche Strömungen zu benennen: Renaissance, Aufklärung, Rationalismus, Scholastik etc., dann erliegen wir auch hier allzu schnell der Illusion, etwas handhabbar auf den Begriff bringen zu können. So begegnen wir doch im Regelfall mentalen Konstrukten, die einen pragmatischen Wert haben, sich bei näherem, präziserem Hinschauen aber schnell verflüchtigen und unsere Kategorisierungsversuche schnell als oberflächlich und unzutreffend erscheinen lassen. Wo etwa liegen wirklich die Unterschiede zwischen einem so oft gescholtenen Fundamentalismus und einem so oft favorisierten Kritizismus, wenn es kein Erkennen und Wissen ohne „Glaubens"-Grundlagen, letzte unbeweisbare Annahmen gibt und wenn auch eine als kritisch apostrophierte Haltung deshalb schnell ideologisch zu werden droht; zwischen einem Kreationismus, einer Schöpfungswissenschaft oder einem Intelligent-Design-Konzept, die Gott in unzulässiger Weise in ihre wissenschaftliche Theoriebildung einbeziehen, und evolutionsbiologischen Konzepten, die sich als wissenschaftliche Begründung atheistischer Positionen verstehen? Schaut man genauer hin, sind die Dinge oft nicht so einfach, wie sie zu sein scheinen. Das kann man als unbefriedigend empfinden, das kann einen vielleicht sogar resignieren lassen. Damit in der erkenntnistheoretischen Dämmerung dann tatsächlich nicht alle Katzen grau erscheinen, gilt es, sich verstärkt um Differenzierungen und Orientierungen zu bemühen. Vielleicht kann diese Einführung auch dadurch prägen, dass sie *versucht*, zu weit gehende Urteile zu vermeiden und für die Grenzen unseres Erkennens zu sensibilisieren.

- *Fokus auf multimediale Vermittlung*: Im Interesse an der leichteren Zugänglichkeit des schwierigen Stoffes ist es begründet, dass dieses Lehrbuch Teil eines umfassenderen didaktischen Projektes ist. Seine Elemente sind
  - philosophiegeschichtliche Veranstaltungen, etwa Kurse und Blockseminare. Zu ihnen kann man den Autor einladen. Es besteht aber auch die Möglichkeit, an

den zahlreichen Veranstaltungen teilzunehmen, die – etwa in Trägerschaft von Internationaler Hochschule Liebenzell (IHL) oder Institut für Gemeinde und Weltmission (IGW) – regelmäßig stattfinden.

- Vorlesungen, die als Video zum Download zur Verfügung stehen. Sie sind über den QR-Code erreichbar.[3] Es handelt sich einerseits buchstäblich um monologische Vorlesungen von großen Teilen dieses Lehrbuchs, didaktisch aufbereitet durch mitlaufende PowerPoint-Präsentationen. Andererseits aber um Interviews, in denen im Dialog die Wirkung, Aktualität und theologische Bedeutung eines philosophischen Konzeptes erläutert wird. Als kompetenter und kundiger Gesprächspartner hat sich Manuel Schmid vom Ref-Lab Zürich bewährt.

- In diesem Kontext kommt dem Lehrbuch selbst seine Rolle als Grundlage für die Einarbeitung und Wiederholung zu.

Wie geht es weiter? Geplant ist zurzeit, dass alle anderthalb Jahre ein weiterer Teilband erscheint. Gleichzeitig versuchen Verlag und Autor, die bereits vorhandenen Bände auf der Basis der Lehrerfahrungen zu optimieren. Rückmeldungen der Leser und User sind auch aus diesem Grund hochwillkommen (https://heinzpeter-hempelmann.de).

II. Warum Philosophie?

Sieben Gründe, warum gerade Christen und Theologen sich mit ihr beschäftigen sollten

Zunächst ein Gegengrund: „Seht zu, dass euch niemand einfange durch die Philosophie und leeren Trug, die der Überlieferung der Menschen und den Elementen der Welt folgen und nicht Christus." (Kol 2,8)

Es gibt gerade in Kreisen, Gruppen und Gemeinden, die sich ausdrücklich an der Bibel orientieren wollen, eine weit verbreitete und tief verankerte Zurückhaltung gegenüber theoretischer Erkenntnis, intellektuellen Annäherungen an Glaube und Gott und vor allem gegenüber der Philosophie. Der Befund des Neuen Testamentes scheint ja auch zunächst eindeutig zu sein. Ausdrücklich wird vor der „Philosophie" gewarnt. Die „fälschlich so genannte Erkenntnis" wird parallel gesetzt mit ungeistlichem, leerem Geschwätz und unnützem Gezänk (1Tim 6,20). Vor allem bei Paulus finden wir eine durchgehende Polemik gegen „Erkenntnis": Sie

[3] https://brunnen-verlag.de/media/Zusatzmaterial/Hempelmann_Philosophie_fuer_Theologen_Clips.pdf.

schadet dem Einzelnen wie der Gemeinschaft: Sie bläht auf (1Kor 8,1), und durch sie kommt der Schwache um (1Kor 8,11). Sie ist ohnehin bloß Stückwerk, fehlerhaft und irrtumsfähig (1Kor 13,9.12), sie wird ohnehin eschatologisch überflüssig und weggetan werden (1Kor 13,8-10). Sie ist aber nicht nur gefährlich, sie ist für einen Christen unnötig, nachdem er die Erkenntnis der Wahrheit empfangen hat (Hebr 10,26). Nicht auf Erkenntnis, Philosophie kommt es an, sondern darauf, „zu erkennen die die Erkenntnis übersteigende Liebe des Christus“ (Eph 3,19). Die Weisheit dieser Welt hat sich ja schon – so Paulus an entscheidender Stelle – disqualifiziert durch ihren Widerstand gegen das Wort vom Kreuz:

> Denn das Wort vom Kreuz ist denen, die verloren gehen, Torheit; uns aber, die wir gerettet werden, ist es Gottes Kraft. Denn es steht geschrieben: „Ich werde die Weisheit der Weisen vernichten, und den Verstand der Verständigen werde ich verwerfen.“ Wo ist ein Weiser? Wo ein Schriftgelehrter? Wo ein Wortstreiter dieses Zeitalters? Hat nicht Gott die Weisheit der Welt zur Torheit gemacht? Denn weil in der Weisheit Gottes die Welt durch die Weisheit Gott nicht erkannte, hat es Gott wohlgefallen, durch die Torheit der Predigt die Glaubenden zu retten. (1Kor 1,18-21)

Kann an Denken, Weisheit, Erkenntnis etwas Gutes sein? Wollen wir zu denen gehören, die „immerdar lernen und nie zur Erkenntnis der Wahrheit“ kommen, weil die Weisheit dieser Welt in die Irre, an Gott vorbeiführt (vgl. 2Tim 3,7)? Kann es nicht nur darauf ankommen, die Vernunft, das Denken „gefangen zu nehmen unter den Gehorsam des Christus“ (2Kor 10,5)?

Angesichts dieser Warnungen und Klarstellungen – wozu dann noch Beschäftigung mit „der Philosophie“?

In der Tat: Paulus warnt vor einer Erkenntnis, die aufbläht, mit der man sich also selbst definiert und sich einen Wert gibt, die aber die soziale Dimension übersieht, weil sie den Schwachen überfordert (1Kor 8,1f); er warnt vor einer Erkenntnis, die fehlleitet: „Wenn jemand meint, er habe etwas erkannt, der hat noch nicht erkannt, wie man erkennen soll“ (1Kor 8,2). Gegenstand seiner Kritik ist ein Erkenntnismodus, der abgeschlossen ist, der sich in abstrakten Theorien und fertigen Begriffen vollzieht; der meint, Erkenntnis lasse sich als Weltanschauung, Theoriegebäude gewinnen, ziele auf eine abstrakte Wahrheit ab.

Rettung gelingt nicht durch eine sogenannte *Gnosis*, Erkenntnis, verstanden als Lehre, als Wissen, als System letzter, richtiger Einsichten. Rettung gibt es nur dort, wo wir unsere Hoffnung auf den gekreuzigten Christus setzen. Paulus gewinnt hier geradezu ein Kriterium für Wissen: „Ich habe nichts anderes unter euch gewusst als nur Christum und ihn als gekreuzigt“ (1Kor 2,2). An der Haltung zum gekreuzigten Christus entscheidet es sich, ob wir es mit Weisheit oder Torheit zu tun haben. Das Kreuz wird geradezu zum Prüfstein:
Paulus warnt vor einer Erkenntnis, die – sei sie christlich apostrophiert oder heidnisch oder religiös – nicht offen ist, sondern schon abschließend Bescheid weiß. Der alles überragende Beleg dafür sind die Formen der religiösen („Ärgernis“, *skandalon*) oder philosophischen Weisheit („Torheit“, *mooria*), die an der tiefsten Offenbarung Gottes im Kreuz Jesu Christi vorbeigehen. Die beiden repräsentativen Weisen, mit denen dominante Formen der Weisheit an der tiefsten Offenbarung Gottes, dem Kreuz, vorbeigehen und

diese als Skandal oder als Unsinn abqualifizieren, disqualifizieren sich letztlich selbst. Kann etwas Weisheit sein, wenn es nicht in der Lage ist, sich für die letzte und größte Wahrheit zu öffnen? Die Ablehnung des Höhe- und zugleich Tiefpunktes der Offenbarung des lebendigen Gottes in dem Gekreuzigten entlarvt die Weisheit als Schein-Weisheit, die nur scheinbar Bescheid weiß über Gott und die Welt, ihre Torheit aber dadurch zeigt, dass sie mit ihren Spekulationen und ihrem Wissen am wirklichen Gott vorbeizielt und ihn in seiner geschichtlichen Realität ablehnt (vgl. 1Kor 1,21ff).

Das bedeutet aber: Paulus verwirft nicht Erkenntnis an sich, sondern einen bestimmten Typ und eine bestimmte Weise, erkennen zu wollen: begrifflich, abstrakt, unter Absehung von der sozialen und relationalen Einbindung dessen, der erkennen will. Er lehnt eine geschlossene und abgeschlossene Erkenntnis ab, die an ein Ende meint kommen zu können und sich für unüberholbar hält, sich verabsolutiert und dann womöglich an dem vorbeigeht, was sie entscheidend weiterführen und erweitern könnte. Indem Paulus unterscheidet, leitet er durch Erkenntnis an zur Erkenntnis. Er argumentiert in der Sache philosophisch, damit Glaube, Christus-Erkenntnis und Christus-Begegnung Raum gewinnen können. Er folgt dem philosophischen Prinzip: Prüfet alles, das Gute behaltet! (1Thess 5,21)

Paulus spielt nicht Erkenntnis gegen Glauben aus, sondern betont ihre Zusammengehörigkeit. Glaube – an Christus – gibt den Ort der Erkenntnis an. Erkenntnis lebt und wird gesteuert von Voraussetzungen und Ortsanweisungen. Sie ist kein abstrakter, spekulativer Prozess, sondern ein relationales Geschehen (vgl. 2Kor 2,14). Erkenntnis ist das Ziel des Glaubens. Wir gewinnen sie durch das Gesamt unseres Lebenslaufes mit samt aller Interaktionen, in denen wir stehen: „Der Gott, der gesagt hat: ‚Aus Finsternis soll Licht leuchten!‘, er ist es, der in unseren Herzen aufgeleuchtet ist zum Lichtglanz der Erkenntnis der Herrlichkeit Gottes im Angesicht Jesu Christi“ (2Kor 4,6 ELB).

Gerhard von Rad qualifiziert Spr 1,7: „Die Furcht Jahwes ist Anfang von Erkenntnis“ als  1
„in nuce [...] die ganze Erkenntnistheorie Israels“:

„Sachverständig, kundig in den Ordnungen des Lebens wird man erst, wenn man vom Wissen von Gott ausgeht. Insofern spricht Israel der Gottesfurcht, dem Glauben an Gott eine eminent wichtige Funktion für das menschliche Erkennen zu. Es war wohl allen Ernstes der Meinung, daß das Wissen um Gott und sein Walten den Menschen erst in das richtige Verhältnis zu den Gegenständen seiner Erkenntnis setzt, daß es ihn befähigt, Fragen sachgemäßer zu stellen, Bezugsverhältnisse besser zu übersehen und überhaupt Sachverhalte besser zu erkennen. [...] Nicht – entsprechend unserer heutigen populären Meinung – behindert der Glaube das Erkennen; im Gegenteil, er ist es, der das Erkennen freisetzt, es erst richtig zur Sache kommen läßt und ihm im Bereich der vielfältigen menschlichen Betätigungen den rechten Ort anweist. In Israel hat sich das Erkenntnisvermögen des Menschen nie von dem Fundament seiner ganzen Existenz, d. h. seiner Bindung an Jahwe, abgelöst und verselbständigt.“

(Weisheit in Israel, Neukirchen-Vluyn 1970, 94f)

„Den Verstand gefangen nehmen“ bedeutet dann kein Denkverbot, sondern ein Verorten des Erkenntnisaktes.[4] Dieser gelingt nur dort, wo er von angemessenen Voraussetzungen ausgeht. Das zu erkennen und herauszuarbeiten, ist nichts anderes als – *philosophische Arbeit.*

Dass 2Kor 5,10 vor allem in der Neuzeit in verhängnisvoller Weise missverstanden und missbraucht worden ist, um Glauben und Wissen, Offenbarung und Vernunft gegeneinander auszuspielen, kann man nur erkennen durch – *philosophische Arbeit.*
Eine Theologie und Kirche, die sich bedroht sah (und sieht) durch Aufklärung, durch eine selbstbewusst werdende Vernunft, durch ein Denken, das den Mut hat, auch Offenbarungsansprüche auf den Prüfstand zu stellen, weist alle Kritik und jede Infragestellung und Prüfung ab. Sie tut dies, obwohl genau diese Infragestellung doch biblisch begründet und nicht zu fürchten ist – wenn Gott die alles bestimmende Wirklichkeit ist, wenn er der Herr der Wirklichkeit ist. Paulus greift zurück auf Sprüche 1,7: Die Furcht Gottes, die Anerkennung Gottes, ist der Anfang der Erkenntnis. Sie ist also das Erkenntnisprinzip, bei dem Paulus Glaube als Gottesbeziehung und Welterkenntnis zusammendenkt. Demgegenüber wird bis in den Neupietismus hinein in wohlmeinender Absicht, aber in sich fatal auswirkender Weise ein Gegensatz von Glaube und Vernunft in die Bibel und den christlichen Glauben hineingetragen. Das aufzudecken ist – *philosophische Arbeit.*

Zwischenfazit: Um nicht der Versuchung, ja Verführung zu erliegen, braucht es gedankliche Prüfung, philosophische Reflexion. Gerade da, wo wir uns auf einen scheinbaren Glaubensstandpunkt zurückziehen und für ihn sakrosankte, unanfechtbare Geltung beanspruchen, haben wir schon Positionen eingenommen, Voraussetzungen gemacht, die sich biblisch-theologisch nicht von selbst verstehen, aber heftig auswirken können. Gerade da, wo wir meinen, nur gläubig zu argumentieren und uns von jeder Philosophie zurückzuziehen, sind wir – ohne es zu merken – mit unserer unbiblischen Entgegensetzung von Glauben und Erkennen schon philosophisch(-idealistischen) Voraussetzungen erlegen. Da hilft wiederum nichts anderes als – *philosophische Arbeit.*

Fragt man positiv, warum Philosophie, philosophische Arbeit, ein philosophisch reflektiertes Herangehen für einen Christen und Theologen sinnvoll sein können, kann man mindestens sieben Gründe unterscheiden:

1. Grund: Wir Menschen brauchen Orientierung

Der erste Grund ist ein anthropologischer Grund: Wir können als Menschen gar nicht anders, als nach Orientierung zu suchen und nach weltanschaulicher Orientierung zu fra-

[4] Zur weiteren Begründung dieser Perspektive vgl. Heinzpeter Hempelmann: „‚Erkennen, wie man erkennen soll‘. Zu Aktualität und Relevanz des Erkenntnis-‚Begriffs‘ biblischer Traditionen“, in: *Glaube und Denken*, 20. Jg. (2007), S. 151-176, jetzt in: ders.: *Die Wirklichkeit Gottes.* Band 1: *Theologische Wissenschaft im Diskurs mit Wissenschaftstheorie, Sprachphilosophie und Hermeneutik*, Neukirchen-Vluyn 2015, 45-68; ders.: „Pietas als Stachel und Herausforderung für Scientia“, in: Frank Lüdke: *Dokumentation des EHT-Symposions vom 29./30. Januar 2021 in Marburg*, vsl. Darmstadt 2022.

gen. Das unterscheidet uns vom Tier. Die Philosophische Anthropologie (v.a. Adolf Portmann[5] [1897–1982], Arnold Gehlen[6] [1904–1976], Max Scheler [1874–1928][7] und Helmuth Plessner[8] [1892–1985]) hat deutlich gemacht: Wir stehen als Menschen dieser Welt von vornherein *gegenüber*. Wir sind nicht instinktgeleitet und umweltbezogen. Wir haben ein Weltverhältnis, wir sind, wie es so schön heißt, weltoffene Wesen. Wir sind Orientierungsw*ai*sen, mit ai. Wir sind – so Immanuel Kant (1724–1804) – dazu verurteilt, Fragen zu stellen, auf die wir keine sichere Antwort finden. Kant, der große Systematiker, sagt: Die entscheidende Frage, mit der alles anfängt, ist die Frage: *Was ist der Mensch?* Diese Frage untergliedert sich in drei weitere Fragen, die alles andere umfassen[9]: *Was kann ich wissen?* – Darauf sucht die Erkenntnistheorie Antworten zu finden. Die zweite Subfrage: *Was soll ich tun?* – Hier ist die Ethik zuständig. Und schließlich die dritte: *Was dürfen wir hoffen?* – Hier geht es dann um die Religionsphilosophie.

Schon Aristoteles sprach davon, dass der Mensch das *animal rationale*, griech. *zoon logon echon*[10] ist. Er ordnet den Menschen einerseits ein in die Welt der Fauna. Er ist Tier, lat. *animal*. Das ist der erste Teil der Definition, der eine Gattung angibt. Er ist *rationale*, das ist der zweite Teil der Definition, der dann das Spezifikum benennt und abgrenzt. Er ist unter all den Lebewesen dasjenige, das Verstand hat, vernünftig ist. Dies ist hier natürlich nicht im Sinne einer Wertung („Das ist vernünftig.“) zu verstehen. Aristoteles will vielmehr sagen: Er ist das Lebewesen, das mittels vernünftiger Erkenntnis seinen Platz in der Welt zu bestimmen und durch Handeln zu schaffen sucht. Erkenntnis/Logos ist entscheidend.[11] Der Mensch hat von Natur aus keine besonderen Fähigkeiten und muss sich durch Erziehung und Gewöhnung eine „zweite Natur“ erst schaffen.[12] Arnold Gehlen und die philosophische Anthropologie können später an diese frühe Bestimmung des Menschen als Mängelwesen anschließen.

„Die menschliche Vernunft hat  2
das besondere Schicksal in einer Gattung ihrer Erkenntnisse: daß sie durch Fragen belästigt wird, die sie nicht abweisen kann, denn sie sind ihr durch die Natur der Vernunft selbst aufgegeben, die sie aber auch nicht beantworten kann, denn sie übersteigen alles Vermögen der menschlichen Vernunft.“

(Kant, *Kritik der reinen Vernunft*, AA IV, VII)

---

[5] Vgl. etwa Adolf Portmann: *Zoologie und das neue Bild des Menschen*, Reinbek b. Hamburg 1956, 3. Auflage 1969; rückblickend: ders.: *An den Grenzen des Wissens. Vom Beitrag der Biologie zu einem neuen Weltbild*, Wien/Düsseldorf 2. Aufl. 1974.

[6] *Der Mensch, seine Natur und seine Stellung in der Welt*, Berlin 1940; 16. Aufl. Wiebelsheim 2014.

[7] Vgl. v.a. Max Scheler: *Die Sonderstellung des Menschen*, Darmstadt 1927.

[8] Vgl. v.a. Helmuth Plessner: *Die Stufen des Organischen und der Mensch. Einleitung in die philosophische Anthropologie*, 1928.

[9] Vgl. *Logik*, hrsg. von Gottlob Benjamin Jäsche: AA IX, 25; KrV B, AA III, 832f.

[10] Die geläufige Definition ist zu einer Formel geronnen, die sich so nicht bei Aristoteles nachweisen lässt. Vgl. aber Eth. Nic. 1098 a 3.

[11] Vgl. De hist. anim. 488b 24ff.

[12] *Polit* 1332 a 38ff. Die Bedeutung von Aristoteles besteht ja dann gerade darin, dass er mit diesem Sammeln von Erkenntnis und einer Gliederung des Erkannten begonnen hat. So wenig seine naturkundlichen Schriften heute noch von Bedeutung sind, so sehr haben seine Überlegungen etwa zur Logik und Wissenschaftstheorie bis heute Relevanz.

Also, Philosophie ist einfach notwendig, weil wir als Menschen gar nicht anders können, als uns in der Welt, in der wir nicht optimal durch Instinkte angepasst sind, orientieren zu wollen und zu müssen. Wir sind geradezu verurteilt zur Philosophie. Wichtig ist die Einsicht, dass wir als Menschen gar nicht anders können, als Fragen zu beantworten, die sich stellen, wenn wir als Menschen bewusst und weltoffen leben. Diese Fragen mögen unser Vermögen übersteigen – hier kommt dann auch nach Kant Religion und Theologie ins Spiel. Aber wenn wir darauf verzichten, sie zu stellen und zu diskutieren, riskieren wir unser Menschsein. Wenn wir unseren Vorurteilen aufsitzen und uns absolut setzen, riskieren wir Konflikte, die nicht sein müssen. Bei der Bereitschaft zur philosophischen Reflexion steht insofern auch ein Stück weit unsere Menschlichkeit auf dem Spiel.

2. Grund: Philosophie stiftet Frieden, wo sie auf unsere Grenzen hinweist

Philosophie hat in ihrer begrenzenden, depotenzierenden Wirkung auch eine friedenstiftende, Konflikt reduzierende Funktion.

Vor allen anderen Kant, aber auch viele andere Philosophen haben schwerpunktmäßig über die Grenzen der Philosophie nachgedacht. Im 20. Jh. denken wir sofort an den „frühen" Ludwig Wittgenstein (1889–1951) und sein Programm, zu klären, was überhaupt aussagbar ist.[13] Es kann ja zum Frieden helfen, wenn man die Grenzen des eigenen Erkennens einsieht. Wenn ich einsehe, wie wenig sicher letztlich das ist, was ich sicher zu erkennen glaube, dann schafft das Raum dafür, sich auch für Positionen zu öffnen, die in Opposition zu meinen Positionen stehen, sie mindestens ernst zu nehmen und ordentlich zu prüfen, statt einfach nur abzuwehren. Wenn wir die Grenzen unserer Erkenntnis einsehen, dann kann das erklären, warum wir nicht übereinstimmen (müssen), und es kann helfen, sich in dem, was man in einer Diskussion und in einem Diskurs behauptet, nicht zu übernehmen. Wenn ich nicht hundert Prozent sicher bin bzw. sein kann, muss ich auch den Gegner stehen lassen, noch wichtiger: Ich sehe mich dann auch nicht so schnell versucht oder gar – wie in der Geschichte der Kirche – genötigt, den Gegner zu beseitigen, um seine „falsche" oder „gefährliche" Position zu beseitigen, die ja ganz „unmöglich" ist.

Die moderne Version von Philosophie als Konflikt vermeidender Disziplin hat der Sozialphilosoph Jürgen Habermas vorgelegt. Er entwickelt eine Theorie kommunikativen Handelns[14], die eine Verständigung in Gesellschaften ermöglicht, die sich ja gerade aufgrund ihres Freiheits- und Individualisierungsgrades durch Pluralität und Diversität auszeichnen. Im Mittelpunkt von Habermas' Theorie steht der Diskurs. Er ist kein Palaver oder unverbindliches Geschwätz, sondern ein ernsthafter Austausch der verschiedenen Positionen und Interessen. Es kommt darauf an, alle in diesen Diskurs einzubinden. Mo-

---

[13] „Einen Satz verstehen, heißt, wissen, was der Fall ist, wenn er wahr ist." Ludwig Wittgenstein, *Tractatus logico-philosophicus (1921)*, Frankfurt a.M. 1984.

[14] Jürgen Habermas: *Theorie kommunikativen Handelns*, Bd.1: *Handlungsrationalität und gesellschaftliche Rationalisierung*, Bd. 2: *Zur Kritik der funktionalistischen Vernunft*, Frankfurt a.M. 1981.

derne Gesellschaften, so Habermas, können nur überleben als moderne Diskursgemeinschaften, die ihr Zusammenleben verbindlich und unter Berücksichtigung aller aushandeln. Die anthropologisch-ethische Pointe des Konzeptes besteht aber darin, dass ich durch Teilnahme an dieser Diskurs*gemeinschaft* implizit die anderen und ihr Existenzrecht anerkenne. Ich begrenze mich, indem ich mich in eine solche Gemeinschaft hineinstelle. Der Diskurs erkennt an, dass wir nicht einfach von letzten, festen, metaphysischen Voraussetzungen ausgehen können, sonst wäre er ja nicht nötig.[15] Er begrüßt die Existenz unterschiedlicher Überzeugungen, die sich wechselseitig faktisch anerkennen und begrenzen. Wenn ich dem anderen neben mir Artikulationschancen einräume, erkenne ich ihn damit an und begrenze mich damit selbst. Habermas legt so ein inzwischen klassisch gewordenes Konzept vor, wie Philosophie in einer sehr komplexen Lage durch Philosophieren zum gesellschaftlichen Frieden und zur Vermeidung gewalttätiger Konflikte beitragen kann.

Um überbordende Erkenntnisansprüche einzudämmen, braucht es Philosophie. Groß ist aber die Gefahr, dass die kritische Philosophie, die andere in ihre Schranken weist und ihnen Grenzen zieht, sich dabei selbst absolut setzt und in ihrer Geltung sakrosankt erklärt. Ein berühmtes Beispiel liefert Kant. Er begründet nicht nur die Notwendigkeit einer kritischen Vernunft. Er erklärt auch den von ihm gebahnten „kritischen Weg"[16] zum allein möglichen und nicht mehr überholbaren, weil hier das Denken zur „völligen Befriedigung"[17] gebracht sei. Hier bleibe „nichts mehr für die Nachkommenschaft übrig"[18] als eine didaktische Bemühung in der Vermittlung des Erreichten. Was Kant errichtet, ist – seinem Anspruch nach – „das Inventarium aller unserer [philosophischen] Besitze durch reine Vernunft, systematisch geordnet"[19]. Was Kant an Grundsätzen für Erkenntnis erhebt ist deshalb absolut gültig und unüberholbar, weil „die Vernunft [es] gänzlich aus sich selbst hervorbringt"[20]. Nach eigenem Selbstverständnis ist es Kant also gelungen, die Vernunft an sich nicht nur zu erkennen, sondern auch unbedingt und unüberholbar gültig zu formulieren. Die von ihm entworfene kritische Vernunft ist damit alles in einem: Gesetzgeberin der

 3

„Unser Zeitalter ist das eigentliche Zeitalter der Kritik, der sich alles unterwerfen muß. Religion und ihre Heiligkeit und Gesetzgebung durch ihre Majestät wollen sich gemeiniglich derselben entziehen. Aber alsdann erregen sie gerechten Verdacht wider sich und können auf unverstellte Achtung nicht Anspruch machen, die die Vernunft nur demjenigen bewilligt, was ihre freie und öffentliche Prüfung hat aushalten können."

(Kant, *Kritik der reinen Vernunft*, V B, AA IV, 9 Anm.)

---

[15] Wichtig: Er schließt solche Überzeugungen definitiv nicht aus, wie Habermas explizit mehrfach deutlich gemacht hat. Der Diskurs bedeutet nur, dass ich solche Überzeugungen einbringe und zur Geltung bringe, wenn möglich fruchtbar mache (vgl. Habermas: „Ein Bewusstsein von dem, was fehlt", in: M. Reder/ J. Schmidt: *Ein Bewusstsein von dem, was fehlt. Eine Diskussion mit Jürgen Habermas*, 2008, 26-36; ders./ Joseph Ratzinger: *Dialektik der Säkularisierung. Über Vernunft und Religion*, Freiburg 2005).

[16] KrV B, AA III, 552.

[17] Ebd.

[18] KrV A, AA IV, 13.

[19] Ebd.

[20] Ebd.

Prinzipien, „Gerichtshof“ und Prüfstelle, die Anerkennungen ausstellt. Sie ist zugleich Legislative, Judikative und Exekutive. Man wird nicht ganz falschliegen, wenn man diesen Ansatz absolutistisch nennt. Werden die an sich hilfreichen und Ordnung anbietenden Einsichten absolut gesetzt; fordert man für sie – alle Demut vergessend – Anerkennung und Unterwerfung, führt das nur zu neuen Konflikten.

Ohne dass wir uns hier mit dem Konzept von Kants Transzendentalphilosophie schon inhaltlich auseinandersetzen, ist durch den absolutistischen Ansatz, der uns hier begegnet, klar, dass auch diese kritische Philosophie kritisch hinterfragt werden muss, wenn sie nicht zu einem neuen Dogmatismus führen und ihrem eigenen Anspruch genüge tun will, kritisch zu sein.

Auch die kritische Philosophie, und gerade sie, muss kritisch angeschaut werden. Das macht Philosophie zu einer dauerhaften, nicht aufhörenden, nicht an ihr Ende kommenden Performance. Wenn irgendjemand ihr Ende erklären würde, etwa wie Kant behaupten würde, sie habe „vollständige Befriedigung“ erreicht, würde er sich ja wieder selbst absolut setzen und sich damit selbst der kritischen Rückfrage aussetzen. Ein Ende wäre ja nur denkbar, wo Menschen aufhörten, in ihrer notwendigen Suchbewegung letzte, absolute Erkenntnisansprüche zu formulieren. Ginge das aber nicht nur dort, wo man auf ein Letztes, einen Letzten stieße, der das Denken und Suchen zur Ruhe kommen lässt? „An jenem Tage werdet ihr mich nichts fragen“ (Joh 16,23). Christliche (und andere) Theologie hat diesen Status immer wieder für sich beansprucht. Viel zu oft ist sie dabei selbst positionell geworden. Statt mit Paulus zu sagen: „Wir predigen nicht uns selbst“ (2Kor 4,5) und sich darauf zu beschränken, Wegweiser zu sein, hat sie, die selbst doch auch nur menschliche, begrenzte, bedingte, fehlerhafte und irrtumsfähige Erkenntnisbemühung ist, sich mit einem göttlichen Geltungsanspruch versehen. Die Wahrheit muss sich selbst manifestieren, sich selbst zur Geltung bringen, muss selbst dem Wahrheitssuchenden begegnen und ihn überzeugen. Wir können als Christen und Theologen nur auf sie hinweisen. Das bedingt, dass wir unsere partikulare Erschließung der Wahrheit und unsere individuelle, immer zeitgebundene Formulierung der Wahrheit einsehen und eingestehen. Indem wir das tun und uns so zurücknehmen, können wir alleine den Standards einer kritischen Philosophie genügen und ihr gleichzeitig den Weg weisen.

3. Grund: Philosophie ist wichtig als Kritik

Wir sahen: Der Mensch ist das Wesen, das dazu verurteilt ist, Fragen zu stellen. Der Punkt ist: Die Antworten, die wir geben, unterscheiden sich sehr. Und wir haben ganz offenbar nicht die Kompetenz, endgültige Antworten zu geben, die man nicht mehr überholen kann bzw. korrigieren muss. Wir sind alle kleine Philosophen, aber das, was wir sagen, stimmt nicht überein. Wir widersprechen uns. Schon das ist ein Grund, warum wir uns infrage stellen müssen, uns und die anderen. Wir behaupten vielfach etwas viel zu schnell. Wir haben als Menschen oft die Neigung, das, was wir gewohnt sind, auch was wir zu denken gewohnt sind, unkritisch für richtig zu halten. Und dann, wenn wir etwas zu schnell für richtig, selbstverständlich richtig halten, gehen wir aufeinander los. Wir sahen: Philosophie kann das Konfliktpotenzial, das hier entsteht, reduzieren, und sie tut es durch Kritik und Selbstkritik sowie durch kritische Rückfrage, die sich auch selbst miteinbezieht.

Wir kommen gar nicht umhin, zu überlegen: Was stimmt denn nun? Man kann natürlich Menschen suchen, die genauso denken wie man selbst und sich von allen anderen isolieren. Aber erstens macht das unsere Position nicht rationaler und richtiger und zweitens entsteht das Problem dann eben an anderer Stelle, etwa wenn kulturell homogene Stämme, Ethnien, Kulturen, Nationen anderen begegnen, die – ebenso homogen – widersprechende Überzeugungen vertreten. Philosophen waren immer wieder solche, die das antizipiert haben, die neugierig waren auf das andere und gefragt haben: „Stimmt das? Und stellt es das infrage, was wir hier als richtig voraussetzen?“ Kritische Reflexion, die immer auch Selbstkritik ist, hat so eine ernüchternde Wirkung. Wir gewinnen Distanz zu dem, was uns aufregt und umtreibt. Wir hauen nicht direkt drauf. Wir lassen Positionen sterben und nicht Personen, wie vielfach üblich.

Kritik richtet sich in erster Linie auf die Voraussetzungen, die jemand mitbringt, die auch ich selbst mitbringe. Karl Jaspers, zugleich Psychologe und einer der ganz großen Existenzphilosophen, macht deutlich: Gerade in unseren scheinbaren Selbstverständlichkeiten, in denen wir zu Hause sind, lauern die größten Irrtümer[21]. Jaspers spricht anschaulich von den „Gehäusen“, in denen wir uns befinden und bewegen. Weil wir gewohnt sind, etwas in einer bestimmten Weise anzunehmen, halten wir es deshalb auch schon für richtig. Nur weil sehr viele Menschen in einer bestimmten Weise denken, neigen wir dazu, diesen Konsens der Vielen mit der Wahrheit zu identifizieren. Nur weil „man“ – vielleicht sehr – lange so gedacht hat, sind wir geneigt, dem Herkömmlichen zu vertrauen. Aber weder Masse noch Mehrheit, weder Gewohnheit noch scheinbare Selbstverständlichkeit, weder Alter noch Tradition sind Wahrheitskriterien oder gar Garanten der Wahrheit. Philosophen, die darauf hinweisen, machen sich oft unbeliebt. Eben weil sie sich gegen die Mehrheit, die liebe Gewohnheit, die mächtige Tradition stellen und wagen, sie infrage zu stellen. Dazu reicht schon die Erwägung als solche, es muss gar nicht zu einer ausdrücklichen Infragestellung einer Position kommen. Philosophen kommen hier immer wieder in unangenehme, manchmal sogar lebensgefährliche Lagen, die denen der Propheten des Alten Testaments ähneln, die gegen die Gutrederei und Schmeichelei der Falschpropheten aufstanden. René Descartes musste vor der Macht der katholischen Kirche in die liberaleren Niederlande fliehen; der alte Kant bekam angesichts seiner späten Religionsphilosophie einen gefährlich und gänzlich ungerechten Atheismus-Vorwurf angehängt, und Ludwig Feuerbach (1804–1872) musste lebenslanges Berufsverbot mit anschließender Verarmung in Kauf nehmen, als bekannt wurde, wer hinter der anonym veröffentlichten ersten religionskritischen Schrift[22] stand.

Kritik, kritische Analyse, untersucht aber auch die *Art und Weise, wie* gedacht wird, also die Argumentationsweise. Wittgenstein sah die wesentliche Aufgabe der Philosophie

---

[21] In dem frühen Werk: *Psychologie der Weltanschauungen*, Berlin, Heidelberg 1919.

[22] *Gedanken über Tod und Unsterblichkeit*, Nürnberg 1830.

in der Klärung der Gedanken. Was sagen wir überhaupt? Sagen wir etwas, oder ist das nur Wortgeklingel? Wie funktioniert eine Argumentation, die im Prinzip alle überzeugen können müsste? Wofür kann man überhaupt argumentieren und wofür nicht? Er ist mit seinen Reflexionen einer der Begründer der wichtigsten US-amerikanischen Strömung in der Philosophie geworden, der sog. Analytischen Philosophie. Was lässt sich überhaupt begründen und welches Gewicht haben Gründe? Wie weit kommt man hier mit – dem Anspruch nach – ganz scharfem Denken? Gibt es das überhaupt? Hier kommt Philosophieren eine eminente Bedeutung zu. Denn sie reflektiert ja nicht nur vor sich hin und allein für sich, sie will diese Fragen ja stellvertretend klären.

Kritische Analyse ist unabdingbar und Kritik ist oft die einzige Möglichkeit, Menschen zu bremsen oder Verhältnisse zu ändern, wenn es um sehr wichtige Fragen geht oder wenn Menschen mit einem hohen Anspruch auftreten und beanspruchen, die Wahrheit zu sagen. Das gilt erst recht, wenn sie erwarten, dass alle ihnen folgen, und wenn sie dann evtl. noch die Macht haben, zu sanktionieren, wenn man ihnen nicht folgt. Was für ungeheuren Einfluss hatte etwa die Kapitalismus-Analyse und -Kritik von Karl Marx, vorgetragen in akademischer Form, verbreitet auf harmlosem Papier. Wie sehr haben im 17. und 18., ja noch im 19. Jh. die Herrschenden die Kritik an Thron und Altar gefürchtet, die letztendlich ein entscheidender Faktor in den Umwälzungen hin zu einer modernen Gesellschaft war!

„Kritik“ hat durch diese Vorgänge einen ambivalenten Klang bekommen. Sie ist hilfreich, kann aber auch destruktiv sein. Oft soll sie es sein, weil das, was zerstört wird, kein Recht hat zu bestehen. Es stellen sich dann natürlich aus philosophischer Sicht sofort Folgefragen: Wer bewertet das? Wer beurteilt das? Und: Was sind denn die Maßstäbe für Kritik? Auch diese verstehen sich ja nicht einfach von selbst. Man kann ja sehr unterschiedliche Positionen vertreten im Hinblick auf das, was denn nun „vernünftig“ und was „gut, „richtig“ ist. Oft sind Kritiker hier im Entscheidenden selbst unkritisch. Das macht deutlich, dass neben Kritik immer auch Meta-Kritik wichtig ist, die die Kritik auf ihre Belastbarkeit und Substanz hin prüft. Eigentlich sollte es keine Kritik geben, die nicht zugleich auch mit Metakritik (Kritik, die die Kritik selber einer Kritik unterzieht) verbunden ist, entweder in Form der Selbstkritik oder in Form der kritischen Prüfung durch andere. Diese Metakritik, als die Kritik der Kritik, prüft die Voraussetzungen, den Vollzug und auch die Wirkungen der Kritik. Also, wer gibt der Kritik das Recht zur Kritik? Von welchen Vor-Urteilen geht der aus, der andere kritisiert, infrage stellt?

Ein Beispiel für Kritik und Metakritik: Immanuel Kant, einer der wichtigsten Philosophen in der abendländischen Philosophiegeschichte und bis heute ein Weichensteller für unser Denken, hatte solch ein kritisches Programm, das alle Autoritäten infrage gestellt hat. Wir haben seine Programm-Sätze schon kennengelernt: Unser Zeitalter ist das Zeitalter der Kritik, formuliert er programmatisch, einer Kritik, der sich alles stellen muss, was Anspruch auf Achtung, also Geltung erheben will. Kant macht die Vernunft zum Ankläger, Gerichtshof und Richter in allem. Das bezieht dann Wissenschaft, Staat, aber auch Theologie und Kirche mit ein. Wir haben in den letzten Jahrzehnten in der philosophischen Debatte zwischen Moderne und Postmoderne erlebt, was schon ein berühmter

Zeitgenosse Kants, ähnlich wichtig wie er, als damals weitgehend ungehörte Stimme formuliert hat: Woher nimmst du das Recht zur Kritik? Ist die Vernunft, von der du sprichst, nicht nur deine, ebenfalls sehr bedingt und eingeschränkt in ihrer Gültigkeit? Die Rede ist von Johann Georg Hamann (1730–1788), einem über der Bibellektüre in einer Lebenskrise zu einem lebendigen Glauben an Christus durchgebrochenen Intellektuellen, der von Kant, Goethe und Herder überaus geschätzt und als ihnen ebenbürtig empfunden wurde. Er liest in einer Nacht die Druckfahnen der ersten Auflage der Kritik der reinen Vernunft seines Freundes Immanuel Kant und formuliert eine Darstellung seiner Position, die die entscheidenden Schwachstellen offenlegt. Vor Scham lässt er sie in einer Schublade verschwinden, in der sie nach seinem Tod gefunden wird. Kritisch heißt es zu Kants Versuch, der Vernunft Grenzen zu ziehen in der „Kritik der reinen Vernunft":

> Die erste Reinigung der Philosophie bestand nehmlich in dem theils misverstandenen, theils mislungenen Versuch, die Vernunft von aller Ueberlieferung, Tradition und Glauben daran unabhängig zu machen.[23]

Hamann selbst bezeichnet diese kritische Sicht auf Kants Kritik als „Metakritik"[24] und führt damit diesen Begriff in die neuzeitliche Philosophie ein. Philosophie ist also nicht zuletzt auch deshalb wichtig, weil sie Philosophie kritisiert. Wenn man so will, ist nur das scharfe Werkzeug der Philosophie in der Lage, die sich kritisch gebende Philosophie zu überprüfen, zu kritisieren und überbordende Ansprüche zurückzuweisen.

4. Grund: Philosophie als Wissenschaftstheorie

Ihre Rolle als Kontrolleurin nimmt Philosophie auch gegenüber der stärksten Wissensmacht unserer Zeit ein. Allein Wissenschaftstheorie vermag den überbordenden Erkenntnisansprüchen eines Richard Dawkins oder Stephen Hawking mit Substanz und nicht nur in guter Absicht entgegenzutreten, wenn sie etwa behaupten, als Wissenschaftler auch auf religiös-weltanschauliche Fragen Antworten geben zu können.[25]

Philosophie bestimmt die Grenzen von Vernunft und Wissenschaft. Philosophie ist ganz wesentlich auch Wissenschaftsphilosophie. Im 20. Jh. hat sie als moderne Wissenschaftstheorie eine bis dahin beispiellose Blüte erlebt, ebenso wie die Wissenschaft, speziell die naturwissenschaftlichen Disziplinen.

Vor allem Karl Popper (1902–1994) hat durch sein umfangreiches Werk sehr viel dazu beigetragen, zu klären, wie Wissenschaft funktioniert und was sie von Nicht-Wissenschaft unterscheidet. Sein Beitrag hierzu ist doppelt: deskriptiv und normativ. Popper und die ihm folgenden Wissenschaftler, vor allem ist noch der Wissenschaftshistoriker Thomas S. Kuhn (1922–1996) zu nennen, beschreiben einerseits, wie sich der Gang von Wissenschaft in den einzelnen Disziplinen vollzieht und wie die Forschungspraxis aussieht. Dabei wird dann auch sichtbar, was wissenschaftlichen Fortschritt behindert und

---

[23] J. G. Hamann, *Sämtliche Werke*, hrsg. von Josef Nadler, Bd. III, Nachdruck 1999, S. 284.

[24] *Metakritik über den Purismus der Vernunft*, 1784.

[25] Vgl. bei Dawkins: *Der Gotteswahn*, Berlin 2007, 76ff; bei Hawking: *Kurze Antworten auf große Fragen*, Stuttgart 13. Aufl. 2018.

was ihn fördert und es ist durchaus auch zu analysieren, was sich bloß als Wissenschaft etikettiert hat, es aber nicht wirklich war. Daraus leitet sich dann der zweite Auftrag ab: Vorschläge dafür zu machen, wie Wissenschaft idealerweise aussieht; was sie auszeichnet und wodurch sie sich von Nicht-Wissenschaft unterscheidet.

Im Zeitalter der Säkularisierung fragen viele Menschen nach neuen Grundlagen für eine verlässliche Orientierung. Wissenschaft scheint das Einzige zu sein, worauf wir uns wirklich verlassen können. Gegen Corona, so scheint es vielen, helfen weniger Gebete als vielmehr ein wirksamer Impfstoff. Was aber leistet Wissenschaft an Welterkenntnis? Der wichtigste Wissenschaftsphilosoph des 20. Jh., Karl Popper, weist nach, dass Wissenschaft diese Ansprüche nicht erfüllen kann. Sie ist ihrem Wesen nach irrtumsfähig, überholungsbedürftig, führt nicht zu einem sicheren Fundament. Wie ärgerlich, wenn Wissenschaftler ihre Position zum Coronavirus von heute auf morgen revidieren! Aber das ist nicht ein Versagen von Wissenschaft, das ist ihr Wesen.

Damit sind wir unversehens schon bei einem weiteren Grund, Philosophie zu studieren:

5. Grund: Philosophie hilft, aktuelle Probleme zu verstehen und aktuelle Debatten zu durchdringen

Um bei Corona zu bleiben: Da gab es verschiedene Ansätze zur Bekämpfung. In Großbritannien hat man anfangs auf das möglichst schnelle Erreichen einer Herdenimmunität gesetzt. Dazu muss sich das Virus schnell ausbreiten können, auch auf Kosten von Kranken und Toten. Das Leid einer Minderheit nimmt man in Kauf, weil der maximierte Nutzen für alle am höchsten ist. Das ist ein utilitaristischer Ansatz, den auch der Premierminister Boris Johnson bald aufgeben musste, als die Opferzahlen zu hoch wurden. In Deutschland ist man von vornherein einen anderen, durch die abendländisch-christliche Tradition bestimmten Weg gegangen, der von Kant auf einen allgemeinen ethischen Ansatz gebracht worden ist: Hier wird der Einzelne nicht als Teil einer gesellschaftlichen Gesamtheit gesehen, deren Glück im Mittelpunkt steht. Hier ist der Einzelne etwas Absolutes, das keiner Zweck-Mittel-Relation zu unterwerfen ist. Es muss alles getan werden, um diesem einzelnen Menschen zu helfen und ihn zu retten, und zwar unabhängig von seinem Alter und den Kosten, die dies verursacht.

Ein weiteres Beispiel: Wir erleben ein neues Aufbranden der Diskussion um assistierten Suizid. Darf man Menschen helfen, sich das Leben zu nehmen? Hier stoßen ganz schnell Grundannahmen darüber, wer der Mensch ist und was er darf, aufeinander. Bin ich absolutes Subjekt, habe ich das absolute Verfügungsrecht über mein Leben? Darf ich anderen das Leben nehmen, wenn sie selbst es wollen? Wann beginnt das? Was ist überhaupt Leben? Ist nur ein glückliches Leben ein erfülltes Leben? Was ist ein lebenswertes und – jetzt wird's gefährlich – ein nicht lebenswertes Leben? Befürworter des assistierten Suizids trauen sich hier Urteile und Kriterien zu. Gegner halten schon eine solche Reflexion für schwierig. Urteile in diesen und vielen anderen Fragen (autonomes Fahren, Drohneneinsatz, Mensch-Maschine-Schnittstellen etc.) hängen (auch) von philosophischen Voraussetzungen und Überzeugungen ab. Sie machen sich bemerkbar, auch wenn sie als solche nicht ausgesprochen werden. Da kann dann die philosophische Analyse zur Orientierung helfen. Sie kann nicht unbedingt helfen, zu erkennen, was die Wahrheit oder was richtig ist. Aber sie kann Argumentationen in ihren Voraussetzungen und Wirkungen durchsichtig machen und dann vielleicht zu der Entscheidung führen: Das will ich nicht, oder: Genau das will ich, so will ich es.

6. Grund: Philosophie hat Bedeutung für unser Christsein und Theologesein

Philosophie ist aus mehreren Gründen für das Theologe- und Christsein besonders wichtig:

- Ich will kein *sacrificium intellectus* (keine Opferung des Verstandes) begehen, wenn ich glaube. Dafür ist mir Vernunft und Rationalität zu wichtig. Ich glaube auch, dass sich eine solche Opferung des Verstandes nicht mit dem Gott verträgt, an den ich glaube. Wenn er wirklich Gott ist, dann muss er auch meinen Fragen, Anfragen und Rückfragen gewachsen sein. Dann muss ich meinen Verstand nicht einschränken, nur damit ich glauben kann. Das wäre ein sehr schwacher Gott, um dessen Bestand ich fürchten müsste.
- Im Blick auf die Kommunikation des Glaubens ist ein Wort aus dem Neuen Testament für mich eine Art Lebensmotto geworden: „Seid allezeit bereit, Rechenschaft zu geben über die Hoffnung, die euch trägt" (1Petr 3,15). Hier steht im Griechischen sowohl *apologia als auch logos*, es gilt, rationale Rechenschaft abzulegen. Glaube hat was mit Vernunft zu tun. Er hat Gründe. Das heißt, ich gewinne eine kommunikative Plattform, auf der ich mich verständigen kann mit anderen, die nicht glauben.
- Mir ist es aus dem Grund auch wichtig, meinen Glauben vor dem Forum der Vernunft, auch der wissenschaftlichen Vernunft zu verantworten. Ich halte meinen Glauben für absolut rational. Um ihn entsprechend denken zu können, muss ich aber wissen: Was ist vernünftig, und was kann Wissenschaft, was nicht? Wo stellt sie meinen Glauben, das, was ich glaube, mit Recht infrage, wo nicht?
- Für die Orientierung im Bereich Theologie ist Philosophie immens wichtig. Es gibt eine riesige Fülle von theologischen Entwürfen. Wie orientiert man sich hier? Hier kann es sehr helfen, durch philosophische Analyse die jeweiligen Voraussetzungen eines theologischen Konzeptes zu analysieren, seine Bedingtheit zu erkennen und es ggf. auch zu destruieren. Ein schönes Beispiel, das mir geholfen hat: Die im Bereich der Exegese dominante Wunderkritik hat ein Motiv und eine Ursache im Fixiertsein auf das wissenschaftliche Weltbild des 19. Jh., das in der Sache lange überwunden ist. Wenn ich an eine von ehernen Gesetzen durchwirkte Welt glaube, kann ich die Wunder nicht ernst nehmen. Fast eine ganze sich für kritisch-modern haltende Theologengeneration ist hier aber absolut rückständig, wenn sie Wunder für naturwissenschaftlich nicht möglich hält, die Wunderüberlieferungen der Evangelien schon deshalb als historisch nicht haltbar ansieht und als modernen Konsens unterstellt, Glaube und Wunder seien nicht miteinander vereinbar.[26]

---

[26] Es gibt zur Wunderfrage ein ganzes Themenheft der Zeitschrift *theologische Beiträge*: 2020 (51. Jg.) Heft 3.

- Philosophische Reflexion hilft aber auch in der theologischen Offensive. Wo haben religionskritische Ansätze ihre Voraussetzungen? Kann ich nicht kritisch unterscheiden zwischen Anliegen und Argumenten? Bedeutet etwa die Unterstellung Feuerbachs, Glaube beruhe auf einer Einbildung und Projektion, als solche schon einen Beweis? Eine Theorie mag sehr plausibel sein, deshalb ist sie noch lange nicht wahr. Philosophische Reflexion hilft mir zu unterscheiden und zu prüfen: Wo hat Religionskritik recht und wo ist sie nicht substanziell?
- Schließlich geht es auch um die Auseinandersetzung mit den großen Konkurrenten von Theologie und Glaube. Ist Religionsphilosophie wirklich eine Alternative zum Glauben? Hier hat in letzter Zeit eindrucksvoll der Berliner Philosoph Volker Gerhardt verdeutlicht, in welchem Umfang alles Wissen auf einem Glauben beruht.[27] Das ist argumentativ hilfreich.
- Schließlich: Auch wenn wir Gott nicht mit rationalen Mitteln beweisen können im strengen Sinne, ist es eine überaus spannende Frage, ob der Gottesgedanke wirklich verzichtbar ist für den Menschen, wenn er sein Menschsein bewahren und sich human orientieren will. Hier hat in den letzten beiden Jahrzehnten ausgerechnet der schon erwähnte ehemalige Neomarxist Jürgen Habermas, der sich als religiös unmusikalisch bezeichnet, erstaunliche Beiträge geleistet. Er sieht die These von der Säkularisierung sehr kritisch. Er sieht uns in einer postsäkularen Gesellschaft, in der einer vitalen Religion eine konstitutive Rolle zukommt, weil die praktische Vernunft kraftlos und nicht ausreichend sei im Blick auf die Herausforderungen, vor denen wir heute stehen.[28]

7. Grund: Selbst Philosophiegeschichte lohnt!

Wir beginnen in diesem ersten Band mit den „Vorsokratikern". Schon der Name wirkt abschreckend. Vorsokratiker heißen diese Philosophen, weil sie in der Zeit vor Sokrates (oder zeitgleich mit ihm) gelebt, gedacht und gelehrt haben. Viele meiden oder überschlagen sie und gehen direkt zu den „richtigen" antiken Philosophen, Platon und Aristoteles. Aber ausgerechnet Aristoteles und auch Platon widersprechen diesem Verfahren und machen es ganz anders. Platon setzt sich durchgehend mit früheren oder zeitgenössischen Denkern auseinander. Ständig sind sie Gesprächspartner in seinen Dialogen. Und Aristoteles schickt seinem wichtigsten und wirkmächtigsten Buch, der *Metaphysik*, lange Ab-

---

[27] Vgl. Volker Gerhardt: *Der Sinn des Sinns. Versuch über das Göttliche*, München 2014; ders.: *Glauben und Wissen. Ein notwendiger Zusammenhang*, Stuttgart 2016, dazu die Würdigung: Roderich Barth/ Rochus Leonhardt (Hrsg.): *Die Vernunft des Glaubens. Theologische Beiträge zu Volker Gerhardts Philosophie des Göttlichen*, Leipzig 2020.

[28] Vgl. dazu jetzt: Hans Jürgen Abromeit: „Von Jürgen Habermas lernen, was für die Kirche in der Zeit des nachmetaphysischen Denkens unverzichtbar ist", in: Thomas Schlegel/Martin Reppenhagen (Hrsg.): *Kirche in der Diaspora. Bilder für die Zukunft der Kirche. Festschrift zu Ehren von Michael Herbst*, Leipzig 2021, 169-189; Heinzpeter Hempelmann: „‚Abkehr von der Armut der Modernität' (P. L. Berger): Was Religionssoziologie und -philosophie von der Religion erwarten, in: Harald Jung/Jürgen Schuster/Volker Gäckle (Hrsg.): *Europa, wie hält du's mit der Religion? Zum Verhältnis von Religion und Gesellschaft*, Berlin 2020, 55-71.

schnitte voraus, in denen er den Forschungsstand referiert und die Theorien früherer Denker und Forscher darstellt und ausführlich kritisiert. Was haben Frühere zu dem Thema zu sagen, zu dem ich mich hier äußern will? Mit anderen Worten: Niemand beginnt bei null. Auch unser Denken mit all seinen Begriffen und scheinbaren Selbstverständlichkeiten, mit seinem Wissensschatz und seinen Errungenschaften baut auf früheren Entdeckungen und Reflexionen, Entwicklungen und Diskussionen mit nachfolgenden Weichenstellungen auf. In der Regel sind sie uns kaum bewusst.

Manchmal befinden wir uns aktuell in Problemlagen, aus denen wir schlecht herausfinden, die wir uns manchmal noch nicht einmal recht erklären können. Hier hilft eine möglichst fundierte Kenntnis der Vergangenheit. Nur wer frühere Weichenstellungen kennt, kann ihre Wirkungen heute identifizieren und dann auch damit umgehen. So lohnt denn auch, um bei dem Beispiel Vorsokratiker zu bleiben, die Beschäftigung mit dieser philosophiegeschichtlichen Vorstufe. Ich deute vier Beispiele hier nur an: Wir diskutieren heute die Frage: Wer sollen wir Wahrheit denken, gibt es sie nur im Singular oder gibt es nicht verschiedene Wahrheiten? Das Thema Fake News, alternative Fakten etc. hat uns intensiv beschäftigt. Jetzt kann man entdecken: Parmenides hat Wegweisendes dazu geschrieben. Wahrheit im Singular zu denken, verdankt sich einem Entschluss. Es ist alles andere als selbstverständlich. Ein zweites Beispiel: Schon Xenophanes diskutiert die Frage: Was bedeutet es eigentlich für die Wahrheit von Religion, dass Menschen sich die Götter menschengestaltig vorstellen? Das ist nicht erst Feuerbach! Das gibt's 2.500 Jahre vorher in aller Klarheit. Ein drittes Beispiel: Wir diskutieren heute das anthropische Prinzip oder Intelligent-Design-Konzepte. Ganz offenbar ist das Universum intelligent strukturiert, es ist smart. Das ist aufregend, aber nicht neu! Es ist schon Pythagoras gewesen, der aufgrund der Entdeckung des mathematischen Universums sogar einen mystischen religiösen Kult entwickelte, modern gesprochen: die Gottesfrage stellte. Und er tat dies mit stärksten Argumenten. Ein letztes Beispiel: Wir beobachten heute in den Leitwissenschaften die Tendenz zu einem reduktionistischen, im Grunde materialistischen Weltbild. Die Weichen dazu stellt bereits Demokrit. Bereits im 5. Jh. v. Chr. entwirft er ein Atommodell, mit dem er die gesamte Realität rein materialistisch verstehen will. Das inspiriert bis heute.

Selbst Philosophiegeschichte transportiert nicht nur totes Wissen. Die Begegnung mit früheren Denkern hilft uns heute, uns selbst besser zu verstehen.

III. Literaturhinweise

Die Literaturhinweise sind bewusst knapp gehalten. Sie sollen helfen, über diese Einführung hinaus einen ersten Zugang zu finden.

Jostein Gaarder: *Sophies Welt*, München 2000.
Hans Georg Gadamer (Hrsg.): *Philosophisches Lesebuch*, 3 Bde. Frankfurt 4. Aufl. 2004.

Jürgen Habermas: *Auch eine Geschichte der Philosophie*: Band 1: Die okzidentale Konstellation von Glauben und Wissen Band 2: Vernünftige Freiheit. Spuren des Diskurses über Glauben und Wissen, Berlin 2019.

Historisches Wörterbuch der Philosophie, hg. von Joachim Ritter (u.a.), 12 Bde. und ein Registerband, Basel 1971–2007.

Otfried Höffe (Hrsg.): *Klassiker der Philosophie*, 2. Bde., Aufl. München 1994

Anthony Kenny: *Geschichte der abendländischen Philosophie*, 4 Bde. Darmstadt 2., durchges. Aufl. 2014.

Bernd Lutz (Hrsg.): *Metzler Philosophen Lexikon. Von den Vorsokratikern bis zu den neuen Philosophen*, Stuttgart/Weimar, 2. überarb. und erw. Aufl. 1995.

Jürgen Mittelstraß (Hrsg.): *Enzyklopädie Philosophie und Wissenschaftstheorie*, 4 Bde., Mannheim/Wien/Zürich 1980ff; 2. Aufl. 2005 in acht Bänden.

Philosophie für Einsteiger, mit Bänden zu Hannah Arendt, Georg Wilhelm Friedrich Hegel, Theodor W. Adorno, Gottfried Wilhelm Leibniz, Walter Benjamin, Immanuel Kant, Friedrich Nietzsche, Michel Foucault u.a., erscheint im Wilhelm Fink-Verlag als Imprint von Brill.

Heiko Reisch: *Kleine Geschichte der Philosophie*, Wiesbaden 2018.

Wolfgang Röd (Hrsg.): *Geschichte der Philosophie*, 14 Bde., 3., überarb. Aufl. München 2009 (ND Darmstadt 2021).

Reiner Ruffing: *Einführung in die Geschichte der Philosophie*, Paderborn 3., durchges. Aufl. 2021.

Bertrand Russel: *Philosophie des Abendlandes: Ihr Zusammenhang mit der politischen und sozialen Entwicklung*, München/ Zürich 7. Aufl. 2011.

Hans Jörg Sandkühler u.a. (Hrsg.): *Enzyklopädie Philosophie*, 3 Bde. Hamburg 2021.

Josef Speck (Hrsg.): *Reihe Grundprobleme der großen Philosophen*, Göttingen 1972ff.

Hans-Joachim Störig: *Kleine Weltgeschichte der Philosophie*, Stuttgart/Berlin/Köln 17. Aufl. 1999.

Friedrich Ueberweg: *Grundriss der Geschichte der Philosophie*, 3 Teile 1863ff; Neubearbeitung 1924–1927 durch verschiedene Autoren; Neubearbeitung seit 1983 als Gemeinschaftswerk mit einem Umfang von ca. 40 Bänden.

Franco Volpi,(Hrsg.): *Großes Werklexikon der Philosophie*, 2 Bde., Stuttgart 1999.

Karl Vorländer: *Geschichte der Philosophie mit Quellentexten*, Reinbek bei Hamburg 1963ff.

Wilhelm Weischedel: *Die philosophische Hintertreppe. Die großen Philosophen in Alltag und Denken*, München 41. Aufl. 2014.

Wilhelm Windelband/ Heinz Heimsoeth: *Lehrbuch der Geschichte der Philosophie*, 14., ergänzte Aufl., Tübingen 1950.

Robert Zimmer: *Basis-Bibliothek Philosophie*, 3. Aufl. Ditzingen 2020.

Teil A

Vorsokratiker

(6.–4. Jh. v. Chr.) – Geburt der abendländischen Philosophie

I. Einführung

Mit den sog. „Vorsokratikern" bezeichnet man eine Gruppe von Philosophen, die vom sechsten bis vierten vorchristlichen Jahrhundert *vor* Sokrates oder zugleich mit ihm im Mittelmeerraum gelebt haben. Sie markieren vor dem Beginn der klassischen philosophischen Antike mit ihren Gipfeln Platon und Aristoteles die allerersten Anfänge abendländischen Philosophierens.

1. Erste Aufklärung

Die Vorsokratiker bedeuten philosophiegeschichtlich insofern eine *erste* Aufklärung[1], als sie die überkommenen, etwa bei Homer und Hesiod zu findenden religiösen und mythischen Denk- und Anschauungsformen nicht beseitigen, aber ergänzen durch Versuche einer rationalen Durchdringung von Welt. Auf sehr unterschiedliche und auch gegensätzliche Weise fragen sie nach dem Ursprung (*archee*) der Welt und nach den ihr zugrunde liegenden Elementen (*elementa*). Widerfahrnisse werden nicht mehr auf ein Handeln von Göttern zurückgeführt, sondern auf abstrakt zu beschreibende Gesetzmäßigkeiten.

---

[1] Im Allgemeinen wird dieser Begriff für die europäische Geistesgeschichte des 18. Jh. reserviert. Hier bezeichnet er eine Politik, Philosophie, Theologie und Literatur erfassende Bewegung. Kennzeichen sind die Priorisierung der Vernunft, der Wille zur kritischen Infragestellung, der Wunsch nach Fortschritt und als praktische Konsequenz: das Ziel der „Erziehung des Menschengeschlechts" (G.E. Lessing).

2. Eine völlig neue Perspektive

Diese Sichtweise ist völlig neu. Sie ist emergent. Inmitten einer mythischen Weltsicht entsteht hier mit einem Mal, ohne dass dafür Vorläufer und Gründe erkennbar wären, eine völlig neue Weltsicht. Der Impuls wird geboren, die Welt nicht konkret, erzählerisch zu erfassen, sondern abstrakt zu begreifen. Sie wird nicht mehr als personale Wirklichkeit verstanden – als Geschick, das sich Göttern verdankt –, sondern es wird nach kausalen, intellektuell durchschaubaren Zusammenhängen gesucht.

3. Achsenzeit

Mit diesem Ansatz gehören die oft unterschätzten Vorsokratiker in die von Karl Jaspers so bezeichnete *Achsenzeit:* Die „Achse der Weltgeschichte scheint [...] rund um 500 vor Christus zu liegen, in dem zwischen 800 und 200 stattfindenden geistigen Prozeß. [...] In dieser Zeit drängt sich Außerordentliches zusammen. In China lebten Konfuzius und Laotse, entstanden alle Richtungen der chinesischen Philosophie, dachten Mo-Zi, Tschuang-Tse, Lie-Tse und ungezählte andere, – in Indien entstanden die Upanishaden, lebte Buddha, wurden alle philosophischen Möglichkeiten bis zur Skepsis und bis zum Materialismus, bis zur Sophistik und bis zum Nihilismus, wie in China, entwickelt, – in Iran lehrte Zarathustra das fordernde Weltbild des Kampfes zwischen Gut und Böse, – in Palästina traten die Propheten auf von Elias über Jesajas und Jeremia bis zu Deuterojesajas, – Griechenland sah Homer, die Philosophen – Parmenides, Heraklit, Plato [...]. Alles, was durch solche Namen nur angedeutet ist, erwuchs in diesen wenigen Jahrhunderten annähernd gleichzeitig in China, Indien und dem Abendland, ohne daß sie gegenseitig voneinander wußten.“[2]

Der Begriff Achsenzeit bezeichnet also den erstaunlichen Sachverhalt, dass weltweit in unterschiedlichen Kulturen unabhängig voneinander zwischen dem 6. und 4. Jh. religiöse, philosophische, kulturelle und wissenschaftliche Aufbrüche zu finden sind. Diese Blütezeiten bringen Einsichten und Perspektiven hervor, die bis heute Wirkung entfalten und vielfach von fundamentaler Bedeutung sind.[3]

---

2 Karl Jaspers: *Vom Ursprung und Ziel der Geschichte*, (1949) 8. Aufl. München 1983, 19f.

3 Zur kritischen Würdigung des Konzeptes „Achsenzeit“ vgl. Jan Assmann: *Achsenzeit. Eine Archäologie der Moderne*, München 2018. Jürgen Habermas hat den Begriff in seiner Philosophiegeschichte neu aufgenommen und gewürdigt: *Auch eine Geschichte der Philosophie*, Bd. 1, *Die okzidentale Konstellation von Glauben und Wissen*, Berlin 2020, 175-480.

4. Quellenlage

Die Quellenlage[4] zu den Vorsokratikern ist schlecht. Wir besitzen nur Fragmente von späteren Autoren, die sie entweder zitieren oder sich, ihre Lehren referierend, mit ihnen auseinandersetzen, unter ihnen Aristoteles, Platon, Cicero und etliche Kirchenväter bis hin zu Augustin.[5] Das macht die Rekonstruktion ihrer jeweiligen Position teilweise sehr schwer, oft spekulativ und unsicher. Vielfach besitzen wir nur einzelne Sprüche, die auf sehr unterschiedliche Weise interpretierbar sind. Je mehr uns der Kontext einer Aussage fehlt und je kürzer sie ist, umso unsicherer ist ihre Bedeutung.[6]

II. „Vorsokratiker“ – was soll denn das bedeuten?

Man kann den Begriff „Vorsokratiker“ in einer sehr unterschiedlichen Weise verstehen und trifft bei jeder Auslegung etwas Wichtiges und Charakteristisches.

1. Eine Philosophengruppe

Von Vorsokratikern – im Plural – spricht man, weil es sich um eine ganze *Gruppe von Philosophen* handelt, die mit diesem Sammelbegriff zusammengefasst werden. Keiner sticht so heraus, dass er einer ganzen Epoche den Namen geben könnte.

2. Vorläufer

Die „*Vor*sokratiker“ werden oft als *bloße Vorläufer* verstanden, was dann nicht sehr wertschätzend ist. Ihre Identität gewinnen sie hier durch Ableitung von einem anderen: Sokrates. Ihre „Bedeutung“ besteht dann darin, dass sie das Niveau noch nicht erreicht haben,

---

4 Vgl. die Auswahlbibliografie!

5 Die Textfragmente der Vorsokratiker werden zitiert nach der Edition von H. Diels/W. Kranz: *Die Fragmente der Vorsokratiker*, 3 Bände, Berlin 10. Aufl. 1961. Auf dieser Standardausgabe bauen neue, ergänzende Editionen auf, die dann aber, um zitierfähig zu sein, die Nummerierung von Diels/Kranz nennen („DK ...“). Wir zitieren hier nach DK und der gut aufbereiteten und handhabbaren Edition von Jaap Mansfeld: *Die Vorsokratiker griechisch/deutsch*, 2 Bde, Stuttgart 2005 (=JM I bzw. II).

6 Anthony Kenny zeigt am Beispiel des berühmten Wortes des – schon in der Antike als „dunkel“ bezeichneten – Heraklit, wir könnten nicht zweimal in den selben Fluss steigen (Platon, *Kra.* 402a), wie unterschiedlich ein Wort verstanden werden kann. Ist dieser Satz ontologisch gemeint: Alles fließt, es ist das Wesen der Welt, in Bewegung zu sein und sich ständig zu verändern? Physikalisch stimmt der Satz nur, wenn man ihn auf Wassermoleküle bezieht. Aber ist das gemeint? Geografisch trifft er ja nicht zu. Oder geht es gerade um die Harmonie des Stetigen in dem sich offenbar ständig Veränderbaren? (*Geschichte der abendländischen Philosophie*, Bd. 1, *Antike*, Darmstadt 2., durchgeseh. Aufl., 33).

das die sokratischen Dialoge in der Philosophie Platons ausmacht. Paradox formuliert: Die Vorsokratiker definieren sich durch das, was sie eben noch nicht sind. Auch wenn philosophiegeschichtlich dieses Urteil weitgehender Konsens ist, ist die Bezeichnung doch ein bisschen ungerecht. Sie wird der grundlegenden Bedeutung dieser Anfänge abendländischer Philosophie nicht gerecht.

3. Epochenbezeichnung

Gerechter ist ein Verständnis von „Vorsokratiker" im Sinne einer *Epochenbezeichnung*. Wir sprechen dann von der Philosophie vor Sokrates, der zentralen Figur in den platonischen Dialogen. So gesehen kann man die Bezeichnung Vorsokratiker sogar als eine Auszeichnung ansehen. Sie bedeutet dann, dass es überhaupt schon eine wahr- und ernst zu nehmende Philosophie gibt – vor Platon und Aristoteles, den absoluten Referenzpunkten antiker Philosophie, an denen wir uns bis heute abarbeiten

4. Zwischenzeit

Spezifischer und inhaltlich gefüllter ist der Begriff „Vorsokratiker" im Sinne einer *Zwischenzeit*: zwischen Sokrates einerseits und der Vorherrschaft mythischen Denkens, wie es nicht nur in Griechenland, sondern im vorderasiatischen und kleinasiatischen Raum prägend war. Repräsentativ hierfür sind vor allem die Werke, die Homer (geb. frühes 8. Jh. v. Chr.; gest. spätes 8. Jh. v. Chr.,) zugeschrieben werden: die Ilias und die Odyssee.

5. Gegensatz zu mythischem Denken

Im mythischen Denken werden Geschichte und Geschick erklärt durch den Willen und das Handeln einer Vielzahl von Göttern. In Menschengestalt und nach Menschenart bestimmen die anthropomorph (menschengestaltig) gezeichneten göttlichen Personen das Schicksal von Menschen und Völkern, indem sie nach Belieben, direkt oder indirekt, grausam und willkürlich oder gerecht und planvoll eingreifen. Menschen wie Odysseus sind – vgl. die *Odyssee* – lediglich Instrumente der Götter. Die Musik spielt nicht auf der menschlichen Ebene, sondern auf der göttlichen Bühne, wenn etwa in der *Ilias* die Meeresgöttin Thetis den Göttervater Zeus bittet, die Ehre ihres Sohnes Achill herzustellen, und dieser dann beschließt, den Trojanern so lange die Oberhand über die Griechen zu geben, bis Satisfaktion erfolgt ist. In der *Odyssee* bildet sich bereits ein moralisches Konzept heraus: Geschichte ist Strafgericht. Die Götter sind letzte Garanten des Gerechten. Sie sorgen dafür, dass die bestraft werden, die gegen ihren Willen handeln, und umgekehrt dass die ihre Huld erfahren, die gemäß ihrem Willen handeln. Damit sind zwei wesentliche Merkmale eines oft als „mythisch[7]„ bezeichneten Denkens beschrieben: Götter wirken direkt in die – menschliche – Geschichte ein. Ihre Präsenz und ihr Handeln sind der Grund dafür, warum uns ein bestimmtes Geschick ereilt, auch wenn wir meinen, uns selbst zu bestimmen. Die Welt ist – trotz ihrer scheinbaren, mindestens zeitweise gegebenen Undurchschaubarkeit – ein letztlich geordneter Kosmos und einheitlicher Geschehenszusammenhang.

6. Rationale Erklärung kontra Erzählen

Entscheidend für die Vorsokratiker ist, dass sie sich mit diesem „Erklärungs"-Modell nicht mehr zufriedengeben. Sie halten zwar an der auch für sie selbstverständlichen Voraussetzung eines einheitlichen Gesamtkosmos fest. Aber sie erklären ihn nicht mehr nur mythisch, durch Rückgriff auf die Götter. Sie wollen ihre konkrete Erfahrung und das, was ihnen begegnet, rational durchdringen. Dazu fragen sie nach Ursachen allgemeinerer Art und stellen abstrakte Thesen darüber auf, welche grundsätzlichen Strukturen, Elemente und Gesetzmäßigkeiten den Kosmos bestimmen und überall anzutreffen sind. Und sie können – so etwa Xenophanes – auch die von ihnen nicht bestrittene Götterwelt einer kritischen Sicht unterwerfen.

7. Wegweisend: der Versuch, rationale Antworten zu finden

Die Ansätze der Vorsokratiker sind sehr verschieden. Gemeinsam ist ihnen zwar – neben der chronologischen Ansetzung *vor* (und neben) Sokrates – der Versuch einer rationalen, nach Gründen und Ursachen suchenden und solche auch bezeichnenden Durchdringung der Erfahrungswelt. Sie fragen nach den ursächlichen Strukturen und den grundlegenden Elementen. Die Antwort auf die Frage nach dem Warum und Woher wird aber im Einzelnen sehr unterschiedlich gegeben. Aus heutiger Sicht sind auch nicht die jeweiligen konkreten Antworten wichtig, die hier gegeben werden und die sämtlich überholt sind. Wichtig und wegweisend ist der Versuch einer solch rationalen, nach Kausalitäten und abstrahierbaren Prinzipien suchenden Antwort. Mit dieser Doppelausrichtung sind sie später zunächst für die römische Mainstream-Philosophie der Stoa prägend und wegweisend geworden.

---

7 Als mythisch bzw. mythologisch wird in der Philosophie- und Religionsgeschichte in der Regel eine Darstellungsweise bezeichnet, die im Gegenüber zu einer rationalen, auf abstrakte Gesetzmäßigkeiten abhebenden Beschreibung der Welt Wirklichkeit bestimmt sieht durch konkrete Beziehungen und Mächte, die dynamisch aufeinander einwirken. Wirklichkeit kann dementsprechend nicht auf eine abstrakte Formel gebracht werden. Sie muss erzählt werden. Ihre Darstellung beschränkt sich nicht auf das wissenschaftlich erhebbare, sondern umfasst das Ganze und bezieht auch den Bereich des Göttlichen mit ein. Der existenzialtheologische Mythos-Begriff Rudolf Bultmanns meint etwas anderes. Mythologisch sind für ihn Darstellungsweisen, die von Gott als Objekt reden und ihn vergegenständlichen. Werden die Begriffe mythisch/Mythos gebraucht, ist zu überprüfen, wie sie jeweils gemeint sind.

III. „Vorsokratiker“ – wen konkret versteht man darunter?

Die Redeweise von den „Vorsokratikern“ ist noch aus einem weiteren Grund nicht unproblematisch. Es stellt sich die Frage, ob man so unterschiedliche Ansätze unter einem Oberbegriff zusammenfassen darf. Versucht man diese sehr heterogene Gruppe zu überschauen, legt sich folgende Ordnung nahe:

1. Ionische Naturphilosophie

Der vor allem in der kleinasiatischen Region Ionien verbreiteten Naturphilosophie lassen sich an erster Stelle Thales von Milet, gelegen in der heutigen Türkei (624/625–547 v. Chr.) zuordnen, dann Anaximander (610–547 v. Chr.), Anaximines (546–525 v. Chr.) und als sein wahrscheinlich späterer Schüler Anaxagoras (*ca. 500 v. Chr.). Als letzter und wohl berühmtester Vertreter der ionischen Spekulation über das Wesen der Natur muss Heraklit genannt werden.

a) Thales

Thales gilt als der Begründer der griechischen Philosophie. Bei ihm und seiner Schule finden wir Konzepte, die aus heutiger Sicht wie eine „Mischung aus Wissenschaft und Religion“[8], konkreter: aus philosophischer Spekulation, ersten naturwissenschaftlichen Beobachtungen und religiöser Weltanschauung wirken. Von Thales wird der Satz überliefert: „Alles ist voll von Göttern“ (DK 11 A 22). Daneben steht sein Satz: „Wasser ist das Urprinzip von allem.“ (DK 11 A 12) Was wir als undifferenziertes, nicht aufgeklärtes Miteinander oder gar Durcheinander von Glauben und Wissen empfinden, bildete für diese Denker eine Einheit. Philosophisch gibt das Anlass zu fragen, welche – nie selbstverständlichen – Voraussetzungen *uns* bestimmen und den Zugang zu einem solchen Denk- und Erfahrungsuniversum evtl. schwer machen.

Schon Thales war ein Mathematiker von Rang. Er setzte sein Wissen praktisch als Geometer, Astronom und Meteorologe ein, sodass er damit gutes Geld verdienen konnte. Da er allgemein außerordentlich gebildet war, galt er in der Antike als einer der sieben Weisen Griechenlands. Schon er blieb aber von dem Spott nicht verschont, der die trifft, die sich auf das konzentrieren, was „hinter“ den Phänomen steckt und dabei über das Vordergründige stolpern.

---

[8] Kenny, *Geschichte der abendländischen Philosophie*, Bd. 1, *Antike* , 23.

b) Anaximander: die erste Sternenkarte

Aber auch seine Schüler haben überlieferte Leistungen vollbracht: *Anaximander* schuf die erste Welt- und Sternenkarte; bei ihm finden wir das erste Mal das Konzept biologischer Entwicklung. Anaximander ist insofern Vorläufer moderner Naturwissenschaft, als er systematisch Experimente anstellt, um Erkenntnisse zu gewinnen. Er folgert etwa einen Zusammenhang zwischen Dichte und Temperatur der Luft.

Orgines berichtet (C. Celsum VII,62) als Götterkritik von Heraklit: „Sie reinigen sich, indem sie sich mit neuem Blut beschmutzen, wie wenn einer, der, in den Schmutz getreten, sich mit Schmutz abwische. Für verrückt muss er gehalten werden, bemerkt man nur, daß er so tut. Und sie beten zu den Götterbildern um uns herum, so wie wenn einer sich mit Tempeln unterhielte, ohne auch nur im geringsten von Göttern und Heroen zu wissen, wer sie sind."

Platon berichtet in dem Dialog Theaititos: „Es wird erzählt, […] dass Thales, als er astronomische Beobachtungen anstellte und dabei nach oben blickte, in einen Brunnen gefallen sei und daß eine witzige, reizende thrakische Magd ihn verspottet habe: Er strenge sich an, die Dinge im Himmel zu erkennen, von dem aber, was ihm vor Augen und vor den Füßen liege, habe er keine Ahnung." 4

(174a; DK 11 A 9).

c) Anaxagoras: Big Bang des Universums

Anaxagoras wiederum nimmt in bemerkenswerter Weise den Gedanken eines Big Bang des Universums vorweg, das sich, bis heute, immer weiter ausweitet.

d) Heraklit: Der Logos durchwaltet alles

Eine Sonderrolle kommt *Heraklit* zu. In seinen dunklen, viel gedeuteten Sprüchen betont er die Einheit des Gegensätzlichen und gibt der nachfolgenden Geschichte der Philosophie bis hin zu Hegel zu denken. Religionsphilosophisch interessant ist für die ionische Naturphilosophie die Verbindung einer rational gefärbten Kritik an volksreligiösen Vorstellungen und ein völlig unbefangenes Reden von Göttern.

Einerseits bestreitet Heraklit, dass diese Welt von Göttern geschaffen sei. Der Glaube an Götter ist unlogisch. Zugleich ist Heraklit aber der Überzeugung, dass die Welt vom Logos durchwirkt sei. Dieser Logos, der das All durchwaltet (DK 22 B 72), kann eingesehen werden. Die meisten Menschen verstehen ihn aber nicht, obwohl er in allem ist, was sie umgibt. Logos ist darum auch die richtige Deutung des Universums, die auf das Wesen der Welt trifft und es erfasst. Man muss wohl kaum betonen, dass Heraklit die Offenbarung dieses Logos für sich beansprucht.

Der „Logos" ist für Heraklit die zentrale, allerdings ambivalente Größe zum Verständnis der Welt. Einerseits treffen die Menschen auf ihn, andererseits verschließen sie sich ihm: „Mit dem sie am meisten ununterbrochen verkehren – dem Logos, der das All verwaltet –, von dem sondern sie sich ab, und was ihnen jeden Tag begegnet, kommt ihnen fremd vor." (Marc Aurel IV 46/ DK 22 B 72) 5

e) Die Frage nach dem Urstoff

Charakteristisch für die ionische Naturphilosophie ist die Frage nach dem einen Urstoff[9], aus dem alles bestehen muss. Für Thales ist es das Wasser, für Anaximines die Luft, für Heraklit das Feuer. Auch Anaximander nimmt einen Urstoff an, lehnt aber eine konkrete Identifikation mit einem der vier Elemente ab. Der Urstoff sei *apeiron*: undefiniert, unendlich.

Die Naturphilosophen suchten nach dem Urstoff, nach den letzten Bestandteilen, dem Unteilbaren oder – wie später die Atomisten sagen – dem allem Zugrundeliegenden und fragten nach den damit verbundenen Konsequenzen wie Bedeutung, Entwicklung, der Ausdehnung oder dem Zusammenhang zwischen Quantität und Qualität. Dies sind sämtlich „Dinge", die wir *nicht einfach beobachten können*, die aber unsere Beobachtungen (und Experimente) leiten und die zu fruchtbaren Theoriebildungen führen können. Diese vorsokratischen Konzepte und Ideen waren spekulativ und noch nicht naturwissenschaftlich fundiert. Deutlich wird hier aber, welche erkenntnisleitende Bedeutung solchen Vorschlägen, die Welt und das Universum insgesamt zu verstehen, zukommt. Wissenschaft geht ja im Sammeln von Fakten nicht auf, sie würde niemals entstehen, wenn sie sich auf die Sammlung von Beobachtungen beschränken würde. Es ist kein Geringerer als der einflussreichste Wissenschaftstheoretiker des 20. Jh., Karl Popper, der die Bedeutung von metaphysischen Annahmen für den Fortgang der Wissenschaft betont hat.[10] Auch wenn sie nicht unmittelbar überprüfbar sind,[11] leiten sie die Erkenntnis:

> Es läßt sich eben nicht leugnen, daß rein metaphysische Ideen – und daher philosophische Ideen – von größter Bedeutung für die geschichtliche Entwicklung der Kosmologie gewesen sind. Von Thales bis Einstein, von den griechischen Atomisten bis zu Descartes' Spekulationen über die Materie, von Gilberts', Newtons, Leibniz' und Boscovics Spekulationen über Kräfte bis zu denen von Faraday und Einstein über Felder von Kräften waren metaphysische Ideen wegweisend.[12]

„Wenn wir uns bei unseren Vorschlägen von Wertschätzungen leiten lassen, so verfallen wir damit keineswegs in den Fehler, den wir dem Positivismus vorgeworfen haben: die Metaphysik durch Wertungen abzutun. Wir sprechen ihr nicht einmal jeden ‚Wert' für die empirische Wissenschaft ab: Man kann nicht leugnen, daß es neben metaphysischen Gedankengängen, die die Entwicklung der Wissenschaft hemmten, auch solche gibt (wir

---

[9] Es hat sich eingebürgert, von den *Elementen* zu sprechen, aus denen man jeweils die Wirklichkeit zusammengesetzt sieht und aus der bzw. denen man die Welt abzuleiten sucht. Thales von Milet (*um 625 v. Chr.) sieht offenbar das Wasser als Ursprung von allem, der jüngere Anaxamines die Luft, Heraklit von Ephesos (um 500 v. Chr.) das Feuer. Empedokles von Akragas (ca. 492–432 v. Chr.) kombiniert diese Ansätze und benennt die vier Elemente, die für eine gewisse Zeit zum Konsens werden: Feuer, Wasser, Erde und Luft.

[10] Vgl. die Zusammenstellung der Aussagen bei Heinzpeter Hempelmann: *Kritischer Rationalismus und Theologie als Wissenschaft. Zur Frage nach dem Wirklichkeitsbezug des christlichen Glaubens*, 2. Aufl. Wuppertal 1987, 76-78.

[11] Vgl. hierzu die enorm spannenden Hinweise zu „unbeobachtbaren Realitäten" von Holm Tetens: *Wissenschaftstheorie. Eine Einführung*, München 2013, 68-71.

[12] Karl Popper, *Logik der Forschung*, Tübingen 11. Aufl. 2005, XXV.

erwähnten den spekulativen Atomismus), die sie förderten. Und wir vermuten, daß wissenschaftliche Forschung, psychologisch gesehen, ohne einen wissenschaftlich indiskutablen, also wenn man will, ‚metaphysischen' Glauben an [rein spekulative und] manchmal höchst unklare theoretische Ideen wohl gar nicht möglich ist."[13]
Die Spekulation über Atome, Urstoffe der Materie, aus denen sich alles zusammensetzt, die aber unsichtbar sind, ist eine solche ungeheuer fruchtbare Idee. Sie hat die Wissenschaft bis ins 20. Jh. angetrieben.

2. Pythagoras und seine Schule

Pythagoras von Samos lebte von 570–ca. 497 v. Chr. Auf weiten Reisen durch die antike Welt sammelte er erhebliches mathematisches Wissen an und lernte z. B. astronomische Methoden und geometrische Verfahren der Babylonier und Ägypter kennen. Er soll bis Britannien und Indien gekommen sein. Pythagoras zeichnet aus, dass er Zahlen und Berechnungen nicht nur zu praktischen Zwecken benutzte, etwa zur Berechnung von Flurgrundstücken und astronomischen Abläufen, und ihre Bedeutung für Architektur (Pyramiden!) und Buchungstechniken erkannte, sondern über ihre grundsätzliche Bedeutung nachdachte.

a) Alles ist Zahl

Er untersucht das Verhältnis der Zahlen zueinander, misst ihnen also als solchen einen Wert bei. Und er entdeckt, dass Naturerscheinungen mathematische Verhältnisse zugrunde liegen, so entdeckte er etwa, dass hinter den Harmonien der Musik konkrete Zahlenverhältnisse stehen. Das führt ihn zu der Einsicht: „Alles ist Zahl", „alles entspricht der Zahl" (Iamblichos, Vit. Pyth, 162 = JM I,30).

b) Der Pythagoreische Geheimbund

Die Zahlen werden für ihn zum quasi religiösen Schlüssel zum Universum. In den Zahlen begreifen wir das Wesen der Dinge und „in den Prinzipien der Zahlen (z. B. gerade/ungerade, begrenzt/unbegrenzt) auch die Prinzipien der Dinge"[14]. Mit Schülern gründet er in Kroton eine bis 450 v. Chr. bestehende philosophische Schule, die die Züge einer klosterähnlichen Glaubensgemeinschaft trägt. Der Pythagoreische Geheimbund hat bis zu 600 Mitglieder.[15] Den Angehörigen ist es bei Androhung der Todesstrafe untersagt, die mathematischen Entdeckungen an Außenstehende weiterzugeben. Noch nach dem Tod des Pythagoras wurde ein Mitglied des Geheimbundes ertränkt, das ein mathematisches Geheimnis weitergegeben hatte. So hoch schätzte man die Erkenntnisse ein. Die pythagoreische Ge-

---

13 Ebd., 15.

14 Art. Vorsokratiker, in: Anton Hügli/ Poul Lübcke (Hrsg.): *Philosophielexikon. Personen und Begriffe der abendländischen Philosophie von der Antike bis zur Gegenwart*, Reinbek b. Hamburg überarb. Neuausgabe 2013, 933.

15 So berichtet Diogenes Laertius, *Das Leben der Philosophen* VIII, 15.

meinschaft betete u. a. die Zahl als Gottheit an. Wer die Beziehung zwischen den Zahlen versteht; wer aufdeckt, dass diese Zahlenverhältnisse natürlichen Phänomenen zugrunde liegen, sowohl den musikalischen Harmonien wie den Himmelssphären mit den Umlaufbahnen der Planeten, der kommt so den Geheimnissen des Universums näher. Er ist den Göttern auf der Spur und betet sie durch seine wissenschaftlichen Erkenntnisse an.

Mystik und Mathematik, Religion und Wissenschaft gehören zusammen. Anbetungswürdig ist die Mathematik, weil sie auf Gesetze stoßen lässt, die die Ungenauigkeit empirischer sinnlicher Wahrnehmung überwindet. Sinnlich vermittelte empirische Messungen sind ja nie zu 100% genau. Die mathematischen Verhältnisse sind es und sie ändern sich nicht. In der Mathematik schaut Pythagoras die den Göttern vorbehaltene Vollkommenheit, etwa, wenn er auf die „vollkommene Zahl“[16] trifft. Durch ihre immer und überall gegebene allgemeingültige Wahrheit wie durch ihre Vollkommenheit gibt mathematische Erkenntnis Anteil am Göttlichen. Wieder ist es symptomatisch für unser Denken, dass uns heute das pythagoreische Universum in Mathematik und Mystik auseinanderfällt, wo Pythagoras und seine Schüler von dem Eindruck bestimmt waren, auf etwas Heiliges, Göttliches, Anbetungswürdiges, weil Ewiges und Vollkommenes, alles Bestimmendes gestoßen zu sein.

c) Pythagoras als erster „Philosoph“

Diogenes Laertius berichtet über ein Gespräch mit Pythagoras:

> „Als was würden Sie sich bezeichnen?“, meinte Leon, der Prinz von Phlius, anlässlich eines Gespräches bei den Olympischen Spielen. „Ich bin, solange ich denken kann, ein Philosoph.“ – „Dieses Wort habe ich noch nie gehört.“ – „Ich will damit ausdrücken, wie ich mich in meiner Lage empfinde. Lassen Sie es mich es so erklären, Prinz Leon: Das Leben kann gut mit diesen öffentlichen Spielen verglichen werden, denn in der großen Menge, die hier versammelt ist, wurden die einen vom Gewinnstreben angelockt und die andern von dem Verlangen nach Glanz und Ruhm. Doch unter ihnen sind auch einige, die alles, was hier vor sich geht, beobachten und verstehen wollen. Das gleiche gilt fürs Leben. Manche sind von der Liebe zum Reichtum beherrscht, während andere in blindem Wahn nach Macht und Herrschaft gieren. Der Menschenschlag, zu dem ich mich zähle, widmet sich der Frage, welchen Sinn und welches Ziel das Leben selbst hat. Er versucht die Geheimnisse der Natur zu entschlüsseln. Diesen Menschen nenne ich einen Philosophen, denn zwar ist kein Mensch in jeder Hinsicht vollkommen weise, doch er kann die Weisheit lieben, als Schlüssel zu den Geheimnissen der Natur.“ (Diog. Laert.: Das Leben der Philosophen I, 12)

[16] Eine vollkommene Zahl zeichnet sich dadurch aus, dass sie eine Summe aufeinander folgender Zahlen bildet. So ist 6: 1+2+3; 28 ist: 1+2+3+4+5+6+7.

Pythagoras selbst hat betont, dass Philosophie nicht den Besitz von Weisheit bedeutet, sondern der Philosoph vielmehr „Jäger nach Wahrheit“ (DG VIII,8) sei. Seine Zurückhaltung hat nicht verhindert, dass ihm nach seinem Tod zahlreiche Wundertaten zugeschrieben wurden (DK 14.7; 14.8a) und er als „göttlicher Mensch“ Verehrung erfuhr (Diog. Laert. VIII, 41).

3. Die eleatische Schule

a) Xenophanes als Gründer

Sie wird benannt nach der von Griechen gegründeten Stadt Elea im Südwesten Italiens. Hier etablierte um 540 v. Chr. *Xenophanes* (ca. 570/580–470/480 v. Chr.) eine Philosophenschule, der auch Parmenides, Melissos von Samos und Zenon zugerechnet werden.

 6

„Die Äthiopier behaupten, ihre Götter seien stumpfnasig und schwarz, die Thraker, blauäugig und blond.“ (DK 21 B 16)

„Aber die Menschen nehmen an, die Götter seien geboren, sie trügen Kleider, hätten Stimme und Körper – wie sie selbst.“ (DK 21 B 14)

„Wenn aber die Rinder und Pferde und Löwen Hände hätten und mit diesen Händen malen könnten und Bildwerke schaffen wie Menschen, so würden die Pferde die Götter abbilden und malen in der Gestalt von Pferden, die Rinder in der von Rindern, und sie würden solche Statuen meißeln, ihrer eigenen Körpergestalt entsprechend.“ (DK 21 B 15)

Die Eleaten zeichnen sich dadurch aus, dass sie ein unveränderliches Sein annehmen, das – selbst unsichtbar – allem Sichtbaren und Vergänglichen zugrunde liegt. Heraus ragen Xenophanes und Parmenides. Auch wenn man diskutieren kann, ob man Xenophanes und inwieweit man Parmenides der eleatischen Schule zurechnen kann, teilen beide doch fundamentale Überzeugungen des eleatischen Ansatzes.

b) Kritik der volkstümlichen Religion

Xenophanes knüpft einerseits an die milesisch-ionische Naturphilosophie an: Die Erde entsteht und vergeht – immer neu – aus Wasser. Interessant und relevant ist Xenophanes aber vor allem aus religionsphilosophischer Sicht. Die Existenz von Göttern bestreitet er zwar nicht grundsätzlich, die herkömmliche, etwa bei Hesiod und Homer (DK 21 B 11) zu findende volkstümliche Beschreibung der Götter lehnt er aber ab. Er weist nach, dass diese einen anthropomorphen, darum verdächtigen Charakter trägt: Menschen reden von Gott jeweils so, wie sie selbst sind. Die herkömmliche Denkweise redet von den Göttern genauso wie von den Menschen. Sie macht die Götter zu unmoralischen Wesen und wird so dem Göttlichen nicht gerecht.

c) Religionsphilosophisches Konzept von Gott

Die Kritik der Religion dient bei Xenophanes aber nicht der Beseitigung, sondern der Reinigung der Religion. Bestimmend ist auch hier die eleatische Frage: Was liegt dem Vielgestaltigen, sich ständig Verändernden zugrunde? Bezogen auf Gott heißt das: Was liegt den vielfältigen, so unterschiedlichen, so leicht als kulturell beeinflusst erkennbaren Gottesbildern zugrunde? Xenophanes geht nicht den Weg moderner Religionskritik und stellt – vorsichtiger als sie – das Sein Gottes nicht grundsätzlich infrage. Er fragt vielmehr, was hinter diesen Gottesbildern steht. Was Gott ist, bestimmt er *via negationis*, also durch Verneinung dieser Menschen- und Vielgestaltigkeit Gottes, und auf dem Weg der *via eminentiae*: Gott ist nicht unseren Begrenzungen unterworfen, sondern besitzt ein – in absolut gesteigerter Weise – Sein (DKB 21 B 23). Gott, wenn er Gott ist, muss anders sein als wir Menschen, und er muss *einer* sein. „Gott" darf letztlich nicht in eine Vielfalt auseinanderfallen, die doch nur unsere begrenzten menschlichen Perspektiven spiegelt.

Er muss jenseits dieser Vielheit sein. Es ist darum nötig, von einem *einzigen Gott* inmitten der vielen Götter auszugehen. Er teilt nicht unsere Veränderbarkeit, unser Werden und Vergehen und unsere Bewegung (DKB 21 B 26). Die maßgebende Vorstellung,

7 

„Homer und Hesiod haben die Götter mit allem belastet, was bei Menschen übelgenommen und getadelt wird: stehlen und ehebrechen und einander betrügen. (R Kap. 3, 25; DK 21 B 11)

„Ein einziger Gott ist unter Göttern und Menschen der Größte, weder dem Körper noch der Einsicht nach den sterblichen Menschen gleich." (R Kap. 3, 34; DK 21 B 23)

„Immer verbleibt er am selben Ort, *ohne irgendwelche Bewegung*, denn es geziemt sich für ihn nicht, bald hierhin, bald dorthin zu gehen, um seine Ziele zu erreichen," (R Kap 3, 36; DK 21 B 26)

die Aristoteles in der *Metaphysik* entwickelt, Gott sei selbst *unbewegter Beweger* von allem, wird hier vorgebildet und auch schon plausibilisiert.

d) Naturalismus

8 

„Was sie Iris [d.h. „Götterbotin" bzw. „Regenbogen") nennen, auch das ist eine Wolke, und zwar eine, die purpurn, hellrot und gelbgrün aussieht." (DK 21 B 32)

Rationale, philosophische Theologie, Religionskritik, Monotheismus und naturwissenschaftlich anmutende Erklärungsversuche führt Xenophanes zu einem Naturalismus zusammen: Der Regenbogen ist kein Götterbote, sondern lediglich eine Wolke.

Es braucht keine mythologischen Erklärungen, sondern lediglich eine naturwissenschaftliche Betrachtungsweise, um zu verstehen, was wir sehen. Gleichzeitig ist es der eine und einzige Gott, „der ohne Anstrengung seines Geistes [...] alles mit seinem Bewusstsein" lenkt (DK 21 B 25). Diese Variante von Naturalismus unterscheidet sich grundsätzlich von einem reduktionistischen Naturalismus, der unter Berufung auf die naturwissenschaftliche Perspektive Metaphysik und Religion verwirft. Für Xenophanes ist „Gott" das alles bestimmende Prinzip, das es braucht, um diese Welt zu verstehen.

e) Parmenides

Mit *Parmenides* erreicht die philosophische Reflexion eine „neue Ebene"[17]. Einerseits finden wir auch bei ihm naturphilosophische Erklärungsversuche über die Entstehung der vorfindlichen Welt. Andererseits überschreitet Parmenides diese Ebene des Empirisch-Vorfindlichen und fragt sehr viel grundsätzlicher. Welche Bedingungen müssen *logisch* gegeben sein, damit wir überhaupt etwas erkennen können?

f) Das Geschenk der Göttin Dike

„Wohlan, ich werde also vortragen (du aber sollst das Wort, nachdem du es gehört hast, [den  9
Menschen] weitergeben), welche Wege der Untersuchung einzig zu erkennen sind: die erste, daß es ist und daß nicht ist, daß es nicht ist, ist die Bahn der Überzeugung, denn sie richtet sich nach der Wahrheit; die zweite, daß es nicht ist und daß es sich gehört, daß es nicht ist. Dies jedoch ist, wie ich dir zeige, ein völlig unerfahrbarer Pfad; denn es ist ausgeschlossen, daß du etwas erkennst, was nicht ist, oder etwas darüber aussagst: denn solches läßt sich nicht durchführen." (DK 28 B 2)

Parmenides beschreibt im Anfang seines ebenso berühmten wie dunklen Lehrgedichtes, wie ihm die Göttin Dike eine Offenbarung geschenkt hat. Er beansprucht also für seine Einsicht Letztgeltung. Was er beschreibt, ist ebenso fundamental wie elementar. Es geht um eine *Entscheidung*[18], die das Erkennen durch eine einzige Weichenstellung aus dem bloßen Meinen und Spekulieren herausführt. Sie erscheint uns heute als so selbstverständlich, dass wir ihre Bedeutung erst auf den zweiten Blick realisieren. Bei Parmenides wird aber das Fundament gelegt, das für die nachfolgende Philosophie nahezu universale Voraussetzung ist.

g) „Identität": Was macht etwas zu etwas?

„Man soll es aussagen und erkennen, daß es Seiendes ist; denn es ist [nun einmal der Fall],  10
daß es ist, nicht aber, daß Nichts [ist]. Ich fordere dich auf, dies gelten zu lassen. Denn der erste Weg der Untersuchung, von dem ich dich zurückhalte, ist jener. Ich halte dich aber auch zurück von dem Weg, den die nichtwissenden Menschen sich bilden, die Doppelköpfigen. Denn Machtlosigkeit lenkt in ihrer Brust den irrenden Verstand; sie treiben dahin, gleichermaßen taub wie blind, verblüfft, Völkerschaften, die nicht zu urteilen verstehen, denen das Sein und Nichtsein als dasselbe und auch wieder nicht als dasselbe gilt und für die es eine Bahn gibt, auf der alles in sein Gegenteil umschlägt. [...]
Denn niemals kann erzwungen werden, daß ist, was nicht ist. [...] Nein, beurteile in rationaler Weise die streitbare Widerlegung, die ich ausgesprochen habe." (DK 28 B 2.6.7)

---

[17] Mansfeld, I, 284.

[18] Es klingt wie ein Kommentar zu heutigem Wahrheitspluralismus, wenn Jaap Mansfeld Parmenides mit den Worten erläutert: „daß die Menschen die richtige Entscheidung zwischen Sein und Nichtsein grundsätzlich verfehlt und den Gegensatz zwischen diesen beiden Begriffen als eine Pseudodisjunktion, ein Sowohl-als-auch, aufgefasst haben. D.h., sie gehen in praxi so vor, als ob Seiendes *auch* nicht sein und Nichtseiendes *auch* sein dürfe." (Die Vorsokratiker I, 292).

Parmenides hebt modern gesprochen auf „Identität" ab und auf das, was es erst ermöglicht, die Identität von etwas zu bestimmen. Erkennen kann ich nur etwas, das mit sich identisch ist, was also ein abgrenzbares Profil hat. Entscheidend für die Bestimmung von Seiendem ist, dass ich von ihm nicht zugleich etwas Bestimmtes behaupte und zugleich sein Gegenteil aussage. Im Blick auf die Existenz von etwas als Voraussetzung alles anderen bedeutet das anzuerkennen, „daß es [also ein Ding, ein Seiendes] ist und daß nicht ist [d.h.: dass es also nicht der Fall ist], daß es nicht ist" (DK 28 B 2). Parmenides fordert hier geradezu auf, diese grundsätzliche Disjunktion, also Trennung im Denken zu treffen: „Man soll [wörtlich: es ist nötig] es aussagen und erkennen, daß es Seiendes ist; denn es ist nun einmal der Fall, daß es ist, nicht aber, daß nichts [ist]. Ich fordere dich auf, dies gelten zu lassen." (DK 28 B 6)

Wie modern hier Parmenides argumentiert, zeigt sich darin, dass er die ethische Dimension von Erkenntnis deutlich macht. Wir erkennen nicht einfach, was ist, was der Fall ist oder auch nicht. Erkennen können und erkennen wollen gehören für den Menschen aufs Engste zusammen. Erkenntnisakt und Willensakt bilden letztlich eine Einheit. Nur darum ist es sinnvoll, einen anderen dazu auffordern, etwas gelten zu lassen. Geltung besitzt etwas ja nicht an sich, sondern nur dann, wenn ich sie ihm zuschreibe. Hier steht eine Entscheidung an. Bin ich bereit, das, was sich aufdrängt, zu akzeptieren, „es gelten zu lassen"? Oder gehe ich den alternativen Weg lasse es/den Sachverhalt nicht gelten? „Ich" kann das tun. Ich kann verschiedene Wahrheiten, die sich ausschließen, nebeneinander stehen lassen. Ich kann darauf verzichten, etwas zu wissen und distinkte, also klar und deutlich abgegrenzte, Orientierung zu gewinnen. Aber ich muss mir der Konsequenzen bewusst sein. Parmenides nennt sie ausdrücklich: Ich gehöre zu den „Nichtwissenden", mein irrender Verstand wird „machtlos". „Taub" und „blind" werde ich orientierungslos, treibe dahin und bin zu keinem Urteil mehr fähig.

Noch einmal: Erzwungen werden kann die Entscheidung für Rationalität nicht. Wir können einander nur dazu auffordern, uns auf dieses Modell von Vernunft einzulassen. Hier deutet sich ein weiterer moderner Gedanke an: die Ohnmacht der Vernunft. Vernunft ist viel weniger mächtig, viel weniger zwingend, als oft unterstellt. Sie beruht auf einem Entschluss, einer Entscheidung. Und ein Diskurs über die Dinge wird nur möglich, wenn seine Partner diesen Entschluss getroffen haben und auf dieser Grundlage argumentieren. Die in den letzten Jahren wieder aktueller und bedrängender werdenden Auseinandersetzungen mit Verschwörungstheorien[19] machen das exemplarisch deutlich: Argumente haben nur wenig Kraft, wo Konsens und Zugehörigkeit wichtiger werden als die kritische Rückfrage.

h) Der Satz vom ausgeschlossenen Widerspruch

Modern gesprochen, mit den Mitteln einer Logik, die Parmenides so noch nicht hatte: Wenn wir nicht den Satz vom ausgeschlossenen Widerspruch respektieren und akzeptieren, ist Erkenntnis nicht möglich. Disjunktionen, strenge Unterscheidungen, die im Denken nicht einfach „tolerant" alles zulassen, sind Mittel der Orientierung. Ohne sie sind

[19] Klassisch: Leo Löwenthal: Falsche Propheten. Studien zur faschistischen Agitation, (1949) Berlin 2021.

wir *taub wie blind und haben kein Urteilsvermögen.* Wenn wir etwas eine Eigenschaft zuschreiben und zugleich in derselben Hinsicht genau diese Eigenschaft bestreiten (im Beispiel: wenn wir sagen: Es existiert etwas, und zugleich sagen: Es existiert nicht), dann ergibt sich ein scheinbar paradoxer Sachverhalt: Wir sagen letztlich *nichts* mehr aus, weil wir *alles* über diesen Gegenstand sagen. Der Gegenstand ist nicht mehr zu greifen. Der logische Raum, den wir durch das Stehenlassen der Gegensätze zulassen, ist so groß, dass wir nichts Definitives mehr über ihn aussagen und wissen können.

i) Die falsche Toleranz der Doppelköpfigen

Wer heute im Rahmen eines postmodernen Mindsets eine Pluralität von Wahrheiten fordert, muss wissen, was er tut. Parmenides *fordert* zu einer *Entscheidung* auf. Entscheidung bedeutet: Man kann grundsätzlich auch anders handeln. Man kann auch mehrere Wahrheiten zugestehen: Man kann Existenz wie Nicht-Existenz von einer Sache oder Eigenschaft aussagen. Man steht dann freilich in der Gefahr, Urteilsvermögen und Erkenntnis zu verlieren. Man gehört dann nach Parmenides zu den „Doppelköpfigen“. Modern gesprochen: Toleranz, „Akzeptanz“, „Weite“, „Nicht-festgelegt-Sein“ wird dann erkauft durch den Verlust der Möglichkeit, um *die eine* Wahrheit zu ringen, nach ihr zu suchen und sie womöglich zu finden.

4. Die Atomisten

a) Demokrit und Leukipp

Diese Gruppe von Philosophen heißt so, weil ihnen gemeinsam ist, dass sie unteilbare (griech. *a-tomos*) Bestandteile der Materie annehmen. Bekannt geworden ist vor allem Demokrit, der in Abdera wirkte (geb. zw. 470–460 v. Chr., vermutlich 459/460 v. Chr., gestorben ca. 400, evtl. auch 380 v. Chr.). Sein Lehrer war *Leukipp von Milet* (um 450 v. Chr.), von dem wir allerdings kaum etwas wissen. Sein Werk ist uns nahezu ausschließlich zugänglich über die Wirkung, die sein Schüler Demokrit entfaltet hat. Dieser greift Gedanken auf von Anaxagoras und Empedokles („Elemente“), von seinem Lehrer Leukipp und dessen Lehrer Parmenides, und führt deren naturphilosophische Spekulation weiter.

b) „Es gibt nur Atome und Leeres“

Die Welt besteht aus kleinsten, unsichtbaren und – so die entscheidende Weiterführung – unteilbaren Einheiten: „In Wirklichkeit [gibt es nur] Atome und Leeres“[20]. Der – gegen die Eleaten – behauptete Gedanke eines Vakuums findet sich hier das erste Mal. Hier begegnet uns ebenfalls erstmals der erstaunliche, weil der Intuition zuwiderlaufende Gedanke, dass die Materie *nicht unendlich teilbar* ist; dass wir also nicht, wie eigentlich anzunehmen wäre, alles, was es gibt, noch einmal teilen können.

---

[20] Sextus Empiricus: Adv. Math. VII, 135f; DK 68 B 9+10.

c) Atome: unteilbar, unsichtbar, unveränderlich, unzerstörbar, ewig

Diese letzten, unteilbaren Teilchen sind allerdings *unsichtbar*. Sie existieren, so nahm Demokrit weiter an und nahm damit einen eleatischen Impuls auf, ewig, d. h. sie sind nicht entstanden, sie sind unveränderlich und unzerstörbar. Es gibt unendlich viele und unendlich vielfältige. Die Atome bewegen sich ständig in einem leeren Raum. Sie kombinieren sich auf Zeit, gehen dann wieder auseinander, bevor sie sich in neuer Weise zusammen finden, und so ewig weiter. Alles, was wir als Qualitäten wahrnehmen (Sinneswahrnehmungen, Geruch, Geschmack etc.) führt Demokrit auf materielle Quantitäten zurück. Es gibt eine Seele, aber sie besteht ebenfalls aus kleinsten Teilchen, die ihre Verbind Aristoteles berichtet: „Einige meinten, [die Seele] sei Feuer, denn dieses sei das feinteiligste und das am meisten unkörperliche der Elemente; außerdem bewegt es sich und bewegt in prinzipienhafter Weise die anderen [Elemente]. Demokrit hat sich aber genauer ausgedrückt und gezeigt, aus welchem Grund jedes dieser beiden [Eigenschaften der Seele zukomme]; denn [er sagt], Seele und Geist sei dasselbe, und dieses Selbe bestehe aus den ersten und unteilbaren Körpern und sei beweglich durch deren Kleinteiligkeit und Form. Er sagt, die beweglichste der Formen sei die Kugelform; in dieser Weise seien also der Geist und das Feuer beschaffen."

Das Faszinierende bei Demokrit besteht darin, wie er konsequent seinen Ansatz auf die gesamte Wirklichkeit anwendet und *alles von einer materiellen, atomaren Basis her zu verstehen sucht*. Der Mensch stellt „eine kleine Welt" dar (griech. mikros kosmos; David, Proleg., S. 38,17f; DK 68B 34). Demokrit entwickelt schon ein Modell für das später immer weiter diskutierte Leib-Seele-Problem.

11  In Aristoteles' Schrift „Über Demokrit" heißt es:
„Demokrit glaubt, daß die ewigen Wesenheiten kleine, der Zahl nach unbeschränkt viele Substanzen sind. Für sie nimmt er als Ort etwa anderes an und zwar etwas, das der Ausdehnung nach unbeschränkt ist. [...] Er nimmt an, daß die Substanzen so klein sind, daß sie sich unseren Sinnen entziehen, und es kämen ihnen allerlei Gestalten und allerlei Formen und allerlei Größenunterschiede zu. Diese verwendet er nun als Elemente, und aus ihnen läßt er dann die den Augen erscheinenden und wahrnehmbaren Massen entstehen und unterschiedlich sich zusammenfügen." (Simplikios in Cael., S. 294,33ff; Aristoteles fr. 208/ DK 68 A37)

d) Die Seele besteht aus atomaren Teilchen

Beide, Leib und Seele, existieren – als Körper – nebeneinander und in Verbindung miteinander; sie stellen nach dem Tod ihre Kooperation ein.
Die Vorstellung, die Welt bestehe letztlich allein aus kleinsten Bausteinen der Materie, zwischen denen Leere bestehe, ist nicht nur ein Anreger moderner Naturwissenschaft gewesen. Sie lebt bis heute in Formen eines sich als wissenschaftlich verstehenden Materialismus fort.

Lukrez berichtet, dass nach Demokrit „die Primärkörper des Leibes und des Geistes nebeneinander gelagert seien, einzelne [Leibes-]Körper neben einzelnen [Geistes-]Körpern, in einer Weise, daß sie umschichtig miteinander abwechseln und [in dieser Weise] die Glieder [des Leibes] verknüpfen." (III,370-373; DK 68 A 108)

Aetios schreibt: „Demokrit sagt, daß eine bestimmte Art von Seele teilweise in allen Dingen vorhanden sei, sogar in Leichnamen, weil darin deutlich immer etwas Warmes und Empfindungsfähiges sei, wenn auch das meiste davon ausgehaucht worden sei." (Aetios IV 4,7; DK 68 A 117)  12

e) Wirkungen bis heute

Erwähnenswert sind der sog. Physikalismus des logischen Positivismus (vgl. Ernst Mach, Moritz Schlick, Rudolf Carnap) und der dialektische Materialismus als Grundlage des Marxismus-Leninismus (Georgij Walentinowitsch Plechanow, vor allem aber Friedrich Engels, Leo Trotzki, Wladimir I. Lenin, Josef Stalin). Bei allen fundamentalen Unterschieden verbindet diese Konzeptionen einer (sich wissenschaftlich gebenden) materialistischen Weltanschauung folgende fünf Elemente:

f) Materialistische Weltanschauung

1. Alles Wirkliche hat eine materielle Grundlage. Die Welt ist rein materiell und sie ist demzufolge auch rein physikalisch zu erklären.
2. Die Materie existiert ewig. Sie besteht aus letzten kleinen Einheiten, die es zu erkennen und zu beherrschen gilt.
3. Qualitäten werden auf Quantitäten zurückgeführt. Schönheit, Geschmack sind nichts anderes als subjektive Empfindungen, die eine materielle Basis haben.
4. Seele, Geist, Bewusstsein existieren nicht an sich, sondern sind materielle Epiphänomene: Ihre Realität ist zwar kausal verursacht, von ihr geht aber selbst keine oder kaum eine Wirkung aus. Sie existieren nicht an sich, sondern resultieren aus der materiellen Basis. Folglich existieren sie nach dem Tod nicht mehr, weil dieser das Ende dieser materiellen Basis bedeutet.
5. Es existieren in dieser Materie feste Ursache-Wirkung-Zusammenhänge. Diese Gesetzmäßigkeiten bestimmen die materiellen Vorgänge. Die Annahme eines Gottes/ Schöpfers/Weltgeistes ist überflüssig.

5. Die Sophisten

Der Vollständigkeit halber erwähnen wir als weitere Strömung, die man sinnvoll noch unterscheiden kann, die Sophisten. Zu ihnen zählt man vor allem Protagoras, Prodikos und Gorgias. Ihr erklärtes Ziel war die gezielte Infragestellung von definiten Erkenntnisansprüchen. Mindestens Protagoras gilt darum als Vertreter einer skeptischen Position.

6. Abschließende Warnung

Diese Gliederung der Vorsokratiker ist (wie jede andere) mit Vorsicht zu genießen. Sie unterstellt eine Ordnung in der Sache, eine Abgrenzbarkeit von Positionen und umgekehrt Übereinstimmungen, die nicht an sich gegeben sind. Wir fassen aus unserer Sicht mithilfe von modernen Gesichtspunkten und aus unserer Interessenlage heraus sehr heterogene Positionen zusammen und grenzen zugleich Ansätze voneinander ab, die sich in vielerlei Hinsicht beeinflusst haben.

IV. Wirkungsgeschichte und Aktualität

Die Vorsokratiker gelten als die Begründer der abendländischen Philosophie. Wichtig sind sie weniger wegen der konkreten inhaltlichen Positionen, die sich ja zudem nicht nur in den Details, sondern auch in grundsätzlichen Positionen unterscheiden. Bedeutung haben sie, weil sie bestimmte Fragen gestellt und auf eine bestimmte, von uns heute als „rational" qualifizierte Weise zu antworten versucht haben. Überaus spannend und wirkungsvoll ist der Ansatz, nicht nur in der Welt zu sein und sich in ihren natürlichen Vollzügen mythisch zu bewegen, etwa die Phänomene der Natur als personale Mächte zu denken und anzusprechen, sondern diese Welt selbst zum Gegenstand analytischer und kritischer Reflexion zu machen. In einem gewissen Sinne kann man von der vorsokratischen Epoche als einer ersten Aufklärungszeit in der abendländischen Philosophiegeschichte sprechen. Es wird zwar weiter vielfach ganz unbekümmert von Göttern gesprochen, aber diese dienen nicht mehr zur Erklärung der Welt, können vielmehr selbst Gegenstand der kritisch-rationalen Analyse werden.

Spannend und herausfordernd sind die vorsokratischen Positionen in ihrem Miteinander von Naturphilosophie und Naturwissenschaft, Religion und Rationalität. Hier gehört vielfach noch zusammen, was uns heute auseinanderfällt. Es wäre wichtig, dieses Anderssein vorsokratischen Denkens für uns heute produktiv zu machen. Die damaligen Positionen wären dann nicht einfach an unserem Denken und seinen Vorentscheidungen zu messen und zu verwerfen; es wäre vielmehr wichtig zu prüfen, wo und wie wir uns anregen lassen können. So wäre ja zu fragen, ob die Naturwissenschaft sich wirklich weltanschaulicher Fragen enthalten kann und nicht vielmehr auf naturphilosophische, philosophische und weltanschauliche Antworten hindrängt. Oft genug ist ja auch in der Gegenwart zu beobachten, wie ein entsprechender Aussagewillen sich auch in angeblich „nur wissenschaftlichen" Theoriekonzepten mit Macht Ausdruck verschafft (aktuelle Beispiele: Richard Dawkins; Stephen Hawking, Gerhard Roth). So wäre ebenfalls zu fragen, ob die Alternative von Religion und Rationalität nicht ebenfalls Resultat einer bestimmten Weichenstellung ist und ebenfalls zu künstlichen Resultaten führt.

Die von uns heute als „Vorsokratiker" bezeichneten Philosophen und Theoretiker sind Vorläufer. Sie sind aber darin auch Fundament. Aristoteles referiert sie zu Beginn seiner Metaphysik (vieles von den Vorsokratikern wissen wir nur durch ihn), er ordnet sie, er setzt sich dezidiert mit ihnen auseinander und entwickelt seine eigenen Überlegungen im Anschluss an sie. Vielfach werden sie von Platon in den Dialogen des Sokrates zitiert, vielfältige Bezüge gibt es dann in der römischen Philosophie und bei den Kirchenvätern, etwa bei Cicero und Augustin. Die Vorsokratiker spielen dabei die Rolle einer Benchmark für die Auseinandersetzung mit philosophischen Problemen in der klassischen antiken griechischen Philosophie. In der Zeit nach der klassischen griechischen Philosophie in ihren beiden Hauptausprägungen Platon und Aristoteles treten die Vorsokratiker in ihrer Bedeutung sehr zurück. Als Rezipient ist besonders G. W. F. Hegel erwähnenswert. Er ist ein großer Bewunderer Heraklits. Nach den unsicheren kosmologischen Spekulationen komme bei ihm endlich Land in Sicht. Hegel schätzte an Heraklit die Bestimmung der Einheit der Wirklichkeit in – zuweilen dunklen anmutenden – Gegensätzen. Er war stolz darauf, die etwa von Sokrates[21] für dunkel und schwer verständlich gehaltenen Sätze Heraklits sämtlich in seiner Logik aufgenommen und also begriffen zu haben: „Es ist kein Satz des Heraklit, den ich nicht in meine Logik aufgenommen."[22]

1. Die unaufgebbare und nötige Frage nach dem Ganzen

Es ist fast nicht nötig zu betonen: Wesentliche Fragestellungen abendländischer Philosophie- und Wissenschaftsgeschichte lassen sich von vorsokratischen Denkern herleiten. Ursprüngliche „Philosophie" in der vorsokratischen Periode ist weit mehr als das, was heute in einem nur schmalen Ausschnitt der Universität, der *universitas litterarum*, an philosophischen Fakultäten als Fach Philosophie betrieben wird. Abendländische Philosophie beschäftigt sich, von ihrem Ursprung bei den Vorsokratikern her, mit der *ganzen* Welt und Wirklichkeit in allen Fragestellungen und Hinsichten, die rational, also mit Argumenten nachvollziehbar, sind. Erst später kommt es zur Abspaltung von Physik, Chemie, Biologie, Medizin, Soziologie, Politik- und Gesellschaftswissenschaft usw., die sich heute selbst wieder in eine kaum überschaubare Zahl von Unterdisziplinen teilen. Philosophie wächst heute wieder die ursprüngliche Aufgabe zu, wenigstens zu versuchen, alles Wissen und die unterschiedlichen Perspektiven, die zu seiner Aufspaltung und Diversifizierung geführt haben, zusammenzuschauen. Dabei können die Vorsokratiker Vorbild sein. Gäbe man diese Frage nach dem Ganzen auf, das allen unseren Erkenntnisbemühungen vorausliegt, verlöre Wissen letztlich seinen Sinn. Wir könnten ja die Frage nach der zugrunde liegenden Wirklichkeit nicht mehr beantworten: Wissen *wovon*? Wir verlören – trotz allen immensen Fachwissens – die Orientierung, weil wir dieses nicht mehr einordnen, sortieren, zuordnen könnten. Wenn sich heutige Philosophen mit der Frage

[21] Diog. Laert., *Leben und Meinungen* 2,22.

[22] Vorlesungen über die Geschichte der Philosophie, Frankfurt a.M. 1999, 320. Vgl. Kenny, *Geschichte der abendländischen Philosophie*, Bd. 1, Antike , I, 32.

beschäftigen, wie sich denn die neurologischen Einsichten über das Gehirn zum Phänomen des Bewusstseins und zum menschlichen Reflexionsvermögen verhalten, können sie nicht einfach die Überzeugung akzeptieren, Geist sei nur ein Epiphänomen, despektierlich gesprochen: ein Furz der Materie, also eine Folge biologischer Vorgänge. Philosophen müssen die Frage stellen, wo denn die Grenzen physikalischer Kosmologie liegen und ob man denn wissenschaftlich die Frage nach dem Woher, Wohin und Sinn des Universums beantworten kann. Das alles sind dann Versuche, Ordnung in der Welt des Denkens zu schaffen. Bestimmend ist dabei die Voraussetzung, dass es eine solche Ordnung gibt; philosophisch gesprochen: dass die Welt ein Kosmos ist und dass wir es mit einer einheitlichen zusammenhängenden Wirklichkeit zu tun haben. Diese Wirklichkeit können wir – jedenfalls prinzipiell – rational durchdringen, weil sie Strukturen und Prinzipien, Elemente und Konstanzen aufweist, die unser Logos entsprechend intellektuell erheben, abstrakt erfassen und theoretisch begreifen kann. Mit I. Kant kann man fragen, ob es nicht zum Wesen des Menschen gehört, sich kognitiv-reflexiv zu orientieren. „Was kann ich wissen?" ist dabei eine Teilfrage der noch fundamentaleren Frage: „Was ist der Mensch?" Das heißt: Wir existieren nicht einfach nur, so wie Fauna und Flora. Und wir wissen auch nicht einfach. Wir wollen uns orientieren. Orientieren heißt aber, seinen Platz in einem größeren Ganzen als Koordinatensystem finden. Verliert Wissenschaft dieses aus dem Blick, verliert sie ihren – anthropologischen und existenziellen – Sinn.

Dass sich diese Überlegungen nicht von selbst verstehen, sieht man dann, wenn man heute im Bereich der Wissenschaften, auch der Naturwissenschaften, auf Positionen trifft, die zweierlei sagen: (a) Das Große und Ganze interessiert uns nicht. Wir treiben Fachwissenschaft. (b) Ob wir *die Wirklichkeit* treffen, interessiert uns auch nicht. Hauptsache, unsere Erkenntnis funktioniert. Konstruktivistische Wissenschaftstheorie und radikal pragmatisch-postmoderne Konzepte fordern diese Vorstellung von ursprünglicher Philosophie heraus.

2. Wie ist die Welt beschaffen und woraus besteht sie?

Was ist das Letzte bzw. Erste, aus dem die Welt, das Universum, zusammengesetzt ist? Was sind ihre *Elemente*? Wie müssen wir uns – modern gesprochen – Materie vorstellen? Wenn wir die Welt immer weiter auseinandernehmen, stoßen wir dann auf Teilchen, die wir nicht mehr teilen können, die *a-tomos* sind? Die die moderne Elementarteilchenphysik bis heute leitende Fragestellung, die sie mithilfe von immer gewaltigeren Teilchenbeschleunigern in die sub-sub-atomare Dimension vorstoßen lässt, findet sich in der Sache bereits bei den vorsokratischen Atomisten. „Nur" die Instrumente sind andere. Ebenfalls findet sich bereits bei den Vorsokratikern die Frage: Wie funktioniert eigentlich die Welt? Bleibt sie sich im Kern immer gleich? Oder verändert sie sich? Sind die Bausteine des Ganzen, aus dem sich alles zusammensetzt, unveränderlich? Oder ist alles einem steten Fluss unterworfen? Ist alles Werden? Oder – unveränderliches – Sein?

Hier gibt man sich eben nicht mehr mit den mythischen Antworten zufrieden, die sagen: „Es sind die Götter, die für alles, im natürlichen Ablauf wie im Geschick des Lebens, letztlich verantwortlich sind. Der polytheistische Götterpantheon ist das Woher unserer Welt und unseres Geschicks." Es reicht nicht mehr, dass Hermes göttliches Wissen offenbart; dass Aphrodite Liebe und Begehren wirkt; dass Poseidon über den Weg der Schiffe wacht und Ares das Kriegsglück lenkt. Es gibt Gesetzmäßigkeiten, die unsere Wirklichkeit bestimmen, die wir erfassen können und mit denen es zu arbeiten gilt. Diese „Rationalität" des Kosmos ist eine weitere elementare Voraussetzung, auf die wir schon hier, bei den Vorsokratikern, treffen. Auch sie wird aktuell infrage gestellt.

Ewiges Werden oder ewiger Bestand? Diese Fragen gehören bis in die Gegenwart auch zu den Grundfragen der Naturwissenschaft. Hier fallen in den Grundlagen Entscheidungen, die das Ganze betreffen. Bemerkenswert ist z. B. die absolute Dominanz des Entwicklungskonzepts in der Biologie und von ihr abgeleitet in vielen anderen Wissenschaften, auch in humanwissenschaftlichen und kulturwissenschaftlichen Disziplinen. Die evolutionär-generative Perspektive hat dabei ihrerseits ein teleologisches Konzept abgelöst, das Dinge nicht in ständiger Entwicklung sah, sondern in Entfaltung eines bereits bestehenden inhärenten Zieles. Evolution bedeutet: Das Ergebnis ist offen; Entfaltung bedeutet: Das Ziel, woraufhin sich etwas entwickelt, ist vor*gegeben*. Beide Konzepte sind empirisch nicht einfach ablesbar und zu bestätigen. Ihnen kommt die Rolle von erkenntnisleitenden Perspektiven zu. Bemerkenswert ist, dass im 20. Jh. gleich zwei berühmte und sehr einflussreiche Philosophen sich für die platonische Perspektive der „Entfaltung" ausgesprochen haben: Karl Popper und Carl Friedrich von Weizsäcker.

3. Geburt der Metaphysik

Die Ansätze vorsokratischer Philosophen beziehen sich auf das, was sie im Alltag, aber auch mittels organisierter Wahrnehmung beobachten. Was sie auszeichnet, ist der Tatbestand, dass sie diese Beobachtungen nicht einfach sammeln, sondern versuchen, sie im Lichte abstrakter, sich von den Einzelbeobachtungen lösender Überlegungen zu deuten. Diese gedanklichen Reflexionen führen zu Begriffen, die nicht unmittelbar aus dem Beobachteten abgeleitet werden können, sondern weit über das konkret Vorliegende hinaus allgemein gültig sind bzw. sein sollen. Wenn Heraklit feststellt: Niemand steigt zweimal in denselben Fluss, dann ist das eine Aussage, die zwar auf Beobachtungen aufbaut, diese aber weit überschreitet. Der Fluss, mit dem ich es zu tun habe, führt offenbar immer anderes Wasser. Er führt ja nicht im Kreis herum, sondern mündet irgendwann ins Meer. Heraklit trifft aber eine Feststellung weit über den konkreten Fluss, mit dem er es zu tun hat, hinaus. Denn das gilt offenbar für alle, dass sie niemals in denselben Fluss steigen. Und, noch wichtiger: Der Fluss in seinem Lauf, mit seinem Flussbett, mit seiner Farbe etc. ist Sinnbild von Kontinuität, ja des immer Gleichen und Selben: Er ist ja immer da und ist gleichzeitig gerade der Hinweis darauf, wie alles fließt, sich alles verändert und wie wir gerade da, wo wir meinen, es mit demselben zu tun haben, auf anderes treffen.

Wir können sogar noch einen Schritt weiter gehen: Die Selbigkeit und Konstanz der Welt ist bloßer Schein. Es kommt deshalb darauf an, *hinter* (griech. *meta*) die Dinge, hinter die Natur, die *physis* zu schauen, wenn man begreifen will, wie die Welt wirklich ist.

Natürlich kann man einen solchen Gedankengang bestreiten und das ist ja auch geschehen. Muss nicht hinter allem Wandel, hinter allem, was sich immer nur zu verändern scheint, ein Konstantes, ein Selbiges sein? Könnte die Welt sonst überhaupt bestehen? Ist nicht gerade der Wandel in der beobachtbaren, vorfindlichen Welt Anlass, nach dem zu fragen, was hinter dem Vordergründigen ist und was es erhält? Müssen wir nicht zwischen dem, was ist, und dem, was dahinter ist, dem Sein, unterscheiden? Das ist ja die eleatische Rückfrage und Antwort auf Heraklit.

Ganz gleichgültig, welche Position man hier bezieht – und es scheint so, dass diese Fragen auch heute nicht endgültig beantwortet sind –, wichtig ist, dass das Vordergründige, der Alltag, die Erfahrung, die wahrgenommene Welt *hinter-*, *unter*fragt wird; dass sie den, der denkt, über sich hinausweist, ins Fragen bringt.

So plausibel diese Fragen und auch die jeweils gegebenen Antworten sein mögen, auch und gerade diese Geburt der Philosophie als Geburtsstunde der Metaphysik ist im 19. und 20. Jh. fundamental hinterfragt worden.

4. Religiöse Weltdeutung *oder* rationales Weltverständnis

Eine weitere, für die abendländische Geistesgeschichte wesentliche Weichenstellung deutet sich bei den Vorsokratikern ebenfalls schon an. Es ist die oft behauptete und wiederholte Alternative von mythisch *oder* rational, konkret *oder* abstrakt, vordergründig *oder* hinterfragend (*meta*-physisch), anschaulich-personal *oder* begrifflich, relational *oder* strukturell. Verstehen wir die Welt, indem wir sie mythisch deuten *oder* rational zu verstehen suchen? Erzählen wir Geschichten *oder* suchen wir nach allgemeinen Gesetzmäßigkeiten? Bleiben wir im immer nur Einzelnen, das keine Allgemeingültigkeit hat, *oder* finden wir die Gesetzmäßigkeiten auf, die immer gelten und echte Orientierung ermöglichen? Verbleiben wir auf der personalen Ebene, um eine relational, durch Beziehungen konstituierte Welt zu verstehen *oder* suchen wir nach den Strukturen, die alles tragen und die wir ggf. auch in Begriffe fassen können?

Natürlich ist diese Alternative nur behauptet; natürlich gibt es rationale Religion und natürlich gibt es inzwischen sogar in der modernen Physik, etwa der Kopenhagener Deutung der Quantentheorie, Argumente dafür, wie wichtig die relationale Dimension der Erkenntnis ist und wie wenig sich der subjektive Faktor ausblenden lässt. Aber wir stehen hier doch vor einem weitverbreiteten Paradigma in der Zuordnung von Religion einerseits und Philosophie/Wissenschaft andererseits, wie es z. B. für die deutsche Aufklärung (G. E. Lessing; I. Kant etc.) bestimmend geworden ist. Positiv formuliert: Die Religion offenbart Wahrheit irrational, Philosophie und Wissenschaft decken auf, warum, inwiefern und wo diese Wahrheit wahr ist. Religion enthält Wahrheit, aber ihre Kommunikationsform ist nicht vernünftig, nicht allgemein nachvollziehbar. Sie erzählt Geschichten, aber die besitzen keine Allgemeingültigkeit; sie sind nicht überzeitlich gültig. Kant spricht von historischer, bloß positiver Religion; gemeint ist damit die vorfindliche Religion, auf die man eben trifft mit ihren exemplarischen, historisch bedingten Einsichten und Überzeugungen. Allgemeingültig können die aber nicht sein. Philosophisch entscheidend ist allein die vernünftige Religion, also nur die Religion, die mit den Mitteln der Vernunft rekonstruiert werden kann. Genauso funktioniert später Lessings Verhältnisbestimmung von Vernunft und Religion bzw. Offenbarung in seiner berühmten Schrift „Die Erziehung des Menschengeschlechts" (1777): Die Offenbarung gibt dem Menschen die Wahrheit früher, aber eben kontingent; die Vernunft gibt sie ihm später, dafür allgemeingültig und damit verbindlich.

Vernunft oder Religion? Wissen oder Glauben? Rationalität oder Offenbarung? Christliche Theologie hat sich in ihrer 2000-jährigen Geschichte immer wieder entscheiden müssen, wie sie sich angesichts des Rationalitätsanspruchs positioniert. Religion hat sich viel zu oft diesem Korsett gebeugt und sich mit dem rationalen Messer im Kopf entweder in ihren Aussagemöglichkeiten zensieren lassen oder umgekehrt sehr gut in einer rational nicht zugänglichen, mythischen Ecke eingerichtet. Diese geriet dann schnell zum Getto, auch zur Falle, die das Etikett „irrational" auf sich zog und damit für Menschen, die denken wollen, nicht attraktiv erschien. Wir können an dieser Stelle zunächst nur zwei Fragen stellen:

1. Darf sich eine Theologie, die ihren Mittel- und Ausgangspunkt in dem Juden Jesus aus Nazareth hat, auf die Alternative von konkret *oder* abstrakt, geschichtlich-vordergründig *oder* metaphysisch, geschichtlich *oder* rational, personal *oder* strukturell einlassen?
2. Inwieweit lassen die sich genannten Disjunktionen philosophisch begründen und streng durchhalten? Inwieweit handelt es sich nicht bloß um ideale Zielvorgaben, die bei genauem Hinsehen nicht erreichbar sind?

Wir werden diese Fragen am gegebenen Ort ansprechen, wenn sie in einer ausgearbeiteten Form vorliegen. Mit ihnen ist aber bereits eine Brücke geschlagen zur Frage der theologischen Relevanz, die der Neuansatz der Vorsokratiker bedeutet.

V. Exkurse

Exkurs 1: „Alles ist Zahl" (Pythagoras)

Schon vor Pythagoras gab es Mathematik. Was Pythagoras u. a. auszeichnet, ist aber die Einsicht in die Bedeutung, die Zahlen an sich zukommt. Die Mathematik ist eine eigene Welt. Er führt den mathematischen Beweis, der den Einzelfall überschreitet und der danach fragen lässt, welche Struktur der Wirklichkeit ihn überhaupt möglich macht. Bei Pythagoras finden wir zusammengefasst

a) die Entdeckung einer universalen intelligenten Struktur, etwa in Geometrie und Arithmetik, jenseits unserer Alltagswelt. Diese ist so gewaltig und imponierend, dass sie für die Pythagoreer auch zu religiös-mystischen Aussagen führt.
b) Eine entscheidende Rolle spielt dabei der mathematische Beweis, etwa der sog. Satz des Pythagoras. Man kann natürlich immer wieder empirisch durch konkretes Nachmessen zeigen, dass bei einem rechtwinkligen Dreieck die Flächen der Quadrate über den beiden kürzeren Seiten zusammen genau der Fläche des Quadrates über der längsten Seite entsprechen. Pythagoras kann zeigen, dass das nicht immer wieder einmal so ist, sondern immer so sein muss.
c) Damit sind wir beim nächsten „Hammer“: Pythagoras entdeckt eben nicht nur eine intelligente Struktur in mathematischen Größen, also etwa zwischen Zahlen (Arithmetik) und Figuren (Geometrie). Der Clou ist: Diese bewiesenen, allgemeingültigen Gesetze gelten auch für die empirische Realität.
d) Mathematische Formeln ermöglichen darum aufgrund ihrer universalen Gültigkeit Prognosen, die in der physikalischen Wirklichkeit immer stimmen. Sie sind ein wesentlicher Teil der Technik, ja ermöglichen sie eigentlich erst.
e) Die mathematische Struktur des Universums führt konsequent zur der Frage, wo diese denn herkommt; was die theologische oder religiöse Bedingung ihrer Möglichkeit ist.

Zu a: Was passiert philosophisch gesehen mit der Entdeckung des Satzes des Pythagoras? Gesetzt ist ein rechtwinkliges Dreieck. Neben zwei spitzen Winkeln besitzt es einen rechten Winkel, der 90° hat. Dieses Dreieck hat drei Seitenlängen, *a*, *b* und *c*. Pythagoras zeigt nun: Wenn wir bei einem solchen rechtwinkligen Dreieck zwei der drei Seitenlängen kennen, können wir die jeweils dritte Seitenlänge abstrakt berechnen; wir müssen sie nicht mehr messen. Wenn *a* 3cm hat und *b* 4cm, dann muss *c* 5cm lang sein, denn der Satz des Pythagoras besagt ja: Das Quadrat über der Hypotenuse, also der längsten Seite des Dreiecks (*c*), ist gleich der Summe der Quadrate über den beiden Katheten (*a, b*). In der berühmten Formel: $a^2+b^2=c^2$. Geometrisch kann man das so darstellen:

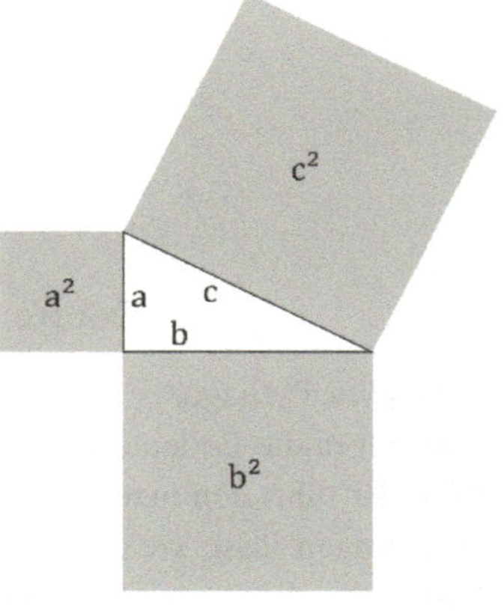

Wenn ich also die Werte von *a* und *b* bzw. a^2 und b^2 kenne, kann ich abstrakt, ohne konkret hinzuschauen und nachzumessen, die Fläche von c^2 angeben und auf *c* schließen:

- $a^2 = 3\ cm \cdot 3\ cm = 9\ cm^2$; $b^2 = 4\ cm \cdot 4\ cm = 16\ cm^2$.
- $a^2 + b^2 = 9\ cm^2 + 16\ cm^2 = 25\ cm^2$.
- Wenn die Fläche der Quadrate über den Seiten *a* und *b* zusammen gleich der Fläche des Quadrates über *c* ist, dann muss demnach die Fläche von c^2 25 cm^2 sein.

- c ist zu gewinnen, indem man aus dem Quadrat c^2 (25 cm^2) die Wurzel zieht: $\sqrt{25} = 5$. c hat also den Wert 5. Wir können jetzt hingehen und nachmessen, und wir werden sehen, dass c^2 tatsächlich die Fläche von 25 cm^2 besitzt. Wir können also einen Wert eines Quadrates wissen, ohne ihn gemessen zu haben. Wir können ihn mit Sicherheit vorhersagen.

Hier wird der Zusammenhang von Algebra und Geometrie, Rechnen und Zeichnen deutlich. Was wir zeichnen, kann berechnet werden. Pythagoras leistet einen Beitrag zum Zusammenhang zweier völlig unterschiedlicher mathematischer Gebiete und verdeutlicht Mathematik als Sinngebilde mit eigener Logik, das völlig unabhängig von der Wirklichkeit ist. Rechnen und Zeichnen sind völlig unterschiedliche Zugänge, aber sie weisen einen inneren Zusammenhang auf und können aufeinander abgebildet werden.

Zu b: Die Sicherheit dieser Vorhersage ist darin begründet, dass Pythagoras diesen Satz *beweisen* kann. Er beweist ihn nicht dadurch, dass er sehr, sehr viele Zeichnungen von rechtwinkligen Dreiecken gemacht und nachgemessen hat und dann jeweils zu diesem Ergebnis gekommen ist. Ein Beweis im strengen Sinn wäre ja so gar nicht möglich. So erstaunlich es wäre, wenn er bei seinen Zeichnungen und Messungen immer wieder auf das Verhältnis $a^2 + b^2 = c^2$ getroffen wäre – nichts könnte garantieren, dass es sich beim nächsten Mal nicht doch anders verhält! Theoretisch wäre ja sogar denkbar, dass er jedes Mal falsch gemessen hat oder „nachgeholfen“ hat, wenn die Zahlen nicht ganz seinen Erwartungen entsprechen. Es bedarf also einer Begründung, die völlig unabhängig von der Empirie ist. Das Phänomen besteht eigentlich schon darin, dass Pythagoras diesen Weg geht und dass er offenbar einen solchen Beweis für möglich hält. Er hat gesehen, dass mathematische Regeln funktionieren, wenn die Babylonier Sternenbahnen berechnen und wenn die Ägypter Flurstücke begradigen. Aber das ist pragmatisch. Wie kann man sicher sein, dass man sich auf bestimmte Regeln wirklich verlassen kann? Ein solcher Beweis darf sich nicht auf die Empirie stützen. Sie ist nicht nur ungenau, sondern grundsätzlich keine Basis für allgemeine Sätze wie: „Eine bestimmte Eigenschaft gilt für alle Gegenstände einer bestimmten Art ($f(x)$)“. Auch wenn es sich bei diesem Buch, in dem Sie gerade lesen, um einen sehr guten Druck handelt, wird ein sehr genaues Nachmessen der obigen Skizze zeigen, dass a nicht genau 3 cm hat und b nicht genau 4 cm. Wir denken uns diese Maße ideal. Und wir würden sagen, dass es nicht darauf ankommt, ob oben a genau 4,0 cm lang ist oder 3,9998 cm. Es kommt ja aufs Prinzip an. So wird jeder gutwillige und dem Gedankengang willig folgende Leser unwillkürlich denken und die Richtigkeit der Darstellung unterstellen, auch wenn diese mit Sicherheit nicht hundertprozentig korrekt ist. Aber warum darf er das? Warum dürfen wir tatsächlich von $a^2 + b^2 = c^2$ ausgehen, selbst wenn sehr genaue Messungen das niemals hergeben und selbst wenn wir nicht wissen können, ob die nächste Messung auch in diese Richtung zeigt?

Pythagoras macht sich an einen mathematischen Beweis dieses Satzes, weil er an ein mathematisches Universum glaubt, das unabhängig von unserem physikalischen Universum ist; weil es dieses, wie wir sehen werden, vielmehr sogar mitbestimmt und durchdringt. Der Beweis ist gar nicht so schwer und bei entsprechender Erläuterung auch für Laien nachvollziehbar. Er lässt sich auf verschiedene Weise erbringen, wir wählen hier einen sehr leicht nachvollziehbaren:

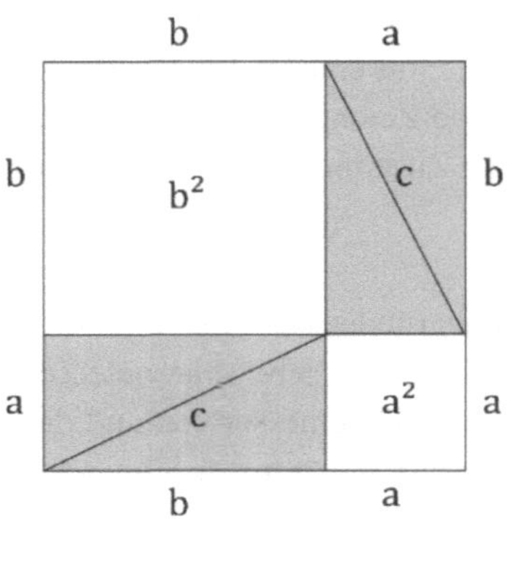

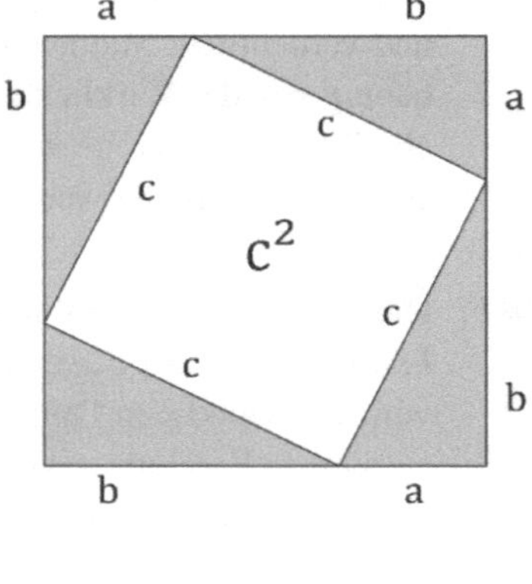

$= a^2 \quad + 2*a*b + b^2$
$= a^2 \qquad\quad + b^2$

$= c^2 + 2*a*b$
$= c^2$

– Wir sehen zwei Quadrate, die den gleichen Flächeninhalt haben. (Das ist keine empirische, auf Messung beruhende Behauptung, sondern ergibt sich daraus, dass *a, b* und *c* für beide Seiten gleich sein sollen.) Die Seiten der beiden Quadrate bestehen jeweils aus der Summe von *a* und *b*.
– Man kann nun die Fläche der beiden Quadrate jeweils berechnen. Das *linke* Quadrat hat dann die Fläche: a+b multipliziert mit a + b, oder formalisiert: $(a + b)^2$. Nach der binomischen Formel ergibt sich als Ergebnis: $(a + b)^2= a^2 + 2ab + b^2$.
– Jetzt schauen wir uns das *rechte* Quadrat an. Es hat ja die gleiche Fläche wie das linke: $(a + b)^2$. Das rechte Quadrat unterscheidet sich von dem linken durch das weiße Quadrat in der Mitte. Es hat die Kantenlänge *c* und demzufolge die Fläche c^2. Da wir im linken wie im rechten Quadrat jeweils vier identische grüne Dreiecke (mit den Katheten a und b) haben, muss der Rest in den beiden Quadraten ebenfalls identisch sein. Das heißt: c^2 – die weiße Fläche im rechten Quadrat – muss der Summe aus a^2 und b^2 – den beiden weißen Flächen im linken Quadrat – entsprechen. Das genau aber war zu beweisen: $a^2 + b^2 = c^2$.

Das ist der *geometrische* Beweis, *ein* geometrischer Beweis. Es gibt eine Reihe anderer. Aber schon mit diesem Beweis stehen wir in einem gewissen Sinne vor der realen Geburt der Meta-Physik, der Realität „hinter“ (griech.: *meta*) der vorfindlichen Realität. Es gibt da etwas, was immer und überall für alle Dinge in allen Universen Gültigkeit besitzt.

Wir können den Beweis auch durch 13
Berechnung erbringen:

$$a^2 + b^2 + 4 \cdot \frac{a+b}{2} = c^2 + 4 \cdot \frac{a+b}{2}$$

gekürzt:

$$a^2 + b^2 = c^2.$$

Zu c: Es ist sinnvoll und nötig, sich den bereits implizierten Sachverhalt noch einmal explizit zu vergegenwärtigen. Pythagoras weist nicht nur abstrakte, später wird man sagen: apriorische, also erfahrungsunabhängige Strukturen in der Mathematik auf, wie die zwischen Geometrie und Arithmetik und unterschiedlichen Formen von Zahlen; er beweist nicht nur bestimmte Formeln als universal, d. h. als zu jederzeit an jedem Ort in jedem Universum gültige Sachverhalte. Der eigentliche Clou besteht darin, dass die empirische, durch Beobachtung und Erfahrung erschließbare Wirklichkeit sich nach diesen intelligiblen, abstrakten Ordnungen richtet. Pythagoras bringt das auf den Nenner „Alles ist Zahl“ oder „alles entspricht der Zahl“ (Jamblichos: Vit. Pyth. 162). Pythagoras weist auf den absolut erstaunlichen Sachverhalt hin, dass sich unsere Realität nach abstrakten mathematischen Gesetzen richtet, die offenbar durch „Zahlen“ (Formeln etc.) bestimmt sind. Wäre es anders möglich, sie durch Formeln und als Zahlenverhältnisse wiederzugeben? Platon schließt später an diese Erkenntnis an: „In der Tat hat alles, was erkannt wird, Zahl. Denn es ist unmöglich, irgendwas zu erfassen oder zu erkennen ohne diese“ (DK 44 B 4). Die Mathematik ist eines der stärksten Argumente für die platonische Ideenlehre mit ihrer Überzeugung materieunabhängiger idealer geistiger Realitäten.

Naturerscheinungen können durch mathematische Formeln wiedergegeben werden. „Hinter“ den Beobachtungen, die wir machen, liegen von diesen abstrahierbare, dem Anspruch nach allgemeine Gesetzmäßigkeiten, die für alle entsprechenden, empirisch wahrnehmbaren Sachverhalte gelten. Wir können hinter die Empirie, den Vorhang des unmittelbar Gegebenen und Beobachtbaren schauen. Das zeigt sich nicht nur in dem Satz des Pythagoras. Noch spannender ist der Sachverhalt, dass etwa in Newtons Fallgesetz ($s = ½ gt^2$) oder der einsteinschen Formel für die Relativitätstheorie ($E = mc^2$) fundamentale Sachverhalte, auf die wir treffen, in absolut einfachen, „eleganten“ Formeln beschrieben werden können.

Zu d: Hier geht es um die ungeheure, lebenspraktische Bedeutung von Wissenschaft und den von ihr unterstellt universal gültigen Konstanten. Sie bestehen ja zu jeder Zeit, an jedem Ort, in jedem denkbaren Universum. Wenn das so ist, können wir beliebige zukünftige Situationen und Konstellationen prognostizieren, ja fest voraussagen, was passieren wird und uns darauf einstellen. Die Zukunft wird – ein Stück weit wenigstens

– beherrschbar. Gesetzt den Fall, wir würden alle Rahmenbedingungen des Universums und alle Gesetzmäßigkeiten kennen, würde uns das dann sogar ermöglichen, die Zukunft vorauszuberechnen. Es ist der französische Mathematiker und Naturwissenschaftler Pierre-Simon Laplace (1749–1827) gewesen, der diese radikale Konsequenz gezogen hat.

Zu e: Offenbar ist die Natur selbst „intelligent“ strukturiert. Die Naturerscheinungen zeigen Konstanzen, die mathematisch beschrieben werden können. Das führt unmittelbar zu der Frage, wie sich diese intelligente Struktur des Universums erklären lässt.

Ist Gott Mathematiker? Ist die Mathematik göttlichen Ursprungs? Treffen wir in ihr auf die Sprache Gottes, die die Natur durchwaltet? Die reine Mathematik wäre ja als solche schon spannend genug und ein Hinweis darauf, dass es eine intelligible Welt gibt, die den Menschen über sich und seine Umwelt hinausfragen lässt. Noch spannender ist der Sachverhalt, dass Zahlen und Formeln auf diese Welt „passen“; dass sie sich eignen, unser Universum zu beschreiben. Woher kommt dies? Zufall kann es ja wohl nicht sein, angesichts der Universalität der Phänomene. Auch die These, dass wir die Zahlen nicht entdeckt, sondern erfunden hätten, ist angesichts der Vorfindlichkeit natürlicher Zahlenverhältnisse nicht plausibel.[23]

Noch in der Neuzeit kann Galileo formulieren: „Das Buch der Natur ist in mathematischer Sprache geschrieben.“ Er unterstellt dabei natürlich: von Gott. Und Keppler ist überzeugt: „Gott schlägt immer den mathematischen Weg ein.“ Ist es wirklich nicht verantwortlich, wie der alttestamentliche Weisheitslehrer und wie noch Newton zu sagen: „Du [= Gott] aber hast alles nach Maß, Zahl und Gewicht geordnet“ (Weisheit 11,21)?

Exkurs 2: Kritik des Materialismus (Demokrit, Leukipp)

Die Atomisten Leukipp und Demokrit haben zwar für die Entwicklung der modernen Wissenschaften maßgebende Impulse gegeben. Gleichzeitig hat ausgerechnet die moderne Elementarteilchenphysik die ursprünglichen Vorstellungen von der Materie überwunden. Eine „rein materialistische“, alles auf eine geistlose Materie zurückführende Weltanschauung ist aus mehreren Gründen problematisch:

1. Schon Karl Marx stand der Überzeugung kritisch gegenüber, dass Natur und Geschichte sich denselben Gesetzmäßigkeiten verdanken. Der Materialismus als *universales* Alles-Erklärungsprinzip ist eher eine Anweisung, die Welt in einer bestimmten Weise verstehen zu sollen, als eine bewiesene oder wissenschaftlich fundierte Weltanschauung. Ein monistischer, alles durch ein Prinzip erklären wollender Ansatz übernimmt sich. Er ist zu ambitioniert, weil er sehr unterschiedliche und gegensätzliche

[23] Dass wir Zahlen auch konstruktiv generieren können, bedeutet nicht, dass es sie nicht als solche gäbe.

Wirklichkeiten aus einem einzigen Prinzip heraus verstehen will: Geist und Materie, Natur und Geschichte, Kausalität und Freiheit. Die „Erklärung“ geschieht, indem eine der beiden Größen nicht erklärt, sondern de facto wegerklärt, also beseitigt wird.

2. In anspruchsvollen Formen des Materialismus wird Materie als eine durch den Logos durchwirkte intelligente Wirklichkeit gedacht. Es braucht hochkomplexe, philosophie- und theoriegesättigte Beschreibungen, um sie zu verstehen. Der aus dem eigenen Konzept herausgedrängte Geist, also eine immaterielle Größe, kommt hier durch die Hintertür wieder herein. Wenn Materie so komplex strukturiert ist, wie uns das die moderne Physik oder gar Biologie zeigt, dann führt genau dieser materialistische Ansatz zu der schwer abweisbaren Frage, ob wir nicht Materie als intelligent denken müssen und ob wir die Trennung von Materiellem und Ideellem aufrechterhalten können angesichts dessen, was uns die hochstrukturierte, hochkomplexe „Materie“ zeigt.
3. Die antimetaphysische Erklärungsleistung ist selbstwidersprüchlich. Schon Demokrit versucht ja, für seine Welterklärung ohne Gott und Geist auszukommen und sich allein auf das materiell Belegbare zu beschränken. Dass die Wirklichkeit nur aus Materie besteht, ist aber allein mit den Mitteln einer sich auf das Materielle beschränkenden Welterklärung nicht zu beweisen. Eine solche These überschreitet ja den Raum des materiell Gegebenen und Beobachtbaren.
4. Der Materialismus als wissenschaftliche Weltanschauung widerspricht unserem modernen Wissenschaftsverständnis. Dieses lebt von der Ausklammerung der Gottesfrage oder allgemeiner davon, dass irgendwie geartete weltanschauliche Voraussetzungen, die ja immer individuell und partikular sind, die wissenschaftliche Erkenntnis nicht beeinflussen dürfen. Die Überzeugung oder gar das Axiom, dass es keinen Gott gibt, ist aber eine solche massive weltanschauliche Voraussetzung, die mit Wissenschaft nicht vereinbar ist.
5. Der wissenschaftliche Materialismus ist physikalisch überholt. Die heutige Elementarteilchentheorie und physikalische Kosmologie sieht eben nicht mehr in den Atomen letzte Bausteine des Universums:
   a) Es wurden nicht nur sub-subatomare Teilchen entdeckt.
   b) Materie ist nach heutigen physikalischen Standards ohne Antimaterie („Schwarze Löcher“) nicht zu denken.
   c) Die derzeit allein plausible Kopenhagener Deutung der Quantentheorie zeigt, wie auf subatomarer Ebene Energie und Materie ineinander übergehen. „Materie“ ist also nicht der fundamentale Baustein des Universums.
   d) Die Kopenhagener Deutung der Quantentheorie hebt auch die klassische, letztlich schon Leukipp und Demokrit bestimmende Voraussetzung einer Objektivierbarkeit der Welt „als Materie“ auf. Was die Welt „ist“, lässt sich nicht an sich bestimmen, sondern hängt konstitutiv vom „subjektiven“ Faktor ab. Die Erkenntnisrelation bestimmt das Objekt mit (sog. „Heisenbergsche Unschärferelation“). Die Voraussetzung einer an sich gegebenen Materie ist damit nicht zu halten.
   e) Auf dieser mikrophysikalischen Ebene gelten auch nicht die Kausalitätsvorstellungen, mit denen wir im Regelfall in unserer – makrophysikalischen – Alltags-

welt rechnen dürfen. Die die makrophysikalischen Vorgänge fundierenden mikrophysikalischen Geschehnisse sind nicht durch strenge Determination bestimmt; für sie lassen sich nur Wahrscheinlichkeiten angeben. Eine streng materialistisch verfahrende Wissenschaft eignet sich nicht zur Begründung eines weltanschaulichen Determinismus.

f) Die Überzeugung einer „ewigen", unveränderlichen Materie ist wissenschaftlich nicht zu rechtfertigen, wenn durch einen Urknall die gegenwärtig existierende physikalische Wirklichkeit erst entstanden ist und zudem noch in den „ersten drei Minuten" (Stephen Weinberg) hochwahrscheinlich andere Gesetzmäßigkeiten geherrscht haben als die uns heute bekannten.

Exkurs 3: Vom Sinn der Parmenideischen Unterscheidung. Eine Kritik des Wahrheitspluralismus

Die heute weitverbreitete, mit dem Toleranzgebot begründete Position eines Wahrheitspluralismus ist nicht widerlegbar, aber unvernünftig.

Wahrheitspluralismus bedeutet: Wir lassen unterschiedliche, sich widersprechende Aussagen zu. Präzise gesprochen: Wir tolerieren sie nicht nur, weil wir nicht genug wissen. Angesichts mangelnden Wissens kann man und muss man die Wahrheitsfrage offenhalten. Es ist dann sinnvoll, dass verschiedene Theorien um die Wahrheit wetteifern. Es kann – höchstens – eine der gegensätzlichen Theorien wahr sein, die dort miteinander konkurrieren. Von einer solchen Wahrheitskonkurrenz ist ein Wahrheitspluralismus grundsätzlich zu unterscheiden. Er fordert programmatisch dazu auf, die unterschiedlichen Theorien zu *akzeptieren.* Deren Status ist dann nicht mehr nur der eines Anspruchs auf Wahrheit, der offen ist; sie gelten vielmehr als solche als – individuelle – Wahrheit. Ein echter Wahrheitspluralismus liegt nur dann vor, wenn die Theorien einander nicht nur perspektivisch, sondern absolut widersprechen, wenn sie also im Verhältnis eines kontradiktorischen Widerspruches zueinander stehen. Wenn im Blick auf denselben Gegenstand in derselben Hinsicht unterschiedliche Aussagen gemacht werden, etwa im Hinblick auf seine Temperatur, dann sind diese Aussagen nur dann widersprüchlich, wenn sie sich auf dieselbe Zeit und denselben Ort beziehen. Die Erde kann zu verschiedenen Zeiten verschiedene Temperaturen aufweisen; sie kann zur selben Zeit an verschiedenen Orten verschiedene Temperaturen aufweisen. Ein kontradiktorischer Widerspruch liegt nur dann vor, wenn im Blick auf einen ausreichend präzisierten Gegenstand x in derselben Hinsicht y für dieselbe Zeit z gegensätzliche Aussagen vorliegen. Wahrheitspluralismus bedeutet, dass gefordert wird, diese nicht als Wahrheitsansprüche anzusehen, sondern als Wahrheiten, die nebeneinander und zugleich gelten sollen.

Die Bedeutung des Parmenideischen Lehrgedichtes besteht darin, dass Parmenides klarmacht:

1. Es gibt Menschen, die solche kontradiktorischen Widersprüche zulassen (ein x existiert, und gleichzeitig existiert es nicht).

2. Man kann sie nicht davon abhalten. Niemand kann gezwungen werden, auf solche Widersprüche zu verzichten. Parmenides sagt vielmehr: „Man *soll* es aussagen und erkennen, daß es Seiendes ist; denn es ist [nun einmal der Fall], daß es ist, nicht aber, daß Nichts [ist]. Ich *fordere* dich auf, dies gelten zu lassen." Der ethische Appell macht gerade deutlich, dass auch andere Haltungen, wie nicht nur er sie damals vorfand und wie wir sie heute noch viel mehr vorfinden, möglich sind.
3. Wer kontradiktorische Widersprüche zulässt, der treibt führungslos und orientierungslos dahin, „gleichermaßen blind und taub". Das starke Bild von den „Doppelköpfigen" macht es deutlich: Wer einen Wahrheitspluralismus vertritt – im Extrem: „denen das Sein und Nichtsein als dasselbe und auch wieder nicht als dasselbe gilt" –, der hat nicht nur ein Steuerzentrum, sondern zwei unterschiedliche, der ist kognitiv schizophren und der hört mal auf seinen einen, mal auf seinen anderen Kopf.
4. Es geht um eine Entscheidung. Parmenides argumentiert für sie. Es bleibt nicht ohne Konsequenzen, wie ich denke und ob ich mich für Rationalität entscheide oder nicht. Ich kann nicht gezwungen werden, auf einen Wahrheitspluralismus zu verzichten. Es gibt hier eine Wahl. Die Aussage ist insofern brisant, als eine solche Argumentation für Rationalität ja eine sehr schwache Position verrät. Parmenides argumentiert hier ja buchstäblich zirkulär. Die absolute Richtigkeit seiner Position, die alle überzeugen würde, kann er ja gerade nicht beweisen. Darum appelliert er ja. Er muss es tun, weil die Argumentation für Rationalität, für bloß *eine* Wahrheit und bloß *eine* Vernunft nur dann richtig, vernünftig und stimmig ist, wenn es tatsächlich nur *eine* Wahrheit, *eine* Vernunft und *eine* Rationalität gibt; wenn es also sinnvoll und vernünftig ist, bloß *eine* Wahrheit vorauszusetzen. Genau hier wird die postmoderne Debatte ansetzen, angefangen mit dem Propheten der Postmoderne, Friedrich Nietzsche, der genau diese Sinnunterstellung mit Gründen infrage stellte.

Bei Parmenides indes finden wir zu Beginn der abendländischen Philosophiegeschichte genau den sie begründenden Entschluss zur Rationalität, die der mosaischen Unterscheidung parallel gehende Parmenideische Unterscheidung. Genau wie unter dem Namen von Moses nach Jan Assmann[24] ein neuer Typ von Religion generiert wurde – die wahre Religion, die die anderen Religionen als falsch ausschließt und dabei den Zugang zur einen religiösen Wahrheit erschließt –, so wird hier bei Parmenides ein neuer Typ von Vernunft generiert: das Konzept einer Vernunft, die Orientierung schenkt, weil sie Existenz und Nicht-Existenz, wahre und falsche Aussagen zu unterscheiden wagt.

---

[24] Vgl. Jan Assmann: *Die mosaische Unterscheidung oder der Preis des Monotheismus*, München/Wien 2003; Assmann behauptet explizit: Dieses auf der parmenideischen Unterscheidung beruhende Denken ist „intolerant" (ebd., 25.26). Vgl. auch ders.: *Moses der Ägypter. Entzifferung einer Gedächtnisspur*, (engl. 1997), München/Wien 1998; 4. Aufl. Frankfurt a. M. 2000. Zur Kritik an Assmann vgl. die Übersicht bei Heinzpeter Hempelmann: „*‚Was sind denn diese Kirchen noch …?' Christlicher Wahrheitsanspruch vor den Provokationen der Postmoderne*", Wuppertal 2006, 2. Aufl. 2008, 257-281; zur Bedeutung und Problematik einer monarchischen Vernunft ebd., 239ff.

VI. Texte

1. Xenophanes: Kritik an der Menschengestaltigkeit des einen Gottes

„Homer und Hesiod haben die Menschen mit allem belastet, was bei Menschen übelgenommen und getadelt wird: stehlen und ehebrechen und einander betrügen."

„Die Äthiopier behaupten, ihre Götter seien stumpfnasig und schwarz, die Thraker, blauäugig und blond."

„Aber die Menschen nehmen an, die Götter seien geboren, sie trügen Kleider, hätten Stimme und Körper – wie sie selbst."

„Wenn aber die Rinder und Pferde und Löwen Hände hätten und mit diesen Händen malen könnten und Bildwerke schaffen wie Menschen, so würden die Pferde die Götter abbilden und malen in der Gestalt von Pferden, die Rinder in der von Rindern, und sie würden solche Statuen meißeln, ihrer eigenen Körpergestalt entsprechend."

„Ein einziger Gott ist unter Göttern und Menschen der Größte, weder dem Körper noch der Einsicht nach den sterblichen Menschen gleich."

„Immer verbleibt er am selben Ort, ohne irgendwelche Bewegung, denn es geziemt sich für ihn nicht, bald hierhin, bald dorthin zu gehen, um seine Ziele zu erreichen,"

„sondern ohne Anstrengung des Geistes lenkt er alles mit seinem Bewußtsein."

(Zitate aus verschiedenen Quellen, zusammengestellt bei Jaap Mansfeld: Die Vorsokratiker Bd. 1, 221-225)

2. Parmenides: Der Weg zu der einen Wahrheit

„Wohlan, ich werde also vortragen (du aber sollst das Wort, nachdem du es gehört hast, [den Menschen] weitergeben), welche Wege der Untersuchung einzig zu erkennen sind: die erste, daß es ist und daß nicht ist, daß es nicht ist, ist die Bahn der Überzeugung, denn sie richtet sich nach der Wahrheit; die zweite, daß es nicht ist und daß es sich gehört, daß es nicht ist. Dies jedoch ist, wie ich dir zeige, ein völlig unerfahrbarer Pfad; denn es ist ausgeschlossen, daß du etwas erkennst, was nicht ist, oder etwas darüber aussagst: denn solches läßt sich nicht durchführen."

„Man soll es aussagen und erkennen, daß es Seiendes ist; denn es ist [nun einmal der Fall], daß es ist, nicht aber, daß Nichts [ist]. Ich fordere dich auf, dies gelten zu lassen. Denn der erste Weg der Untersuchung, von dem ich dich zurückhalte, ist jener. Ich halte dich aber auch zurück von dem Weg, den die nichtwissenden Menschen sich bilden, die

Doppelköpfigen. Denn Machtlosigkeit lenkt in ihrer Brust den irrenden Verstand; sie treiben dahin, gleichermaßen taub wie blind, verblüfft, Völkerschaften, die nicht zu urteilen verstehen, denen das Sein und Nichtsein als dasselbe und auch wieder nicht als dasselbe gilt und für die es eine Bahn gibt, auf der alles in sein Gegenteil umschlägt."

„Denn niemals kann erzwungen werden, daß ist, was nicht ist. Im Gegenteil, du sollst das Verstehen von diesem Weg der Untersuchung zurückhalten und die vielerfahrene Gewohnheit soll dich nicht zwingen, über diesen Weg das ziellose Auge schweifen zu lassen, das widerhallende Ohr und die [sprechende] Zunge. Nein, beurteile in rationaler Weise die streitbare Widerlegung, die ich ausgesprochen habe."

(Zitate aus verschiedenen Quellen, zusammengestellt bei Jaap-Mansfeld: Die Vorsokratiker Bd. 1, 314-323)

3. Pythagoras: Was ist ein Philosoph?

„Als was würden Sie sich bezeichnen?", meinte Leon, der Prinz von Phlius, anlässlich eines Gespräches bei den Olympischen Spielen.

„Ich bin, solange ich denken kann, ein Philosoph."

„Dieses Wort habe ich noch nie gehört."

„Ich will damit ausdrücken, wie ich mich in meiner Lage empfinde. Lassen Sie es mich es so erklären, Prinz Leon: Das Leben kann gut mit diesen öffentlichen Spielen verglichen werden, denn in der großen Menge, die hier versammelt ist, wurden die einen vom Gewinnstreben angelockt und die andern von dem Verlangen nach Glanz und Ruhm. Doch unter ihnen sind auch einige, die alles, was hier vor sich geht, beobachten und verstehen wollen. Das gleiche gilt fürs Leben. Manche sind von der Liebe zum Reichtum beherrscht, während andere in blindem Wahn nach Macht und Herrschaft gieren. Der Menschenschlag, zu dem ich mich zähle, widmet sich der Frage, welchen Sinn und welches Ziel das Leben selbst hat. Er versucht die Geheimnisse der Natur zu entschlüsseln. Diesen Menschen nenne ich einen Philosophen, denn zwar ist kein Mensch in jeder Hinsicht vollkommen weise, doch er kann die Weisheit lieben, als Schlüssel zu den Geheimnissen der Natur."

(Diog. Laert., *Das Leben der Philosophen* I, 12)

4. Pythagoras und die Schmiede

„Einst war er mit dem Gedanken beschäftigt, ob er eine genial einfache und zuverlässige mechanische Hilfe für den Gehörsinn erfinden könnte. Sie sollte den Zirkeln, Linealen und optischen Instrumenten gleichen, die für den Gesichtssinn bestimmt waren. Und für den Tastsinn gab es Waagen, den Begriff des Gewichts und dessen Maße. Ein göttlicher Glücksfall führte ihn an der Esse eines Schmieds vorbei, wo er den Hämmern lauschte, die auf das Eisen schlugen und dabei bunte Harmonien erklingen ließen – nur eine bestimmte Kombination von Tönen erzeugte Missklänge.

Pythagoras eilte sofort in die Schmiede, um die Harmonie der Hämmer zu untersuchen. Wie er feststellte, erzeugten die meisten Hämmer, wenn sie gleichzeitig geschlagen wurden, harmonische Klänge, wenn jedoch ein bestimmter Hammer hinzukam, war ein Missklang zu hören. Er untersuchte die Hämmer und erkannte, daß jene, die harmonisch zusammen stimmten, *einfache mathematische Beziehungen* untereinander aufwiesen – ihre Massen waren einfache *Quotienten oder Bruchteile voneinander*. Das heißt, alle Hämmer, die halb, zwei Drittel oder drei Viertel so schwer waren wie ein bestimmter Hammer, erzeugten harmonische Klänge. Hingegen hatte der Hammer, der die Disharmonie erzeugte, wenn er zusammen mit den anderen aufschlug, ein Gewicht, das in *keinem einfachen rechnerischen Verhältnis* zum Gewicht der anderen Hämmer stand."

(Nikomachos von Gerasa, *Handbuch der Harmonielehre* 6, übersetzt bei Anja Heilmann: Boethius' Musiktheorie und das Quadrivium, Göttingen 2007, S. 345-347, wörtlich zitiert bei Iamblichos von Chalkis, *Über das pythagoreische Leben* 115-121, übersetzt von Michael von Albrecht Jamblich. *Pythagoras: Legende – Lehre – Lebensgestaltung*, Darmstadt 2002, S. 109-113.)

VII. Literaturhinweise

1. Quellen

Die Textfragmente der Vorsokratiker werden zitiert nach der Edition von Hermann Diels/ Walther Kranz : *Die Fragmente der Vorsokratiker*, 3 Bände, Berlin 10. Aufl. 1961. Auf dieser Standardausgabe bauen neue, ergänzende Editionen auf, die dann aber, um zitierfähig zu sein, die Nummerierung von Diels/Kranz nennen („**DK** …"). Wir zitieren hier nach DK und der gut aufbereiteten und handhabbaren Edition von Jaap Mansfeld: (=**JM** I bzw. II), die zugleich Einführungen und Einordnungen bietet.

Jaap Mansfeld (Hrsg.): *Die Vorsokratiker; griechisch/deutsch.* 2 Bde,
Band 1 *Milesier, Pythagoreer, Xenophanes, Parmenides*, Stuttgart (1983) ergänzte Ausgabe 1999,
Band II, *Zenon, Empedokles, Anaxagoras, Leukipp, Demokrit*, (1986) ergänzte Ausgabe Stuttgart 1999.

2. Sekundärliteratur

Zu vergleichen sind jeweils die einschlägigen Bände bzw. Kapitel der Philosophiegeschichten. Eine monografische Einführung bieten

Geoffrey S. Kirk/John E. Raven/Malcolm Schofield: *Die vorsokratischen Philosophen. Einführungen, Texte, Kommentare*, Stuttgart 1994.

Carl-Friedrich Geyer: *Die Vorsokratiker*, Wiesbaden.

Walther Kranz: *Die griechische Philosophie*, München 1971 (und spätere, erweiterte Auflagen).

Christof Rapp: *Vorsokratiker*, München 1997, 2. Aufl. 2007.

Teil B
Platon

I. Zugang über die Vita

1. Quellenlage

Wir sind über das Leben Platons verglichen mit den Kenntnissen über die Vorsokratiker gut informiert. Quellen sind der autobiografische und als echt eingeschätzte sog. Siebte Brief Platons. In ihm gibt er Rechenschaft ab über seine Interessen und seinen Erkenntnisweg. Wir haben biografische Informationen aber auch über das umfangreiche Platon gewidmete Kapitel in dem um 220 n. Chr. verfassten Werk des Diogenes Laertius, *Leben und Meinungen berühmter Philosophen*. Dieses Jahrhunderte nach Platons Leben geschriebene Werk sammelt Berichte und Erzählungen. Diese besitzen allerdings einen sehr unterschiedlichen historischen Wert und müssen kritisch gelesen werden. Ergänzt werden die Berichte durch viele verstreute Angaben und Hinweise in den Dialogen Platons, die weitgehend auf ihn zurückgehen.

2. Mit dem Spitznamen berühmt geworden

Platon wird um 428 (evtl. 427) v. Chr. in eine der führenden aristokratischen Familien Athens hineingeboren. Sein Vater ist Ariston, der sich als Nachkomme früherer Könige Athens sah. Seine Mutter Periktone ist entfernt mit dem für die Geschichte Athens bedeutsamen Staatsmann Solon verwandt. Eigentlich bekannt geworden ist der griechische Philosoph lustigerweise unter seinem Spitznamen, der nicht seinen Geist, sondern seinen athletischen Körper betont. „Platon" heißt griechisch *der Breite*. Platons eigentlicher Name ist Aristokles. Als junger Mann ist er ein begeisterter Ringer gewesen und hat zweimal bei den Isthmischen Spielen gesiegt.

3. Athen in der Krise und der Weg Platons zur Philosophie

Von seiner Herkunft her ist eigentlich der Weg in ein öffentliches Amt vorgezeichnet. Als Aristokrat mit besten Beziehungen ist er prädestiniert für die Politik. Seine Heimatstadt Athen befindet sich aber in schweren inneren und äußeren Krisen, die diesen Weg für Platon versperren und ihn nach Alternativen suchen lassen. Das alles bestimmende außenpolitische Ereignis ist der Peloponnesische Krieg. Er findet in drei Phasen statt und beherrscht das Leben von 431 bis 404 vor Christus. Gegner Athens als der mächtigsten Seemacht (Attischer Bund) ist Sparta als die mächtigste Landmacht (Peloponnesischer Bund). Athen versucht in dieser Zeit fortgesetzter Kriegshandlungen „mit immer weniger Glück seine Vormachtstellung gegenüber Sparta zu behaupten“[1]. Der Peloponnesische Krieg endet 404 v. Chr. mit der bedingungslosen Kapitulation Athens. Eine der harten Bedingungen Spartas für den Frieden ist die Auflösung der Demokratie und die Etablierung einer Oligarchie. Die oligarchische Herrschaft der von Sparta eingesetzten 30 zeichnet sich durch außergewöhnliche Brutalität aus. Zu den 30 Oligarchen (von griech.: *oligarchie* – Herrschaft der Wenigen) gehören mit Kritias und Charmides auch enge Verwandte Platons. Versuche, Platon an dieser Regierung zu beteiligen, schlagen fehl (vgl. 7. Brief, 324d). Platon kann und will nicht Teil dieser Schreckensherrschaft sein. Die später an die Macht kommende Demokratenpartei lässt den von Platon verehrten Lehrer Sokrates hinrichten und ist keine Alternative. Die politischen Umstände und Wirren sind geeignet, Platon sehr früh und anhaltend zu sensibilisieren.

Platon kann seine Vorstellungen von einem gerechten und guten Staatswesen in einem solchen Rahmen nicht realisieren. Zu den innen- und außenpolitischen Krisen kommt der innere, mit den langen Kriegswirren verbundene Niedergang in sittlicher, aber auch intellektueller Hinsicht. Im öffentlichen Leben, vor allem in der öffentlichen Volksversammlung der freien Athener, spielt die Argumentation eine entscheidende Rolle. Die Sophisten-Schulen, die eigentlich der klaren und klärenden Argumentation dienen sollten, degenerieren. Sophisterei wird zum Mittel, alles und jedes rechtfertigen zu können, und steht damit der Erkenntnis des Guten, Gerechten und Schönen – im Forum der Politik wie auch vor Gericht – entgegen.

4. Platon und Sokrates

In dieser krisenhaften Zeit findet Platon Anschluss an Sokrates. Vielleicht ist Platon Sokrates schon im Alter von 12–14 Jahren begegnet. Ab 407 wird er mit 21 Jahren dessen Schüler und bleibt dies acht Jahre bis zum Tod des Sokrates im Jahr 399 v. Chr. Die Dialoge Charmides und Lysis zeigen, welchen Eindruck die Persönlichkeit des Sokrates auf vor allem junge, Orientierung suchende Menschen gemacht hat (vgl. Apol 23c). Sokrates ist sowohl Elenktiker als auch Moralist. Mit seiner Elenktik (von griech. *elengxos*:

---

[1] Jan Szaif: „Platon. Spektrum der Philosophie“, in: Michael Erler/Andreas Graeser (Hrsg.): *Philosophen des Altertums. Von der Frühzeit bis zur Klassik. Eine Einführung*, Darmstadt 2000, (130-148) 132.

Überführung, Widerlegung, Prüfung, Untersuchung) betreibt zwar auch er eine scharfe Kritik an allem Scheinwissen. Resultat ist aber bei ihm kein Wahrheitsrelativismus nach dem Motto: Wir können nichts wirklich begründen und also ist es auch gleichgültig, was wir tun oder lassen. Sokrates lässt in der Art, wie er in ein Gespräch mit seinen Zeitgenossen eintritt, spüren, dass seine Kritik getragen ist von einer Intuition des Richtigen, hinter der wir mit unseren alltäglichen Vorstellungen und interessegeleiteten Überzeugungen eben allzu schnell zurückbleiben. Sokrates zerstört Meinungen, weil er nach *der* Wahrheit sucht. Tugend ist für ihn Voraussetzung eines guten, glücklichen Lebens. Diese Tugend wird aber erst gewonnen durch das Wissen dessen, was gut ist. Sokrates ist vorbildlich und seine Art zu philosophieren ist im wahrsten Sinne stilbildend für den Ansatz der Philosophie Platons: Sein bohrendes Fragen, das auf den Grund zu gehen sucht, zerstört mithilfe der Argumentationskunst nicht nur ein Scheinwissen, auf dem wir uns fälschlicherweise ausruhen; es ist in seiner Suchbewegung auch Zielvorgabe. Es muss etwas geben, das eigentlich ist, wahr ist, richtig ist und das dann zur Grundlage eines richtigen, guten, tugendhaften Lebens werden kann. Das ist nicht nur ein ethischer Optimismus, der davon ausgeht, dass Personen und Umstände besser werden können. Dass dieses Gute Realität ist; dass es sich lohnt, nach der Wahrheit zu suchen, dafür steht schon die Person und die Wirkung des Lehrers Sokrates.

In Sokrates trifft Platon auf die personifizierte Suche nach Weisheit und einem richtigen Leben. Das Vorbild des Sokrates führt zum Entschluss zur Philosophie. „Von Sokrates ist Platon ausgegangen. Auf ihn blickt er hin als den einzigen Mann, der weiß, was er will."[2] In seinem Auftreten, in seiner Vita und dem freiwillig auf sich genommenen Tod verkörpert sich, dass es etwas gibt, was dem verbreiteten Skeptizismus und Relativismus, dem sittlichen Niedergang standhält. Mit Beharrlichkeit und Stringenz hält Sokrates die Frage nach klarer und sicherer Erkenntnis des Guten als dem Ziel menschlichen Lebens und Strebens durch, bis in den Tod; dem korrespondiert dann die später in der Begegnung mit Pythagoräischer Mathematik gewonnene Überzeugung von der Sicherheit mathematischer Sätze und der ihm in eleatischem Denken begegnenden Position, dass es eine allem veränderlichen Schein zugrunde liegende, an sich erstrebenswerte Wirklichkeit gibt.

Platon wird zum bekanntesten und wirkmächtigsten Schüler des Sokrates. Er findet hier aber nicht nur für die persönliche Existenz Orientierung. In ihm reift die Überzeugung, dass die „Rettung der Polis [des Stadt-Staates Athen] nur von der Philosophie her"[3] möglich ist. Als ihn 404 der Ruf in die Politik erreicht, hat er längst einen alternativen und für ihn verheißungsvolleren, weil tragfähigeren Weg gefunden. Dieser Weg besteht in der Erneuerung der sittlichen Verhaltensmaßstäbe im Gemeinwesen durch das Betreiben der Philosophie.[4]

---

2 E. Ritter: Art. Platon, in: *RGG* 2. Aufl., Bd. 2, Tübingen 1930, (1286-1291) 1287.

3 Eckehard Martens: „Platon", in: (Bernd Lutz (Hrsg.): *Metzler Philosophen Lexikon. Von den Vorsokratikern bis zu den neuen Philosophen*, Stuttgart/Weimar, 2. überarb. und erw. Aufl. 1995, 681-685) 682.

4 Szaif: *Platon*, 134.

5. Der Tod des Sokrates und sein Vermächtnis

399 v. Chr. wird Sokrates wegen Gotteslästerung angeklagt. Der Vorwurf lautet: Einführung neuer Götter und Verführung der Jugend. Sokrates tut nicht, was ihm durchaus möglich gewesen wäre: Er flieht nicht aus der Stadt, sondern nimmt das Todesurteil auf sich und trinkt den Schierlingsbecher (vgl. den Dialog Phaidon, in dem die letzten Stunden und das Vermächtnis geschildert werden). Dass ausgerechnet der Gerechte durch das Urteil der Ungerechten, der Weise durch das Nichtwissen der Irregeführten sterben muss, wird „der entscheidende Anstoß, der Platon auf den Weg der Philosophie gewiesen hat“[5]. Hans-Georg Gadamer stellt die These auf, dass man das ganze platonische Werk als „eine Apologie des Sokrates“ verstehen kann und seine Philosophie als „Antwort auf die Frage, wie Sokrates, der Gerechte, in einer ungerechten Welt überhaupt möglich war“[6]. Sokrates ist aber nicht nur Anreger für die platonische Philosophie. Er spielt bei Platon eine so überragende Rolle, dass man die These wagen darf, dass Platon seine Aufgabe darin sieht, Sokrates weiterzugeben und weiterzudenken. „Offensichtlich versteht Platon sein Werk als ein Weiterdenken des Sokrates, wenn er ihn mit Ausnahme der letzten, dozierenden Dialoge als Hauptfigur auftreten läßt.“[7] Sokrates wird zur bestimmenden Figur der später sogenannten „sokratischen“ Gespräche, in denen Platon sein Denken nahezu ausschließlich präsentiert. Wir haben heute Mühe, historisch, etwa mit literarkritischen Mitteln, zu unterscheiden: Was ist O-Ton Sokrates und wo spricht schon Platon? Wenn wir das als Problem empfinden, wird hier nur deutlich, dass wir von anderen, nicht unbedingt sachgemäßeren Voraussetzungen her denken. Wo wir nach individuellem geistigen Eigentum und Originalität fragen, übersehen wir sehr schnell, dass wir im Regelfall keinen einzigen wirklich originellen Gedanken zustande bringen und in dem, was wir als geistige Zwerge zu entdecken meinen, auf den Schultern von Riesen sitzen.

6. Weltreisen und das Scheitern des Theorie-Praxis-Konzeptes

Die unüberschaubare, unsichere Situation wird für Platon durch den Tod von Sokrates noch gefährlicher. Als Schüler von Sokrates muss auch er um seine Sicherheit fürchten und verlässt Athen.

Platon reist nach Megara und studiert mehrere Jahre Logik bei dem Eleaten Euklid, der uns heute vor allem durch die *Euklidische Geometrie* bekannt ist. Danach geht er nach Nordafrika, wahrscheinlich auch nach Ägypten. Nicht sicher ist ein Aufenthalt in Indien, wo er möglicherweise indische Philosophie und Religion kennenlernte und auf die Reinkarnationslehre gestoßen sein könnte, die für sein Konzept von vergänglichem Körper und unsterblicher Seele eine Rolle spielt. Es folgen Reisen nach Italien, vor allem nach

[5] Hans Georg Gadamer: „Plato“, in: ders. (Hrsg.): *Philosophisches Lesebuch* Band 1, Frankfurt a. M. 2. Aufl. 2007, (73-74) 74.

[6] Ebd., 74.

[7] Martens: *Platon*, 682.

Sizilien. Hier trifft er auf Schüler des Pythagoras und lernt die These einer universellen, mathematischen Ordnung des Universums kennen. Ca. 40 Jahre alt kommt er ca. 389/388 auch an den Hof des Dionysos, des Alleinherrschers der am Ionischen Meer im Südosten Siziliens gelegenen Region Syrakus. Platon erprobt sein philosophisch-ethisches Programm und versucht, den Tyrannen durch politisch-ethische Debatten umzuerziehen. Seine Überzeugung von der Notwendigkeit einer Philosophenherrschaft kommt bei Dionysos aber gar nicht gut an und endet übel. Dionysos lässt ihn als Sklaven verkaufen. Nur durch den Freikauf eines Freundes entgeht er dem Schicksal lebenslanger Sklaverei. Nachdem er bereits ca. 387 v. Chr. (andere nehmen 385 an) eine philosophische Schule gegründet hat, unternimmt er 367 einen weiteren Versuch, seine politische Philosophie umzusetzen. Dion, Neffe von Dionysos und Ratgeber von Dionysos II, dem Sohn von Dionysos, veranlasst eine Einladung an Platon, mit dem er befreundet ist. Ziel ist eine Neuordnung des dortigen Staatswesens. Platon sieht eine Möglichkeit, seine politischen Ideale auf friedlichem Wege, unabhängig von Athen, zu realisieren. Er wird aber bitter enttäuscht. Die Versuche, Dionysos II zu erziehen und zu beeinflussen, kommen wiederum überhaupt nicht gut an. Auch dieser Versuch endet übel. Platon wird in die Machtintrigen des Hofes verwickelt und ins Gefängnis geworfen, kann aber fliehen. Bezeichnend ist die Tatsache, dass sich Platon 361 ein drittes Mal einladen und bitten lässt. Er soll diesmal bei der Aussöhnung zwischen Dionysos II und Dion helfen, muss aber unverrichteter Dinge wieder abziehen, als die Situation für ihn erneut brenzlig wird.

7. Gründung der Akademie und Lehrbetrieb

Nach dem Scheitern der ersten Syrakus-Reise, also nach 388 v. Chr., vermutlich 387 oder 385, gründet Platon eine eigene philosophische Schule, die „Akademie". Platon kauft außerhalb der Stadt im Nordwesten Athens mit der Hilfe von Sponsoren ein Grundstück. Es gehört zum Hain des örtlich als Heros (Halbgott) verehrten Akademos. Die Bezeichnung der Schüler als *Akademiker* und die der Schule als *Akademie* leiten sich von ihm her.

In der Akademie verarbeitet er u. a. seine Erfahrungen mit dem Versuch, eine vernunftgeleitete Politik umzusetzen. Platon sieht seine Bemühungen in Süditalien nicht gescheitert, sondern setzt seine Forschungen in der Akademie fort. Bezeichnenderweise lässt er sich ja nach den Erfahrungen in den 380er-Jahren noch ein zweites und ein drittes Mal an den syrakusischen Hof einladen.

Die Akademie ist nicht die erste Philosophenschule – Pythagoras hatte schon vor Platon Schüler gesammelt, aber sie wird die Schule sein, die den längsten Bestand hat. Sie existiert bald ein Jahrtausend, bis sie – Symbol eines Epochenwandels im Übergang zum christlichen Mittelalter – 529 n. Chr. von Kaiser Justinian geschlossen wird. Er erlässt ein Lehrverbot für alle Personen, die nicht getauft sind.

8. Keine Schule wie jede andere

Der Zugang zum Lehrbetrieb ist frei, Standesunterschiede und Geschlecht treten in ihrer Bedeutung zurück. Es ist dokumentiert, dass auch Frauen zur Schülerschaft gehörten. Der Unterricht ist kostenlos. Wohl nach dem Vorbild der Pythagoreer bilden Lehrende und Schüler eine Lebensgemeinschaft. Platon verfolgt ein ganzheitliches Bildungskonzept. Neben der wissenschaftlichen Reflexion spielen auch Leibesübungen und kultische Betätigung für die Musen (als Schutzgöttinnen der Künste) eine Rolle. Neben dem Lehrbetrieb bestimmen gemeinsame Mahlzeiten, Symposien und Feste das Leben der Gemeinschaft.

Mathematik und Philosophie bilden die Grundlage des Lehrbetriebes, der aber auch andere Fächer umfasst: vor allem politische Theorie und Ethik, Astronomie, Biologie und Leibesübung, praktiziert im nahe gelegenen öffentlichen *Gymnasion*, einem Sportzentrum, das auch als öffentlicher Treffpunkt für Begegnungen und Diskussionen dient.[8] Platon fördert neuere mathematische (irrationale Zahlen, vgl. den Dialog Theätet) und astronomische Entdeckungen (vgl. die Mitarbeit von Eudemos von Knidos und die Entwicklung seiner Theorie harmonischer Planetenbahnen).

Es sind keine Lehrschriften oder Unterrichtsskripte erhalten. Aber die Dialoge mit ihrem speziellen didaktischen Konzept des Lernens in der Gemeinschaft und im Gegenüber spiegeln die Lehrinhalte und Diskussionsgegenstände wider. Mit diesem Ansatz einer Lebens- und Studiengemeinschaft setzt sich Platon von den in Verruf geratenen Rhetorikschulen ab. Diese setzen weder auf Lebensgemeinschaft, noch sind sie an der Vermittlung von Wissen interessiert, das nach Platon zur Tugend und zum rechten, sittlichen Handeln führt (zum Konzept der Akademie vgl. Nomoi, Buch X).

Platon hat kein Interesse an der Weitergabe einer dogmatisierten philosophischen Position. Das zeigt sich daran, dass während seiner zweiten Reise nach Sizilien 367 v. Chr. Eudemos von Knidos die Leitung der Akademie übernimmt. Er denkt in ethischen Fragen anders als Platon, ist ihm aber in der mathematisch-pythagoreischen Welt-Anschauung und d. h. im Grundsätzlichen verbunden. Nach der Rückkehr Platons aus Sizilien tritt mit 17 Jahren Aristoteles in die Akademie ein. Er wird der berühmteste Schüler Platons. Insgesamt 20 Jahre ist er Mitglied und wird in dieser Zeit von einem Schüler zu einem Dozenten des Lehrkörpers. Er verstärkt die logisch-empirische Ausrichtung der Akademie. Dass diese bei allem weiten Raum für Diskussionen keine unbegrenzte „Toleranz" kennt,[9] zeigt sich daran, dass Aristoteles die Schule verlässt, nachdem er Positionen entwickelt hat, die mit denen der Akademie bzw. Platons nicht vereinbar sind.[10]

Platon erreicht ein für die Antike außergewöhnlich hohes Alter von ca. 80 Jahren und stirbt 348 oder 347 v. Chr.

---

8 Szaif: *Platon* 137.

9 Gegen Szaif, *Platon*, 137.

10 In diesem Zusammenhang stellt sich die Frage, warum Aristoteles als bedeutendster Schüler Platons nicht von diesem als Nachfolger bestimmt wird. Dass Aristoteles ein Methöke, also ein zugewanderter, aber kein freier Bürger Athens war, kann nur bedingt ein Argument sein, weil er später selbst eine Schule in Athen gründet und leitet.

9. Fazit

Platon ist kein wirklichkeitsferner „Akademiker". Er ist welterfahren; er erfuhr als führender Aristokrat das Schicksal, versklavt und ins Gefängnis geworfen zu werden.

Platon liegt an der Verbindung von Theorie und Praxis. Philosophie kann und muss dem Leben, vor allem dem Zusammenleben der Polis dienen. Platon setzt sein Leben aufs Spiel, um seine Überzeugungen auszuprobieren, und er investiert sehr viel, um seine praktisch gewonnenen Erfahrungen zu reflektieren.

Wahre, richtige, verlässliche und weiterführende Einsicht ergibt sich nicht durch des Gedankens Blässe, sondern durch gemeinschaftliche Reflexion und – vor allem – durch das Vorbild, in dem wahres Wissen einen tugendhaften exemplarischen Ausdruck findet.

II. Das Werk – die Dialoge als Wege zur Wahrheit

1. Quellenlage

Im Gegensatz zu seinen Zeitgenossen veröffentlicht Platon keine Traktate und Lehrschriften. Er hinterlässt – mit Ausnahme der *Apologie* und einem lehrhaften Abschnitt in seinem 7. Brief – ausschließlich Dialoge. Schon in der Antike hat man diese gesammelt und in neun Tetralogien, also insgesamt (9 x 4=) 36 Schriften weitergegeben. Die Mehrzahl gilt als echt; schon damals wurden sieben in ihrer Echtheit bestritten. Zweifelhaft ist bis in die moderne Forschung hinein die Echtheit von fünf Dialogen. Von den hinterlassenen 13 Briefen gilt nur der 7. und evtl. der 6. als eine originale Schrift Platons.

Diese auffällige Form der Werke Platons hat Gründe. Mit einem modernen Autor, Marshall McLuhan, gesprochen, kann man sagen: Das Medium ist auch hier die Botschaft. Man kann grundsätzlich kommunikative und philosophische Gründe für diese beherrschende Form unterscheiden.

2. Warum Dialoge? – Kommunikative Gründe

a) Das Vorbild Sokrates

Biografischer Ausgangspunkt ist sicher die eigene Begegnung mit Sokrates. Vielleicht war Platon selbst einer der jungen Männer, die Sokrates fasziniert folgen und erleben, wie er anerkannte Persönlichkeiten der Polis stellte und im Gespräch regelrecht auseinandernahm, indem er ihr vermeintliches Wissen als Scheinwissen entlarvte. In jedem Fall hat er seine Praxis des zur Erkenntnis helfenden Gesprächs in der Zeit als sein Schüler über mehrere Jahre kennen- und schätzen gelernt. Sokrates ist die überragende Hauptfigur in den platonischen Dialogen. Mit dieser Formgebung knüpft Platon also schon in der Gestalt an den großen Meister und sein Vorbild an und lässt ihn durch seine Dialoge weiterwirken. Die aufdeckenden Dialoge waren der Grund für den Vorwurf der Jugendverführung, der für die Verurteilung des Sokrates eine erhebliche Rolle spielte. Mit der Fortführung der Dialoge zeigte Platon Mut und stellte sich bewusst zu seinem Lehrer und dessen Verfahren. Platon selbst will nicht nur theoretisieren und doktrinale Positionen produzieren. Er will in Bewegung bringen. Die platonischen Dialoge transportieren keine Lehre, die demütig und gläubig entgegengenommen werden muss. Sie verflüssigen Philosophie und wirken gerade dadurch, dass sie am Lebensalltag des Gesprächspartners anhaften. Platon hat in seinem Leben mehrfach die Erfahrung gemacht, dass eine solche Art von Philosophie durchaus gefährlich werden kann – eben weil sie in Bewegung bringen will und Veränderung bewirkt.

14  „Über dieses aber folgen mir die Jünglinge, welche die meiste Muße haben, der reichsten Bürger Söhne also, freiwillig und freuen sich, zu hören, wie die Menschen untersucht werden; oft auch tun sie es mir nach und versuchen selbst, andere zu untersuchen, und finden dann, glaube ich, eine große Menge solcher Menschen, welche zwar etwas zu wissen glauben, aber wenig oder nichts wissen. Deshalb nun zürnen die von ihnen Untersuchten mir und nicht sich und sagen, Sokrates ist doch ein ganz ruchloser Mensch und verdirbt die Jünglinge. [...] Denn die Wahrheit, denke ich, möchten sie nicht sagen wollen, daß sie nämlich offenbar werden als solche, die zwar vorgeben, etwas zu wissen, wissen aber nichts.“ (Apol23cf)

b) Philosophiedidaktik

Platon leitet eine Akademie und sucht den Kontakt mit gebildeten Laien. Er wendet sich mit den Dialogen nicht an ein Fachpublikum, sondern sucht den Einfluss auf das öffentliche Leben. Platon zeigt durch die dialogische Behandlung von Lebensfragen und den Bezug auf den Alltag, dass Philosophie eine praktische, vor allem ethische Bedeutung hat. Er weckt Interesse an Philosophie und er verstellt nicht dadurch den Zugang zu ihr, dass er seine Adressaten überfordert. Er stellt Fragen, die alle fragen, und er geht ihnen im Gespräch nach. In Rede und Widerrede werden Themen vertieft, ohne dass der Suchende durch die Konfrontation mit einem fertigen System gleich zu Beginn überfordert wird. Dialoge eignen sich besonders, um in Fragestellungen einzuführen und Menschen im Denken weiterzuführen. Es muss nicht alles auf einmal gesagt werden, und es gibt, wenn man miteinander redet, auch keinen Zwang zum systematisch vollständigen Durchgang. Sokrates erörtert *en passent* und stößt dann doch zu zentralen Fragestellungen durch. Seine Methode ist also auch effektiv. Er mutet nicht den Ballast eines Systems zu, sondern bringt das Gespräch auf den Punkt, den *einen Punkt*, der wichtig ist. Dialog bedeutet aber auch: Es können, im Gegensatz zu einem philosophischen Traktat, Fragen offen bleiben oder im Schweben gehalten werden. Für eine theoretische Abhandlung wäre das im Regelfall unbefriedigend, tritt sie doch mit dem Anspruch auf, eine Frage zu klären; bei einem Gespräch kann man das hinnehmen, ebenso wie auch Revisionen möglich sind. Dialoge können zur Meinungsänderung führen. Das ist tiefmenschlich und entspricht der Realität. Warum nicht die vertretene Position verändern, wenn es dazu Gründe gibt? Dialoge erlauben schließlich auch die Einspeisung von Veranschaulichungen, sei es durch Rückgriff auf das tägliche Leben und seine Szenen, auf Erzählungen oder – berühmt – auf religiöse Mythen über das Jenseits, wie etwa im Phaidon. Sokrates begründet dort breit seine Hoffnung auf Unsterblichkeit in einer besseren Welt (107f-114c), indem er religiös-mythische Erwartungen über das Aussehen der wahren Erde und die Glückseligkeit ihrer Bewohner aufnimmt, um dann zu resümieren: „Dass sich nun dies alles gerade so verhalte, wie ich es auseinandergesetzt, das ziemt wohl einem vernünftigen Mann nicht zu behaupten"; diese Erwartungen bezeichnet er als ein „schönes Wagnis, und man muß mit solcherlei gleichsam sich selbst besprechen" (114d). Auch religiöses Wissen vermittelt keine Sicherheit. Man darf nicht einfach etwas glauben oder für wahr halten. Aber solches Material hilft zur Selbstklärung.

3. Warum Dialoge? – Philosophische Gründe

Schon die genannten Gründe sind nicht ohne Bezug zu Anliegen der Philosophie Platons, wie etwa der Anschluss an Sokrates, der Praxisbezug oder die Unsicherheit unseres Scheinwissens. Man darf aber zumindest fragen, ob der Dialog für Platon nicht geradezu der notwendige, weil allein angemessene Weg ist, seine Philosophie zu gestalten und zu präsentieren.

a) Elenktik kontra Sophistik

Das argumentative Verhalten von Sokrates wird vielfach missverstanden. Wenn vor allem in den frühen Dialogen Sokrates seine Gesprächspartner zu dem Eingeständnis zwingt, dass ihre Überzeugungen vom Richtigen und Guten haltlos, weil widersprüchlich sind und wenn er Scheinwissen zerstört und die Einsicht fördert „Ich weiß, dass ich nichts weiß", dann besteht hier scheinbar eine Nähe zur philosophischen Skepsis oder zur zeitgenössisch weitverbreiteten Sophistik mit ihrer Streitkunst (Eristik). Diese verfolgt vielfach das Ziel, jede beliebige Behauptung zu jedem beliebigen Zweck als begründbar erscheinen zu lassen. Das Ergebnis ist ein Wahrheitsrelativismus. Schlimmer könnte man aber das Anliegen des platonischen Sokrates nicht missverstehen. An die Stelle der Eristik, der Wortfechtereien, tritt in den sokratischen Dialogen die Elenktik („Prüfung") als Befreiung von Scheinwissen. Sie ist eine kathartische Kunst, die nicht neues Scheinwissen produzieren soll, sondern dieses gerade durch Reinigung unseres Denkens beseitigen will. Zwar geschehen Elenktik wie Eristik im Gegenüber zu jemandem; sie haben die Form eines Gespräches. Gemeinsam ist beiden argumentativen Handlungsweisen auch ein analytisch-kritisches Verfahren, das das Gegenüber „auseinandernimmt". Dennoch unterscheiden sich die beiden Weisen philosophischer Argumentation fundamental. Die Haltung und dementsprechend die Ethik des Dialogs ist völlig entgegengesetzt. Die Eristik ist solipsistisch (lat. von *solus*, allein, und *ipse*, selbst: Haltung, die das eigene Ich und Bewusstsein in den Mittelpunkt stellt oder für die einzig relevante Wirklichkeit hält). Hinter ihr steht eine Macht-Logik. Ihr geht es darum, sich durchzusetzen. Ziel ist das Recht-behalten-Können, um jeden Preis, einfach deshalb, weil es *meine* Position ist und *meine* Person, die sie vertritt; weil *ich* gewinnen will, ganz gleich, was der Preis in der Sache dafür ist. Ganz anders die Elenktik. Sie ist bestimmt durch eine Wahrheits-Logik. Sie ist verständigungs- und konsensorientiert, aber nicht im Sinne eines Kompromisses. Bestimmend ist die gemeinsame Voraussetzung, dass es etwas gibt, was den Gesprächspartnern bei allen Partikularinteressen und partikularen Standpunkten gemeinsam ist; was ein gemeinsamer Bezugspunkt ist; was nicht mit der Person des einen oder anderen identisch ist; was beiden vorausliegt. In der Philosophie haben wir dafür das große Wort Wahrheit. Die Eristik ist in der Sache nihilistisch. Ich kann und darf versuchen, den größten Unsinn mit Schein-Argumenten durchzusetzen, weil es eben letztlich nicht möglich ist, zu beweisen, dass es sich nur um Schein-Argumente handelt; dafür bräuchte es ja ein über alle Zweifel erhabenes, offenkundig wahres Kriterium. Das haben wir aber erkennbar nicht. So bleibt dann nur die Macht-Perspektive. Die Elenktik teilt einerseits die skeptische Wahrnehmung: Ja, wir sind bestimmt durch Schein-Wissen; ja, unsere Interessen bestimmen das, was wir erkennen wollen. Aber die Elenktik bleibt dabei nicht stehen. Sie will gerade dieses Schein-Wissen als solches entlarven und durch es hindurchstoßen zur Anschauung des Wahren, Guten, Schönen. Nur wenn es das Wahre, Richtige, Eigentliche gibt, lohnt es sich, ins Gespräch zu kommen, sich korrigieren zu lassen und *argumentativ* zu ringen. Nur dann ist die Wahrheit größer als das eigene Ich und es macht Sinn, zwischen vermeintlichem Wissen und wahrer Einsicht zu unterscheiden. Ziel des sokratischen Dialogs ist also nicht recht behalten, sophistisch gegebenenfalls durch den „Betrug mit Worten", sondern eine rational erworbene, ggf. errungene und nun begründete Übereinstimmung.

Zu kritisieren ist gerade, dass die Sophisten nach Platon „die rechten Unüberwindlichen" sind; „daß auch nicht einer sich gegen sie wird erheben können", ganz gleich was sie vertreten. Die angestrebte bzw. erreichte Unwiderlegbarkeit ist das Problem. Wenn diese das Ziel ist, ganz gleich, welche Position vertreten wird, spielt die Wahrheit offenbar keine Rolle. Schon in der Art des Streitens, Redens und Dialogisierens zeigt sich, welches Ethos ich habe. Erkenntnistheorie und Ethik hängen elementar zusammen. Geht es mir um mich, um mein Anliegen, um die Durchsetzung meiner Sache, weil sie meine Sache ist? Geht es also um meine Macht oder geht es um etwas, was mich transzendiert: die Wahrheit?

Das *sokratische* Nichtwissen darf also nicht als *sophistisches* Nichtwissen missverstanden werden. Während die rhetorische Fechtkunst darauf abzielt, alles und damit nichts wirklich begründen zu können, räumt das sokratische „Ich weiß, dass ich nichts weiß" im Denken auf und sucht die falschen Positionen gerade zu beseitigen. Es identifiziert bloße Meinung, Unschärfen, mangelnde Differenzierungen, um im Prozess der Reflexion Raum zu schaffen für das, was sich in ihm zeigen soll: der Logos einer Sache und damit die Sache selbst.

b) Im Dialog auf – die – Wahrheit setzen

Ganz und gar nicht selbstverständliche Voraussetzung des sokratischen Dialogs ist die Wahrheit als ein solcher gemeinsamer, uns vorausliegender Horizont. Die Haltung, die der Dialog einnimmt, ist dabei ein Wagnis; eine Wette auf Wahrheit. Lohnt es, ist es vernünftig, auf eine solche Wahrheit zu setzen? Oder ist es nicht vernünftiger zu vertreten: Rette sich, wer kann? Platon inszeniert die Dialoge als Suche nach Wahrheit im Angesicht des Todes von Sokrates, der genau diese Elenktik mit dem Tod bezahlt hat. Er inszeniert sie im Angesicht des Todes des Gerechten durch die nach Macht und Einfluss suchenden, die Worte verdrehenden und ihn durch ihre Anklage unschuldig zu Tode bringenden Ungerechten. Es geht um die Frage: Hatte Sokrates recht? War das Opfer, das er mit seinem Leben für seine Philosophie brachte, gerechtfertigt? Dass Platon die Elenktik des Meisters aufnimmt und mit seinem Namen weiterführt, offenbart, worauf er mit den Dialogen setzt. Er vertraut auch im Angesicht des Schicksals von Sokrates darauf, dass „die Gerechtigkeit in ihrem wahren Wesen der menschlichen Seele innerlich erkennbar bleibt, wenn sie nur wahrhaft nach der Wahrheit sucht“[11]. Platonische Dialog-Philosophie ist zugleich Ethos wie Risiko und Chance. Auch hier wird erkennbar, dass nach Platon der Erkenntnistheorie eine erhebliche Bedeutung für die Ethik zukommt, wie umgekehrt der Sittlichkeit und Tugend Bedeutung für die Erkenntnisbemühung zukommt.

Ob ich nach der Wahrheit suche, ist eine Frage des sittlichen Habitus: Bin ich mir selbst letzte Wahrheit und versuche ich dementsprechend, mich mit allen Mitteln zu rechtfertigen? Oder transzendiert die Wahrheit meinen Horizont? Dann werde ich mich mit meinem Denken relativieren. Wie ich mich verhalte, hängt aber letztlich genau von meiner erkenntnistheoretischen Einsicht ab. Im Dialog versucht der platonische Sokrates, genau die Selbstgewissheit zu unterlaufen und den Solipsismus aufzubrechen, mit dem wir uns selbst mit unseren Einstellungen nur zu gern (schon aus Gewohnheit) absolut setzen. Die Einsicht in das eigene Nicht-Wissen und darüber hinausgehend das Gewinnen von echten Überzeugungen verändern dann aber auch mein Verhalten und meine Haltung zum Nächsten und zum Gemeinwesen. Ich nehme in der Interaktion wahr, dass anderes neben mir und außerhalb von mir existiert.

c) Dialoge als Ethos

Kennzeichen der Dialoge als Gattung ist die persönliche Ansprache, die Zuwendung zu einem konkreten Du oder auch zu einer Gruppe von Menschen, die man ins Gespräch zieht. Dialoge funktionieren nur, weil sich jemand auf mich eingelassen hat, mich persönlich anspricht, eine individuelle Beziehung aufbaut und mich dadurch verpflichtet.

Gelingt dies, entsteht eine Verbindlichkeit, die auch eine Verbindlichkeit im Denken einschließt. Dialog ist notwendig, um folgerichtig zu denken, auch gegen eigene oder fremde Widerstände. Das einsame Ich baut sich allzu schnell seine Theorien, schafft sich eine Wahrheit, die ihm selbst gefällt. Durch den Dialog entsteht ein Forum von mindestens zweien, in dem ich mich verantworten muss. Es reicht nicht, dass ich etwas denke, von dem ich denke, dass es richtig ist. Ich muss es vor anderen begründen können, und ich muss bereit sein, mich ggf. korrigieren zu lassen. Dialog als soziale Veranstaltung hat also als solcher schon eine ethische Dimension: Durch den Dialog, auf den ich mich ein-

[11] Gadamer: *Platon*, 74.

lasse, verpflichte ich mich zu Gründen, zum Antworten und gegebenenfalls zur Selbstkorrektur und Kritik. Er bietet mir aber ebenso auch die Möglichkeit, meinen Nächsten zu überzeugen. Und genau dies ist das Ziel des platonischen Sokrates. Dieses Ziel erreicht er aber nicht mit Druckmitteln, durch Ausübung von Macht, sondern allein durch beharrliches Fragen, mit dem eigentümlich zwanglosen Zwang der rationalen Argumentation. Status, Macht, Biografie, Einfluss spielen – auch das ein Ergebnis der Dialoge – keine Rolle, wenn z. B. der erfolgreiche und schlachtenerprobte General zugeben muss, dass er eigentlich nicht weiß, was Tapferkeit ist. Dialoge depotenzieren und lassen allein den Logos gelten.

d) Durch Dialog Tugend ausbilden

15 

„Wenn du es nun so machst, werden diejenigen, die sich mit dir unterhalten, sich selbst die Schuld beimessen an ihrer Verwirrung und Ungewißheit, nicht aber dir, und werden dir nachgeben und dich lieben, sich selbst aber hassen, und von sich entfliehen in die Philosophie, damit sie andere werden und nicht länger die bleiben, die sie vorher waren." (*Sophistes*, 168a)

Ethik und Erkenntnistheorie gehören aber noch in einer weiteren Weise aufs Engste zusammen. Philosophische Dialoge zielen darauf ab, dass Menschen umkehren und andere Menschen werden. Sokrates ist zutiefst davon überzeugt, dass Wissen und Tugend zusammengehören. Philosophische Einsicht führt zu einem guten, glücklichen, gelingenden Leben. Der Mensch braucht das Wissen des Guten, Wahren, Richtigen und Schönen, um richtig denken, handeln und leben zu können. Denn das Wissen führt zur Tugend. Tugend gewinne ich durch das Wissen des Guten. Zum Wissen des Guten, das mich dann zu tugendhaftem Handeln leitet, komme ich nur durch die vorhergehende Destruktion des Schein-Wissens. Exakt das ist der Weg der sokratischen Dialoge: Sie zerstören

1. zunächst das Scheinwissen, das dem Wissen im Wege steht, und führen dann
2. im Gang des Gesprächs zum Herausbilden einer Anschauung des Guten und Richtigen, dessen der Gesprächspartner ansichtig wird.

Das in der europäischen Aufklärung begegnende und bis heute weiter wirkende Konzept von Pädagogik, Menschenführung, ist hier grundgelegt. Menschen sollen sich nicht unter Zwang oder Druck verändern – das wäre unethisch –, sondern dies selbstbestimmt, durch Bildung und Wissen tun. Zunächst gilt es, das Scheinwissen zu zerschlagen, das sie mental gefangen hält und behindert. Indem sie individuell und allein aufgrund persönlicher Überzeugung das Richtige erkennen und Wissen des Wahren gewinnen, werden sie des Richtigen ansichtig und dieses auch tun. Die Aufklärung hat sie erleuchtet. Wissen und Bildung machen sie zu anderen, besseren Menschen.

e) Dialoge als verflüssigte Schrift

Das Bildungsziel, das Platon mit den Dialogen verfolgt, macht deutlich, warum er keine abgeschlossenen „Schriften" hinterlassen hat und warum er stattdessen Dialoge veröffentlicht. Gerade das systematisch ausgearbeitete Werk hat ja erhebliche kommunikative Nachteile. Es hat keinen konkreten Adressaten. Es ist ja dekontextualisiert; es wendet sich an alle und niemanden. Es taugt allenfalls als „Erinnerung“ für die, die einmal einen Bildungsvorgang im Dialog erlebt haben. Es kann aber nicht sprechen. Die Schrift redet nicht und antwortet nicht. Sie kann sich auch nicht verteidigen. Sie kann nicht erklären, was eigentlich gemeint ist. All das kann nur der Dialog, das lebendige Gespräch. Im Gegensatz zur Schrift hat das Gespräch einen konkreten Adressaten, geht auf den Punkt, wendet sich individuell zu und verpflichtet das Gegenüber. Es führt vielleicht nicht sofort zu Deutlichkeit. Aber als Dialog kann es nachschärfen und durch Rede und Gegenrede zu Gewissheiten führen. Die schriftliche, abgesicherte und abgerundete Fixierung des Wissens ist darum philosophisch ungeeignet, wenn es darum geht, Menschen zu erreichen, zu bilden und sie durch Herausarbeiten des Richtigen, Guten und Schönen der Wahrheit ansichtig werden zu lassen.

Es ist ein – später von moderner und postmoderner Philosophie so bezeichneter – logozentrischer[12] Trug, wenn ein Lehrer meint, er könne sein Wissen in schriftlicher Form weitergeben und hinterlassen. Worte sind missdeutbar. Haben sie sich durch ihre Verschriftlichung einmal von der Ursprungssituation, dem dialogischen Du/Ihr gelöst, kann man sie nicht mehr „schützen“. Sie sind durch ihre schriftliche Fixierung bereits aus dem ursprünglichen Zusammenhang gerissen und sie werden dadurch anfällig dafür, dass genau dies in ihrer weiteren Rezeption geradezu notwendig passiert. Umgekehrt formuliert: Rechte philosophische Lehre ist nur im Dialog, im direkten Gegenüber möglich. Allein die Dialogsituation bietet die Möglichkeit der konkreten Adressierung, der Klärung, der Bildung des Gegenübers. Wer philosophiert, tut es nicht für sich, sondern in Gemeinschaft und für die Gemeinschaft; wer philosophiert, kann es also nur im Dialog tun. Auch hier zeigt sich wieder, dass der Dialog für Platon die eigentliche und allein angemessene Weise ist zu philosophieren. Im Gegensatz zur Schrift steht die Rede, die um so viel „besser und kräftiger als jene [...] gedeiht“. Sie wird „mit Einsicht geschrieben [...] in des Lernenden Seele“ (Phaidros 276 a).

Buchstaben erwecken den Eindruck, Wissen besitzen, es „haben“ zu können. Sie suggerieren, echtes Wissen sei konservierbar. Sie fördern, mit Platon gesprochen, allenfalls „Erinnern“, nicht aber innerliche und unmittelbare „Erinnerung“. Diese entsteht nur aus und im Lehrgespräch. Die Verschriftlichung durch objektive, „fremde“ Zeichen wirkt also sogar kontraproduktiv. Sie macht nicht weise, sondern „dünkelweise“.

Die Pointe dieser Einsicht ist natürlich, dass auch die Dialoge schriftlich hinterlassen sind. Mit dieser kritischen Reflexion zur Schriftform des Wissens macht Platon deutlich, dass auch diese schriftlichen Dialoge nur ein schlechter Ersatz für das wirkliche Gespräch sind. Er bestimmt damit ihre bloß begrenzte Leistungsfähigkeit. Sie können durch ihre imitierte und inszenierte Gesprächsform zwar in eine Gedankenbewegung hineinnehmen, aber doch das lebendige Gespräch im Gegenüber und die Bildung des Lernenden nicht ersetzen. Sie dienen allenfalls „demjenigen zur Erinnerung, der schon das weiß, worüber

---

12 Logozentrisch meint im Kern: Die Sache selbst, das Wesen einer Sache ist in der Sprache durch den richtigen Begriff, durch den *logos* zu greifen und dann eben auch im Begriffs-Container zu transportieren.

sie geschrieben sind“ (Phaidros 275 d-e). Sie können so anregen, sich einen Lehrer zu suchen, der durch Wissen zu Bildung und Ausbildung von Tugend führt.

16 

„Wer also eine Kunst in Schriften hinterläßt, und auch, wer sie aufnimmt, in der Meinung, daß etwas Deutliches und Sicheres durch die Buchstaben kommen könne, der ist einfältig genug und weiß in Wahrheit nichts [...], wenn er glaubt, geschriebene Reden wären noch sonst etwas als nur demjenigen zur Erinnerung, der schon das weiß, worüber sie geschrieben sind. [...] Denn dieses Schlimme hat doch die Schrift, Phaidros, und ist darin ganz eigentlich der Malerei ähnlich; denn auch diese stellt ihre Ausgeburten hin als lebend, wenn man sie aber etwas fragt, so schweigen sie gar ehrwürdig still. Ebenso auch die Schriften: Du könntest glauben, sie sprächen, als verständen sie etwas, fragst du sie aber lernbegierig über das Gesagte, so bezeichnen sie doch stets ein und dasselbe. Ist sie aber einmal geschrieben, so schweift auch überall jede Rede gleichermaßen unter denen umher, die sie verstehen, und unter denen, für die sie nicht gehört, und versteht nicht, zu wem sie reden soll und zu wem nicht. Und wird sie beleidigt oder unverdienterweise beschimpft, so bedarf sie immer ihres Vaters Hilfe; denn selbst ist sie weder sich zu schützen noch zu helfen imstande.“ (*Phaidros,* 175c-e)

„Diese Erfindung [der Buchstaben] wird den Seelen der Lernenden vielmehr Vergessenheit einflößen aus Vernachlässigung der Erinnerung, weil sie im Vertrauen auf die Schrift sich nur von außen vermittels fremder Zeichen, nicht aber innerlich sich selbst und unmittelbar erinnern werden. Nicht also für die Erinnerung, sondern nur für das Erinnern hast du ein Mittel erfunden, und von der Weisheit bringst du deinen Lehrlingen nur den Schein bei, nicht die Sache selbst. Denn indem sie nun vieles gehört haben ohne Unterricht [im Gegenüber des Gespräches], werden sie sich auch vielwissend zu sein dünken, obwohl sie größtenteils unwissend sind, und schwer zu behandeln, nachdem sie dünkelweise geworden sind statt weise.“ (*Phaidros*, 275a)

f) Dialoge als Hebammenkunst

Die Methode des Dialogs verklammert aber nicht nur Erkenntnistheorie und Ethik, Theorie und Praxis, Wissen und Tugend. Sie verklammert auch Erkenntnistheorie, Metaphysik und Ontologie, üblicherweise und sehr missverständlich als „Ideenlehre“ bezeichnet. Während „Idee“ aber gerade das Subjektiv-Individuelle, Geistig-Flüchtige assoziieren lässt, geht es in der Ideenlehre Platons um das, was die eigentliche Wirklichkeit ist, die aller unserer Realität zugrunde liegt.

Durch die Dialoge stoßen wir auf das Eigentliche, auf das, was unsere Wirklichkeit eigentlich ausmacht. Wir bedürfen dafür freilich der Anleitung und Hilfe, damit das Wissen in unsere Welt, in unseren Kopf kommen kann. Sokrates’ Mutter war Hebamme. So ist es nicht ganz unwahrscheinlich, dass nicht nur der platonische, sondern auch der historische Sokrates sich des Bildes der Hebammenkunst, griechisch: Mäeutik, bedient hat, um zu beschreiben, worum es im Geschehen des Dialogs geht. Mithilfe der Hebammenkunst kommt etwas zur Welt, was vorher – woanders – schon da war. Auch Wissen kommt zur Welt, kommt in diese Welt. Auch das Wissen ist vorher schon da. Auch das Wissen braucht Geburtshelfer, damit es das Licht der Welt erblickt. Die Gebärende muss zwar letzten Endes die Geburt selbst leisten, aber sie bekommt durch die Reflexionen der Elenktik eine mäeutische Hilfe.

Erkenntnis gewinnt nicht, wer einem Lehrer folgt und dessen Einsichten schlicht wiederholt. Echte Erkenntnis ist selbst erworben, ist eigener, selbstständig erworbener Besitz. Hier wird das sokratisch-platonische Ethos ein weiteres Mal deutlich. Philosophie treiben bedeutet nicht überreden oder überredet werden. Sie soll zum Selbst-Wissen führen, modern gesprochen: zur Autonomie – Selbstbestimmung durch Selbst-Denken. Es gibt freilich einen entscheidenden Unterschied zum modernen Autonomie-Konzept. Das Ergebnis eines solchen Selbst-Denkens ist nicht offen und beliebig. Das Wesen einer Sache, das Sein, steht ja fest. Es liegt uns *vor*. Es gibt dafür eine angemessene Anschauung und Begrifflichkeit. Platonisch ist wichtig, dass wir sie – selbst – finden. Modern gesprochen: Wir sollen nicht einfach kopieren, nachplappern, sondern kapieren, freilich nicht als freie Bildung, die schon deshalb Bedeutung hat, weil „ich" sie gebildet habe, sondern als Nachvollzug dessen, was mir vorgegeben ist.

Philosophie als Hebammenkunst, als Mäeutik bedeutet: Erkenntnis ist der durch Geburtswehen hindurchgehende Durchbruch zur Einsicht. Mit einem Mal ist etwas klar, was vorher so nicht klar war, d. h. in den Gedanken nicht „da" war. Wenn diese Einsicht nicht beliebig ist, wenn sie nicht auf freiem, gewolltem, individuellem Fantasieren beruht, woher kommt sie aber dann? Platon behauptet: Sie hat gerade deshalb ihre bindende Kraft, weil sie klar ist und weil ich – vom Scheinwissen befreit – die Sache an sich erkenne und begreife und in einen geordneten Gesamtzusammenhang stellen kann.

g) Erkenntnis als Wiedererinnerung und die Unsterblichkeit der Seele

Wissen, Erkenntnis, ist also nicht konstruiert, sondern rekonstruiert; nicht individuell hervorgebracht, sondern entdeckt; nicht erfunden, sondern gefunden. Wissen ist vorgegeben. Die Mäeutik hilft, es zu erinnern. Mithilfe der Hebammenkunst des Lehrers erinnert sich der Lernende an sein vorgeburtlich schon gegebenes, vorhandenes, nur verschüttetes Wissen. Erkenntnis ist Wiedererinnerung, griechisch Anamnesis. Es ist hierbei die Seele, die sich im dialogischen Klärungsprozess erinnert. Die Anamnesis-Lehre Platons ist eng verbunden mit seiner Seelen-Lehre. Erkenntnis als Wiedererinnerung ist möglich, weil es die schon vorgeburtlich existierende Seele ist, die in diesen meinen Leib eingeht. Die durch die Anamnesis gelingende Erkenntnis wird zum Beleg, ja zum Beweis der Unsterblichkeit der Seele. Die Hebammenkunst schafft nicht Kinder, sie hilft ihnen nur zur Welt. Woher gewinnen Kinder und Ungelehrte ihr Wissen, das sie unter der Assistenz von Sokrates entdecken, ohne dass er es ihnen vorgesagt hat? Wenn sie es nicht erworben oder gelernt haben, muss es ja immer schon in ihnen gewesen sein. Wenn ein Mensch seine Einsichten „aber in diesem Leben nicht erlangt hat und daher nicht wußte: so hat er sie ja offenbar in einer anderen Zeit gehabt und gelernt" (Menon, 86a; vgl. 85 c-e).

Wir bringen also als Menschen immer schon ein Wissen vom Wahren, Guten, Richtigen, Schönen mit. In uns verborgen gibt es eine Anschauung vom Eigentlichen, von dem, was die Dinge eigentlich, ihrem Wesen nach, sind. Dieses Wissen ist „da", es muss nur freigelegt werden. Hier zeigt sich noch einmal der fundamentale Unterschied zur Sophistik und Skepsis. Der Erkenntnisprozess ist in seinem Ergebnis weder offen („Können wir überhaupt etwas wissen?") noch ist er beliebig („im Prinzip kann man doch alles behaupten und begründen"). Platon hat als Sokrates' Schüler gelernt, dass das nicht stimmt. Sehend, wissend geworden muss ihm das Tun der Sophisten als Frevel und Perversion erscheinen und die Haltung der Skepsis als unendliches Zurückbleiben hinter dem, was dem Menschen möglich ist. Mit seinen Dialogen setzt Platon dem Sokrates nicht nur das ihm gebührende Denkmal. Er weist auf den eigenen Geburtshelfer, er führt aber dessen Hebammenkunst in der Akademie als etablierte philosophische Arbeit weiter und gibt ihr einen institutionellen Rahmen. Er schafft es so, „das Wirken des Sokrates auf diese [...] Weise noch nach seiner Hinrichtung am Leben zu erhalten"[13].

4. Philosophieren als Aufleuchten-Lassen der Wahrheit

17 

Platon zum „Wesen der Dinge": „Von mir [...] gibt es keine Schrift über diese Gegenstände, noch dürfte eine erscheinen; lässt es sich doch in keiner Weise, wie andere Kenntnisse in Worte fassen" (7. Brief, 341c, nach der Übersetzung von Gadamer).

„Deshalb wird jeder ernst zu nehmende Mann über ernst zu nehmende Dinge ganz bestimmt niemals etwas schreiben und es so den Leuten zu ihrer Rechthaberei und Verwirrung preisgeben. [...] Wenn aber wirklich von jemandem dies eigentlich Ernste schriftlich niedergelegt wurde, ‚dann haben ihm darauf' – diesmal nicht Götter sondern Sterbliche – ‚den Sinn verwirrt'" (344c).

Im sog. siebten Brief Platons, der allgemein für echt gehalten wird, findet man eine lehrhafte Passage, die er offenbar zum „wiederholten Male" (7. Brief, 342a) vorgetragen hat. Er sieht sich veranlasst, hier ein Kernstück seiner Philosophie als „Lehre" schriftlich wiederzugeben, weil andere sich erdreistet haben, diese zu formulieren, obwohl sie „nichts von der Sache verstehen", um die es geht (341c). Spannend ist dieser schriftlich vorliegende Traktat schon deshalb, weil man ja fragen muss: Unterliegt nicht auch dieses lehrhafte, schriftlich fixierte Stück platonischer Philosophie Platons eigenem Verdikt über alles Schriftliche? Wie geht Platon mit diesem – scheinbaren – Widerspruch um?

Ausgangspunkt ist auch für Platon die prekäre erkenntnistheoretische Situation. Auch er weiß, wie einfach und gängig es ist, Positionen „zu zerpflücken und zu widerlegen" (343d). Platon schildert die verschiedenen Umstände, die Sophistik und Skepsis fördern und erst möglich machen: Es „gibt [...] Vieles" – verwirrend ist schon die Pluralität der verschiedenen Positionen, aber auch die Tatsache, dass sich Dinge und Erkenntnisse verändern. Wir treffen nicht auf das Sein, sondern – wie Platon anschaulich sagt – auf das „Bald-so-bald-so-Sein". Die Seele sucht zwar nicht das

[13] Szaif: *Platon*, 138.

„Bald-so-bald-so-Sein, sondern das ‚Was-Sein' selbst zu wissen", doch trägt unsere scheinbare Erkenntnis „das Nichtgesuchte der Seele an", liefert ihr also verwirrende Surrogate und „macht auf diese Weise durch Argumente oder Vorzeigung von Wirklichem jedes Gesagte und Gezeigte immer leicht widerlegbar und erfüllt sozusagen jedermann mit lauter Verlegenheit und Verwirrung." Hinzu kommt, neben der Vielfalt der Erkenntnisansprüche und der Wandelbarkeit der Verhältnisse in der vorfindlichen Wirklichkeit noch ein drittes, sprachphilosophisches Argument: Alles, was wir denken und wahrnehmen, ist „ungenau". Auch hier artikuliert Platon „die Schwachheit aller Rede" und „Ohnmacht der Sprache", gemeint ist die Unfähigkeit von Sprache, die Dinge durch Bezeichnung zu treffen, weshalb es „kein Verständiger [...] wagen" wird, „in ihr seine Gedanken niederzulegen und noch dazu in unwandelbarer Weise, was bei dem schriftlich Abgefassten der Fall ist." (343a) Wir fixieren so noch unsere Ungenauigkeiten auf Dauer.

In dieser schwierigen erkenntnistheoretischen Situation weist Platon einen Weg, indem er sprachphilosophisch argumentiert. Er differenziert und unterscheidet im Ganzen fünf verschiedene Dinge: „Das eine von ihnen ist der Name, das zweite der Begriff, das dritte das Abbild, das vierte die Erkenntnis" (342a). Am Beispiel des Kreises:

1. Der Name ist „Kreis".
2. Die aus Namen und Zeitworten zusammengesetzte Begriffserklärung ist „das von den äußersten Punkten allerwärts zur Mitte gleich weit Abstehende".
3. Das Bild oder Abbild ist „das Gezeichnete und wieder Auswischbare, das Gedrechselte und wieder Zerstörbare"; also das, was wir empirisch als Kreis vorfinden bzw. schaffen;
4. Von all diesem ist „Erkenntnis und Einsicht und wahre Meinung" zu unterscheiden. Sie hat allein in den Seelen „ihr Sein", ist nicht empirisch gegeben.

Platons vernichtendes Urteil lautet aber zunächst: „Zahllose Gründe ließen sich dafür häufen, daß jedes der vier [zu unterscheidenden Formen von Erkenntnis] ungenau ist." Kein *Name* liegt ja „für irgendetwas an sich fest"; dasselbe gilt für die Begriffserklärung. Auch für Namen und Zeitwörter, aus denen sie besteht, gilt ja, „daß nichts eindeutig festliegt". Beleg dafür ist schon die Tatsache, dass Menschen sehr unterschiedliche Begriffe von etwas haben. Zur Ruhe kommt die Erkenntnis auch nicht im Empirischen: „Jeder der in Wirklichkeit gezeichneten [...] Kreise ist voll vom Gegenteil" dessen, was der Kreis ist. Jede empirisch zu findende Realisation des Kreises weist ja Mängel auf („allerwärts streift er ja ans Geradlinige"), zeigt also gerade, dass wir es nicht mit *dem* Kreis zu tun haben. Schließlich (4.) unterliegt ja auch gerade die in den Seelen, also mental zu findende Einsicht einem „Bald-so-bald-so-Sein" – wegen der „Ohnmacht der Sprache", die es nicht erlaubt, eine Sache präzise, klar und ein für alle Mal ihrem Wesen nach zu fassen.

Genau diese schwierige, scheinbar ausweglose Ausgangsposition wird für Platon aber nun zur Basis im doppelten Sinne: zum Ausgangspunkt und zum Fundament einer nicht mehr beliebigen Erkenntnis. Die genannten vier Versuche zu erkennen sind zwar nicht in sich befriedigend, aber dass wir sie überhaupt unterscheiden können, ergibt Sinn. Es setzt ja voraus, dass es etwas gibt, auf das sie sich miteinander beziehen, was darum mit ihnen nicht identisch ist, sondern außerhalb von ihnen liegt. Die erkenntnistheoretische Reflexion muss „diese vier“ Elemente „in den Griff bekommen“, um zur wesentlichen Erkenntnis durchzudringen. Die ganze Analyse hat zum Ziel zu zeigen: „Sein und Bald-so-bald-so-Sein *ist zweierlei*.“ Es gibt da eben neben unserer Unklarheit und Ungewissheit etwas, in dessen Licht sich diese eben erst benennen und zeigen lassen. „Daß nichts in genügend bestimmter Weise bestimmt sei“, lässt sich eben nur sagen, wenn es etwas gibt, an dem man das misst. Es ist nicht das Bald-so-bald-so-Sein, sondern das Was-Sein selbst, das die Seele zu finden sucht. Hier ist Platon nun beim Eigentlichen, dem Fünften angelangt.

Die Wahrheit über das Sein an sich erkennt freilich nur, wer die vier genannten Ebenen verlässt und durch Erkenntnis an dieser eigentlichen Wirklichkeit „teilhaftig“ wird. Dazu bedarf es bestimmter existenzieller Voraussetzungen. Man muss eben bereit sein, die Ebene des Scheinwissens, der Vielheit, des Bald-so-bald-so-Seins zu verlassen; man darf sich eben nicht mit ihr zufriedengeben. Dann „vermag verweilendes Durchgehen aller dieser vier, das hinauf und hinab bald zu diesem, bald zu jenem sich wendet, am Ende doch in den recht Gearteten Wissen vom Rechtgearteten zu erzeugen.“ Nur die tugendhafte, „recht geartete“ Seele bleibt nicht bei der Vielfalt und Ungenauigkeit stehen und lässt sich auf andauernde Suche hinter dem Vordergründigen ein. Sie steht aber unter der philosophischen Verheißung, auf das Eigentliche zu stoßen.[14] Umgekehrt gilt: „Wer nicht mit der Sache aus seinem eigenen Wesen heraus verwandt ist, den wird keine Lernbegabung noch auch Gedächtnis je ihr wesensverwandt machen können.“ Erneut zeigt sich der Zusammenhang von Ethik und Erkenntnistheorie, Streben nach Gutem und Erkenntnis des Guten, die sich gegenseitig bedingen: „Alle, die dem Rechten und allem Schönen nicht schon von Natur nahe und wesensverwandt sind, mögen sie sonst auch noch so vieles aufzufassen und zugleich zu behalten wissen“, werden „niemals das wahre Wesen von Recht und Schlecht […] verstehen.“

Philosophische Erkenntnis kann man also nicht machen. Es bleibt dabei: Sie lässt sich „in keiner Weise, wie andere Erkenntnisse, in Worte fassen“, sondern sie geschieht, „vermöge der langen Beschäftigung mit dem Gegenstande und dem Sichhineinleben, wie ein durch einen abspringenden Feuerfunken plötzlich entzündetes Licht in der Seele“. Erkenntnis des Wahren, Eigentlichen, Wesenhaften ist nicht machbare Erleuchtung, ist Geschenk, das dem widerfährt, der sich dank seiner tugendhaften Gesinnung nicht vom Agnostizismus blenden lässt, sondern anhaltend sucht und schließlich finden darf und so in seiner Seele Anteil bekommt am eigentlichen Sein.

Die zur Erkenntnis und Teilhabe befähigende Läuterung der Erkenntnis geschieht im Dialog, in dem Menschen genau durch „verweilendes Durchgehen“ zum Verstehen, zur Einsicht, zum Gewahrwerden des Wahren, Schönen, Guten, Richtigen finden.

„Denn nimmer wird, wer nicht von den Gegenständen irgendwie jenes Vierfache erfaßt, einer vollständigen Erkenntnis des fünften teilhaftig werden.“ Das Fünfte, das ist

---

[14] „Wer immer strebend sich bemüht, den können wir erlösen.“ – Diese Schlüsselaussage aus Goethes Faust II (11936 f.) hat hier ihren Urgrund.

nun die Pointe der sogenannten Ideenlehre, ist die eigentliche Wirklichkeit. Sie ist nicht materieller, sondern ideeller, nicht diesseitiger, sondern jenseitiger Natur, nicht durch Wissen und Tradition zugänglich, sondern nur durch ringende Reflexion und geschenktes Aufleuchten der Wahrheit.

5. „Politeia" – das Konzept eines guten und gerechten Gemeinwesens durch Philosophenherrschaft

Der Einzelne ist Teil eines Gemeinwesens. Menschsein realisiert sich in Gemeinschaft, zu der auch eine staatliche Ordnung gehört. Es ist nur folgerichtig, dass sich Platon auch Gedanken über die Polis – die Stadt, angemessener übersetzt: das Gemeinwesen – macht. Wie sieht ein Gemeinwesen aus, das das Gute realisiert? In dem mit Abstand umfangreichsten Dialog *Politeia* gibt Platon eine wieder didaktisch und pädagogisch aufbereitete, zu einem bestimmten Ziel führende Antwort. Diese ist nicht erst für heute provokativ: Nicht die Demokratie, die Herrschaft des Volkes, ist die beste Ordnung. Platon hatte mitbekommen, wie sie Sokrates nicht ausgehalten, sondern zum Tode verurteilt hatte; auch nicht die Oligarchie, also die Herrschaft der Wenigen, deren Versagen er ebenfalls erlebt hatte, noch die Herrschaft des Einen, der Tyrannis, die er mehrfach in Sizilien studiert hatte. Allein die Philosophenherrschaft ist es, die eine gerechte Ordnung herstellen und gewährleisten kann, auch wenn diese wie alles in der Welt vergänglich ist.

Ein guter Staat wird nach Gerechtigkeit streben. Gerechtigkeit ist die Tugend, die darin besteht, dass jeder „das Seinige tut" (433 a-b). Platon rekonstruiert aus dem Wesen und den Bedürfnissen des Zusammenlebens von Menschen heraus, welche Funktionen und Aufgaben eine Polis braucht, um zu leben. Das Ergebnis sind drei Stände: die Arbeitenden, die Wächter und die Herrscher, popularisiert und inzwischen sprichwörtlich: der Nährstand, der Wehrstand und der Lehrstand. Der Ordnung des Gemeinwesens entspricht die Ordnung im einzelnen Menschen. Beides ist parallel aufgebaut. Die Seele des Menschen hat ebenfalls drei Teile: einen vernünftigen, einen mutigen und einen begehrenden Teil.

Polis: Klasse	Nährstand/Arbeitende	Wehrstand/Soldaten	Lehrstand/Philosophen/ Herrscher
Mensch: Seelenteil	begehrend (triebhaft)	mutvoll	vernünftig

Politologie entspricht Anthropologie, beide bilden die Ordnung des Gesamtkosmos ab. Gerecht sind sowohl die Seele wie die Gesellschaft, wenn sie ihren Aufgaben nachkommen und die Rollen wahrnehmen, die ihnen nach der Gesamtordnung zukommt.

Ordnung und Ethik, Wissen und Wohlbefinden (Eudämonie) hängen aufs Engste zusammen und bedingen einander. Ich muss wissen, wie die Ordnung des Kosmos, der Polis, im Menschen aussieht, dann kann ich mich nach ihr richten und ihr „gerecht" werden. Wenn ich das tue, gelingt das Leben. Was gegen die Ordnung der Dinge verstößt, ist dagegen verwirrt und macht im Ergebnis krank: sowohl das Gemeinwesen wie auch den, der die Ordnung stört. Wissen, Weisheit, Auf-Klärung hilft.

18  „Wenn nicht entweder die Philosophen Könige werden in den Staaten oder die jetzt sogenannten Könige und Gewalthaber wahrhaft und gründlich philosophieren und also dieses beides zusammenfällt, die Staatsgewalt und die Philosophie, [...] eher gibt es keine Erholung von dem Übel für die Staaten [...] und ich denke auch nicht für das menschliche Geschlecht, noch kann jemals zuvor diese Staatsverfassung nach Möglichkeit gedeihen und das Licht der Sonne stehen, die wir jetzt beschrieben haben." (473 d)

Woher aber weiß ich, was die Ordnung der Dinge ist? Gibt es da nicht sehr unterschiedliche Vorstellungen? Platon referiert sie und nimmt sie im Dialog auseinander. Er zeigt auf, was nötig ist: die kritische Prüfung und Analyse, Klärung, die nur Philosophen leisten können. In der Politeia findet sich das berühmte Höhlengleichnis, mit dem Platon die Unverzichtbarkeit und Zentralstellung philosophischer Analyse und Führung anschaulich begründet. Das Höhlengleichnis (514a-519d) zeichnet ein drastisches Bild der Situation des Menschen. Von Geburt an sitzt er gefesselt in einer Höhle, mit dem Rücken zum Ausgang, den er nicht sehen kann. Vor dem Ausgang lodert ein Feuer. Vor ihm befindet sich eine Mauer. An dieser werden Gegenstände vorbeigetragen. Diese sind nicht als solche sichtbar. Die Menschen sehen nur die Schatten, die das Feuer auf der Höhlenwand bildet; sie alleine können sie sehen. Das ist die existenzielle und darum auch ethische Situation des Menschen: von Geburt an gefangen, gefesselt, unfähig zur wahren Erkenntnis, ja noch mehr: verwirrt und irregeführt, hält der Mensch die Schatten für das Reale. So verrückt ist er, dass er glaubt, die Schatten seien das Wirkliche, wo sie doch nur Schatten des Wirklichen sind. Wir schauen, so Platon, in unserer empirischen Wahrnehmung nur auf die Schatten der eigentlichen Wirklichkeit; wir nehmen nur Abbilder des Eigentlichen wahr. Wir sind genau darin irregeleitet und verwirrt, dass wir beides miteinander verwechseln, uns etwa auf das Vergängliche fixieren und fokussieren oder es gar nicht mehr für möglich halten, dass es diese eigentliche Wirklichkeit gibt.

Von Hause aus sind die Menschen also gar nicht in der Lage, das Licht und die Realität zu sehen. Es braucht einen langwierigen Prozess der Gewöhnung. Denn das Licht ist grell. Es tut sogar weh. Wenn Menschen aber endlich in der Lage sind, das Licht zu sehen, sind sie unendlich glücklich und wollen es nicht mehr missen. Die endlich Sehenden, durch philosophische Dialektik (verstanden hier als Weg der dialogischen Argumentation) erleuchtet, wollen nun nie wieder zurück in die Höhle. Sie müssen aber. Denn das genau ist die Aufgabe der Erleuchteten, der Philosophen, die in der Höhle lebenden Menschen von ihrer Gefangenschaft, Blindheit und Beschränktheit zu befreien. Diese Aufgabe begründet den Führungsanspruch der Philosophen im Gemeinwesen.

Im Dialog Politeia bindet Platon in genialer Weise Erkenntnistheorie und Ethik zusammen, präziser noch: Er lässt sie als Einheit begreifen, indem er die Ordnung (den Logos) im Universum, im Gemeinwesen und im Einzelwesen zum Schlüssel für ein gerechtes und darum gutes Leben macht. Das gerechte Leben, in dem jeder tut, was Seines ist, wird erst möglich unter der Leitung der analytisch und dialektisch verfahrenden philosophischen Seelen und Gemeinwesenführung. Erst das mühsam gegen die Widerstände des Nicht-Wissens erarbeitete Gewahrwerden des Wahren befreit zu einem gelingenden Leben.

III. Wirkung

1. Abendländische Philosophie als Anmerkungen zu Platon

Nach einem viel zitierten Wort von Alfred North Whitehead[15] besteht die gesamte abendländische Philosophiegeschichte im Wesentlichen aus nichts anderem als Anmerkungen zu Platon. Wenn man die Anmerkungen sowohl als positive Aufnahme als auch als Weiterführung und als kritische Diskussion versteht, ist diese Aussage kaum übertrieben. Bei Platon finden wir philosophische Konzepte, die bis heute immer neu Ausgangspunkt erkenntnistheoretischer und ethischer Debatten sind. Selbst wenn man ihm nicht folgt, kommt man an der Auseinandersetzung mit seinen Lösungen nicht vorbei. Freilich ist es hier wichtig zu differenzieren. Wenn wir im Folgenden von Platon und seinen „Wirkungen" sprechen und uns mit seinen Konzepten auseinandersetzen, ist immer im Bewusstsein zu halten: Was wir unter „Platon" oder – schon differenzierter – „Platonismus" verstehen, ist *unser* Begriff von Platon. Ob wir damit den „Original-Platon" treffen, ist eine andere Frage. Eine weitere, erst später zu erläuternde Frage wäre, inwiefern es sinnvoll oder überhaupt möglich ist, den *Platon an sich* zu fassen und ihn von seinen späteren Interpretationen zu trennen. Es geht um Bilder, die sich in der philosophischen Tradition festgesetzt haben und die teilweise bis heute völlig unhinterfragt gelten. Wenn wir den ursprünglichen Platon von diesem späteren Bild unterscheiden, sollten wir die teilweise massive Platon-Kritik, die ihn für erledigt oder überholt hält, mit Vorsicht betrachten.[16]

Ohne Anspruch auf Vollständigkeit sind es vor allem drei Bereiche, in denen Platon nachwirkt, sowohl durch seine Thesen wie durch die Debatten, die er ausgelöst hat und durch die Themen, die er für die abendländische Geistesgeschichte gesetzt hat:

1. Sein etwas missverständlich „Idealismus" genanntes Konzept behält Ausstrahlungskraft und meint Idealismus in einem ontologischen, also seinsmäßigen, und einem ethischen Sinne. Ist die Wirklichkeit nicht durch intellektuell zu erfassende Strukturen bestimmt, die wir nicht erfinden, sondern entdecken? Wenn sich alles, was wir an Erfahrungen machen, nach ihnen richtet, sind dann diese „Ideen" nicht die eigentliche, unvergängliche, alles Empirische überdauernde, ihm offenbar zugrunde liegende

[15] Alfred North Whitehead: *Process and Reality. An Essay in Cosmology*, New/ York/ London 1929, 63.

[16] Genau diese Unterscheidung zwischen Platon und einem tradierten Maninstream-Verständnis macht Arbogast Schmitt zum Ausgangspunkt und Gegenstand seiner These, dass Platon – wie eine moderne, kritische Philosophie unterstellt – mitnichten erledigt ist, weil diese ihn gar nicht trifft (ders.: *Die Moderne und Platon*, Stuttgart 2., überarb. Aufl. 2008).

Wirklichkeit? Wenn es diese Wirklichkeit gibt, ist sie dann nicht auch das, was erstrebenswert ist? Bis in die darstellende Kunst und die Musik mit ihren Harmonien und ihren ästhetischen Einsichten hinein finden wir das Konzept, dass die Erkenntnis, die nicht beim Vordergründigen und Eiligen stehen bleibt, sondern nach dem Wesen fragt, uns verändert, bildet und besser macht. Erkenntnis und Ethik, Bildung und Pädagogik konvergieren.[17]

2. Faszination übt nach wie vor die intuitive Vorstellung aus, dass das Gute, das Gerechte und das Schöne letztlich eins sind. Die Brücke zur Religion liegt nur allzu nahe und wird dann in der Spätantike, vor allem bei Plotin (205–270 n. Chr.), auch geschlagen. Was außer einer Aversion gegen konfessionelle Religion könnte daran hindern, dieses Höchste als Gott zu bezeichnen, zu suchen und anzubeten?
3. Von der Bestattungskultur bis zu den Neurowissenschaften ist die platonische Überzeugung von der Seele mindestens eine Herausforderung. Gibt es nicht doch einen immateriellen, dem Werden und Vergehen nicht unterworfenen Wesenskern des Menschen? Die ungeheuer komplexe Geschichte des Leib-Seele-Problems lässt sich nicht denken ohne die Probleme, vor die dieses Konzept stellt. Wie lässt sich die Verbindung von Seele und Körper vorstellen? Wo ist ihre Schnittstelle? Kann überhaupt etwas „rein Geistiges“ mit etwas Körperlichem interagieren? Noch René Descartes lokalisierte die Seele im Anhang der im Gehirn befindlichen Zirbeldüse. Er ließ ziemlich unmenschliche Experimente an zum Tode Verurteilten anstellen, um herauszubekommen, wie viel Gewicht bzw. Volumen eine Seele wohl hätte.[18]

Schon der zweite Höhepunkt antiker griechischer Philosophie ist ja nur zu verstehen vor dem Hintergrund platonischen Denkens. Aristoteles entwickelt seine Philosophie in expliziter Auseinandersetzung mit dem großen Meister, dem er in nahezu allen wichtigen Fragen widerspricht.[19] Das betrifft sowohl (und vor allem) die Auffassung, die eigentliche Wirklichkeit liege jenseits der empirisch fassbaren Realität, als auch die Vorstellung von der Seele als vom Körper unabhängige Entität sowie die platonische Konzeption der Ethik als Streben nach dem Guten. Aristoteles schränkt hier ein: Zwar strebt jeder nach Gutem, seinem Guten, aber deshalb noch nicht nach dem Guten an sich.[20] Welchen Einfluss platonisches Gedankengut bis ins Mittelalter hat, wird deutlich, wenn man sich die verschiedenen Strömungen vergegenwärtigt, die unter dem Sammelbegriff Neuplatonismus gefasst werden. Da sind zum einen die griechischen Platoniker, die die Arbeit der Akademie

---

[17] Hier findet sich der Hintergrund für die Favorisierung von Hausmusik und dem in gebildeten Schichten favorisierten Programm des Erlernens eines Instrumentes, gleichzeitig aber auch für die in Eliteschulen bis heute gängige Verbindung von Bildung und Leistungssport.

[18] Dazu wurden die Delinquenten in ein Fass gesteckt. Dieses wurde mit Wasser gefüllt, bis diese ertranken. Der Gewichtsverlust nach dem Tod sollte angeben, was die entfleuchende Seele wiegt.

[19] Vgl. *Metaphysik* I. Buch (A), 990b-993a; 13. Buch (M). Dazu passim: Thomas Alexander Szlezák: *Platon. Meisterdenker der Antike*, München 2021.

[20] Vgl. Aristoteles: *Eudemische Ethik* I 8, 1217b1-1218b27; *Nikomachische Ethik* I 4-5, 1096a11-b20. Dazu: Hellmut Flashar: *Platon. Philosophieren im Dialog*, Wien 2021 (edition passagen), 189.

fortführen, aber auch die Strömungen, in denen das Gedankengut Platons eine Verbindung mit stoischen, jüdischen oder christlichen Denkern eingeht. Einflussreich ist der jüdische Philosoph und Theologe Philo von Alexandria (10 v. Chr. bis nach 40 n. Chr.). Er verbindet den „platonischen Demiurgen [Welturheber] mit dem alttestamentlichen Weltschöpfer, das Wort Gottes und seine Weisheit mit dem stoischen Logos, die Engel als Kräfte und Logoi Gottes mit den platonischen Ideen und der Lehre von der Unsterblichkeit der Seele zu einer Einheit“[21]. Es ist aber vor allem der antike Philosoph Plotin, der die Philosophie Platons aufnimmt und zu einem auf das Eine ausgerichteten System weiterentwickelt. Augustin (354–430 n. Chr.) nimmt Platons dreiteilige Weltsicht auf, also die Unterscheidung eines höchsten Seins, der intellektuell-ideellen Geist-Seele des Menschen und des minderwertigen, weil vergänglichen Bereichs der sinnlich erfassbaren Wirklichkeit. Über Augustin, dessen Werke extrem einflussreich sind, ist Platon bis ins christliche Mittelalter in Kirche, Theologie und Philosophie wirksam. Der philosophisch zentrale, bis heute andauernde Streit um das Universalienproblem ist ohne die Position Platons nicht denkbar. Es gibt zum einen die seltsamerweise als realistisch bezeichnete Position, auch wenn sie das unserem modernen Empfinden nach gerade nicht ist. Die *realistische* Position im Universalienstreit vertritt die These, dass Allgemeinbegriffen eine Realität an sich zukommt, unabhängig von unserer Realität; die *nominalistische* Position vertritt demgegenüber die Überzeugung, dass diese Begriffe bloß konstruiert sind. Im einen Fall muss man dann eine hinter bzw. unter der vorfindlichen Realität bestehende, eigentliche Wirklichkeit vertreten; im anderen Fall geben wir Menschen als intellektuelle Subjekte den Dingen unsere Bezeichnungen/Namen (daher „Nominalismus“, von lat. *nomen* für deutsch „Namen“). Diese Namen haben aber keine Realität an sich; sie sind beliebig und veränderbar.

Führende Physiker, unter ihnen etwa Carl Friedrich von Weizsäcker, sind überzeugte Platoniker. Sie fragen, wie Wissenschaft denn überhaupt möglich sein soll ohne die Voraussetzung einer intelligiblen, an sich gegebenen Struktur des Universums. Die alte, schon platonische Frage lautet: „Wieso läßt sich die Vielgestalt des Geschehenden den Konsequenzen weniger einfacher Postulate unterwerfen?“[22] Im Zusammenspiel von Mathematik und Physik fällt auf, dass erst mathematischer Fortschritt physikalische Berechnungen ermöglicht, die zu Entdeckungen neuer Strukturen der Wirklichkeit führen. Im Bereich der Grundlagenmathematik hält freilich die Auseinandersetzung um die Frage an: Sind die mathematischen Objekte „real“? – So der mathematische Platonismus. Oder gibt es überhaupt keine mathematischen Objekte, und die Mathematik besteht nur aus Axiomen, Definitionen, Sätzen, also Formeln als Handlungsanweisungen ohne irgendeinen Wahrheitswert? – So der konstruktivistische Standpunkt eines mathematischen Formalismus.[23]

---

[21] Hans Leisegang, Art. Neuplatonismus, in: *RGG* 2. Aufl. Bd. IV, Tübingen 1930, (1291-1296) 1292.

[22] Carl Friedrich von Weizsäcker: *Große Physiker. Von Aristoteles bis Werner Heisenberg*, München 2002, 15.

[23] Vgl. zum Platonismus in Geschichte und Gegenwart der Mathematik: Philip J. Davis/Reuben Hersh: *Erfahrung Mathematik*, Basel 1985, 2. Aufl. 1994.

Eine der wichtigsten interdisziplinären Debatten im Grenzgebiet von Geistes- und Naturwissenschaften beschäftigt sich mit einer neuen Variante des Leib-Seele-Problems. Ist Bewusstsein, etwa auch das Bewusstsein von Handlungsfreiheit, nur ein Epiphänomen einer materiellen Basis, also des Gehirns als Teil des Körpers; eine psychologische Begleiterscheinung eines physikalischen Prozesses? Ist Bewusstsein von materiellen Ursachen bewirkt, aber selbst ohne Wirkung? Gegen diese Annahme haben kein Geringerer als der führende Wissenschaftsphilosoph des 20. Jh., Karl R. Popper, und der Physiologe und Neurologe John C. Eccles 1977 einen interdisziplinären Entwurf vorgelegt, indem sie gemeinsam eine Wechselwirkung zwischen Geist und Körper zu plausibilisieren suchen.[24] Dieser Ansatz greift das platonische Konzept auf. Er behauptet zwar nicht *eo ipso* eine Unsterblichkeit der Seele, sehr wohl aber immaterielle Entitäten geistiger Natur, die an sich existieren, ohne materielle Basis, und mit materiellen Strukturen interagieren können. Dem steht ein Mainstream in den heutigen Neurowissenschaften gegenüber, der von einem monistischen Forschungsansatz bestimmt ist. Dieser versucht, die Vielfalt der Phänomene auf letztlich ein Prinzip zurückzuführen. Es gibt zwar Schmerzempfindung, Bewusstsein, Selbstbewusstsein, Geist, aber letztlich ist alles Physik. Letztlich ist darum das Bewusstsein, frei zu sein, eine Illusion. Positionen einer auf der idealistischen Voraussetzung des zur Sittlichkeit fähigen Menschen beruhenden humanistischen Anthropologie müssen einer Revision unterworfen werden.[25] Es sind interessanterweise Philosophen, die hier Einspruch erheben und auf Probleme eines so einseitigen Ansatzes hinweisen.[26]

Popper nimmt Platon in einer sehr ambivalenten Weise auf. Einerseits ist seine von ihm im Spätwerk entwickelte sog. „3-Welten-Theorie“[27] nicht ohne platonische Voraussetzungen denkbar. Popper hält es für nötig, neben der Welt der physikalischen Gegenstände (Welt 1) und der Welt der psychischen Vorgänge wie Gedanken und Gefühle (Welt 2) noch eine dritte Welt zu postulieren. Sie umfasst geistige Gegenstände wie die Inhalte von Gedanken, Theorien, die wir entdecken, und Kunstwerke. Ihnen schreibt er eine objektive Realität zu.

Andererseits sieht er in Platons Lehre und Entwurf eines idealen Staates eine der Ursachen für die politischen Totalitarismen des 19. und 20. Jh. Popper hat sie am eigenen Leib erfahren. Marxismus und Kommunismus wie Nationalsozialismus leben von der – von Popper als „Historizismus“ – bezeichneten Idee eines sowohl idealen wie zwangsläufigen Geschichtsverlaufes. Danach gibt es ein wahres, richtiges, gerechtes und ideales Staats- und Gemeinwesen; dieses gilt es trotz aller Widrigkeiten und auch gegen alle individuellen Widerstände zu realisieren. Dieses Staatswesen und diese Gesellschaft sind, weil sie ja ideal

---

24 Karl R. Popper/John C. Eccles: *Das Ich und sein Gehirn*, München/ Zürich 1982. Vgl. Karl Popper: *Wissen und das Leib-Seele-Problem. Eine Verteidigung der Interaktionstheorie*, Tübingen 2012.

25 So jüngst Gerhard Roth: *Über den Menschen*, Berlin 2021.

26 Vgl. etwa Michael Pauen: *Grundprobleme der Philosophie des Geistes. Eine Einführung*, 4. Aufl. Frankfurt 2005; ders.: „Mein Gehirn und ich. Vorsicht vor Denkfallen der Leib-Seele-Debatte“, in: *Die Zukunft des Gehirns. Wie Forscher den Menschen neu erfinden*, Heidelberg 2008, 98.

27 Vgl. Popper: *Das Ich und sein Gehirn*, 61-77; ders.: *Objektive Erkenntnis. Ein evolutionärer Entwurf*, Hamburg 1973, v.a. Kap. III und IV.

und wahr sind, unveränderbar; gegen wahrscheinlichen Verfall muss man sogar kämpfen. Popper spricht hier vom Konzept einer geschlossenen Gesellschaft, dem er sein Konzept einer offenen Gesellschaft entgegenstellt. Popper überträgt – wie Platon – seine Erkenntnistheorie in den Bereich der Politik. Im Gegensatz zu Platon ist Popper der Überzeugung, dass der Mensch nicht zur Erkenntnis der einen Wahrheit in der Lage ist, geschweige denn zu ihrer Realisierung. Popper tritt ein für Fortschritt und Reform durch Stückwerktechnologie, gegen die Fixierung auf den einen großen Plan, der durchgesetzt und umgesetzt werden muss; für das Individuum und seine Selbstbestimmung, gegen die utopischen Ideale, denen die Einzelnen zum Opfer gebracht werden; für die Selbstbestimmung des Einzelnen und sein Recht zur Kritik, gegen allzu schnell ins Totalitäre umschlagende gesellschaftliche Ordnungen, denen die Einzelnen unterworfen werden.

Diese wenigen Anmerkungen mögen genügen, um mindestens anzudeuten, wie sehr platonische Positionen nicht nur in der abendländischen Philosophiegeschichte Wirkung entfaltet haben, sondern weit über den Bereich der Fachphilosophie hinaus auch wichtige gegenwärtige Debatten bestimmen.[28]

2. Einige kritische Gesichtspunkte

Wenn die abendländische Philosophiegeschichte aus Anmerkungen zu Platon besteht, dann auch darum, weil man sich, angefangen bei Aristoteles, kritisch und umfassend an dem Meister abgearbeitet hat. Wir konzentrieren uns hier auf drei Gesichtspunkte, die besonders relevant sind.[29]

a) Kritik der Ideenlehre bzw. Ontologie

Die Kritik beginnt mit Aristoteles und vermutlich schon während der 20 Jahre (von 367–347 v. Chr.), in denen Aristoteles Schüler und dann Mitarbeiter in der Akademie war. Platon kann klagen: „Aristoteles hat gegen mich ausgeschlagen, wie es junge Füllen gegen die eigene Mutter tun" (Diog. Laert. Bd. I, Buch V, 2). Aristoteles ist radikal. Er bestreitet die Existenz von an sich existierenden Ideen (1078b ff). Während Sokrates noch die Frage nach der „Washeit", also nach dem, was etwas ist, und die Definition einer Sache nicht von der Sache abgetrennt hat, wirft er Platon vor, diese „Washeit" nun gleichsam zu substanziieren, ihr einen eigenen, sogar den eigentlichen Seinsstatus zuzugestehen. Diese Verdoppelung der Wirklichkeit leuchtet ihm nicht ein und er nennt dafür eine ganze Reihe von Argumenten. Aristoteles setzt bei der entscheidenden und gleichzeitig

[28] Einen überaus lesenswerten, nahezu umfassenden, eigenständigen Ansatz legt Arbogast Schmitt vor: *Die Moderne und Platon. Zwei Grundformen europäischer Rationalität* Stuttgart, Weimar 2003. Platon wird hier geradezu zur *benchmark* europäischer Moderne.

[29] Vgl. zur Wirkungsgeschichte neben Arbogast Schmitt: *Die Moderne und Platon*, Leisegang: *Platonismus*, vor allem das Kapitel „Wichtige Stationen der Wirkungsgeschichte", in: Christoph Horn/ Jörn Müller/ Joachim Söder (Hrsg.): *Platon Handbuch. Leben, Werk, Wirkung*, 2., erw. Aufl. Stuttgart 2017, 400-544.

neuralgischen Stelle des Konzepts Platons an. Er fragt:[30] Wie verhält sich denn die Realität unserer sinnlich wahrnehmbaren Welt zu der idealen, eigentlichen Welt? Erhalten wir hier wirklich ein Konzept, das die Erkenntnis der Dinge ermöglicht? Würden die Dinge in der Vielheit der sinnlich wahrnehmbaren Welt nicht nur dann erkannt werden können, wenn das Wesen (*ousia*) der Dinge *in ihnen* ist? Genau das bestreitet Platon aber ja. Was also trägt die Ideenlehre zur Erkenntnis bei? Er weist auch auf die Inkongruenz von Realität und idealer Wirklichkeit hin. Muss es dann nicht z. B. „von jedem allgemein Ausgesagten Ideen" geben? (1078b) Werden dann „die Formen", die zur Ordnung der empirischen Vielheit dienen sollen, nicht „noch zahlreicher als die sinnlich erfaßbaren einzelnen Dinge, deren Ursachen sie aufsuchten und dann von den Sinnesdingen zu den Formen fortschritten"? (1078b-1979a) Was leistet also das Konzept der Ideen? Müsste man nicht konsequenterweise sogar zu einer Verdreifachung der Wirklichkeit kommen: die sinnlich wahrnehmbare Welt, die Welt der Ideen und – als dritte Größe – die Ideen, die als Formen beiden gemeinsam sind? Es gibt aber noch ein weiteres Problem: Die Ideen-Lehre erklärt „weder Ursache für irgendeine Bewegung noch für irgendeine Veränderung" (1079b). Es ist nicht erkennbar, wie die Ideen die Veränderungen in unserer wahrnehmbaren Welt bewirken können sollen. Die Behauptung, die Dinge hätten an den Urbildern „Anteil", bezeichnet Aristoteles als „leeres Gerede": „Denn was ist dieses Werkende, das im Hinblick auf die Formen [Ideen] werkt?" (1079b) Mit anderen Worten: Hier wird ja nichts erklärt, hier liegt kein Konzept vor, das die Wirklichkeit erschließt.

b) Ethische Kritik

Aus heutiger Sicht hochproblematisch sind die Vorstellungen des idealen Staates, die Platon Sokrates im Dialog Politeia entwerfen lässt. Anstößig für uns heute ist nicht nur die durch Bildung und Vernunft legitimierte Philosophenherrschaft, also die unkontrollierte Herrschaft der Wenigen. Wir fragen heute: Welche Vernunft ist hier leitend? Welches Konzept des Guten wird verfolgt? Können und dürfen wir nach allem, was die Geschichte gezeigt hat, einigen Wenigen so vertrauen? Problematisch ist auch die konsequente Einordnung des Einzelnen in den Gesamtkosmos, d. h. die Unterordnung des Individuums unter die Interessen des Ganzen. Wohin das führt, sieht man am detailliert ausgeführten eugenischen Programm Platons, das auch die Auswahl der Männer, die begatten, umfasst: die Jünglinge, die sich „wacker" im Krieg oder sonst wie bewährt haben, bekommen eine „reichlichere Erlaubnis zur Beiwohnung der Frauen" (460b), damit aus „guten bessere und aus brauchbaren immer brauchbarere Nachkommen entstehen" (461a-b). Zur Zeugung werden die Frauen selektiert, die in besonderer Weise gebär- und stillfähig sind und ein bestimmtes Alter nicht überschritten haben. Die Mütter dürfen nur angemessene Zeit stillen, damit es nicht zu einer engen Bindung kommt; danach werden die Kinder professionellen Ammen, Wärterinnen und Kinderfrauen übergeben. Die Kinder werden selektiert in „gute" und „schlechtere", ja „verstümmelte", die keine Fürsorge und Förderung

---

[30] Vgl. *Metaphysik* Buch XIII, Kap. 4 und 5; Buch I, Kap. 9.

bekommen und verdienen (460b). Die anderen, bei denen sich ein exzellentes Erbgut zeigt, werden in jeder Weise zwecks Elitenbildung gefördert.

c) Essenzialismus und tyrannisches Denken

Es ist jedermann unbenommen, solche oder andere Utopien zu entwerfen – manche werden hier allerdings lieber von Dystopien sprechen. Das spezifische Problem der platonischen Philosophie besteht aber in dem expliziten Anspruch, mit dem sie auftritt. Sie bleibt ja nicht in einem heute wohlfeilen Vielerlei allerlei Gedanken, Meinungen, Positionen und Wahrheiten, inmitten derer man sie mit ihren ethischen Konzepten noch ertragen könnte. Platon beansprucht ja mit seinem philosophischen Erkenntnisweg des reinigenden Dialoges die Vielheit und den bloßen Schein des Wahren zu durchstoßen und des Guten, Wahren, Gerechten ansichtig zu werden. Die Schau der Wahrheit verpflichtet absolut. Sie beseitigt die Unkenntnis, die Verblendung und eben auch die Vielheit. Allein das rechtfertigt ja auch die Herrschaft der Philosophen. Diese urteilen und führen dem Anspruch nach ja nicht interessegeleitet, subjektiv, sondern aus der ihnen gegönnten und widerfahrenen Schau des Guten heraus. Die Erkenntnis der Wahrheit ist ein religiös beschriebenes Widerfahrnis. Sie vollzieht sich eben nicht methodisch machbar, sondern als kontingentes Ereignis – „wie ein durch einen abspringenden Feuerfunken plötzlich entzündetes Licht in der Seele“ (7. Brief, 341d). Es geht nicht um individuelle, überholbare, immer irrtumsfähige, zur Prüfung berechtigende Theorien und Hypothesen; es geht um die Offenbarung des Lichtes der Wahrheit. Natürlich können dieses nicht alle sehen, viele verharren in der Dunkelheit und sind nicht bereit, die Höhle zu verlassen.

Angesichts solcher Wahrheits-Proklamationen gilt: kein Raum für Toleranz, Kritik oder Diskussion. Es gibt nur den unbedingten Gehorsam. Wer nicht zustimmt, der offenbart nur, wes Geistes Kind er ist. Die ablehnenden Zuhörer wissen „nicht [...], daß nicht der Geist des Schriftstellers oder des Sprechenden widerlegt wird, sondern die von Natur schlechte Beschaffenheit“ derer offenbar wird, die die Wahrheit ablehnen. Ihr Widerstreben gegen die Wahrheit fällt auf sie zurück und zeigt, wer sie in Wahrheit sind. Durch Hineinleben und sich Beschäftigen kann dagegen doch endlich „ein Wissen des seiner Natur nach Richtigen in dem seiner Natur nach Befähigten“ (343 d-e9) erzeugt werden.

In einer nahezu unschlagbaren, nicht widerlegbaren Konzeption begegnet uns hier eine essenzialistische Wahrheitsproklamation: Unsere Erkenntnis geht auf das Wesen und das Ganze der Wahrheit; sie ist nicht irrtumsfähig, überholbar oder nur partiell. Verbunden und untermauert wird dieser Wahrheitsanspruch durch die Behauptung eines Erkenntnisprivilegs: *Erkennen können die Wahrheit natürlich nur die, die der Wahrheit anteilig werden können und ansichtig geworden sind. Erkennst du die Wahrheit nicht, liegt das nicht an der Wahrheit, sondern an dir selbst. Die Wahrheit ist klar. Du bist es nicht und verdunkelst ihre Erkenntnis. Widersprichst du der Wahrheit, die ich dir verkünde, zeigst du damit nur, dass du zu ihrer Erkenntnis nicht fähig bist; dass du sie nicht hast. Dass du mir nicht zustimmst, ist also kein Grund, meine Wahrheit infrage zu stellen. Es kann nur Anlass sein dafür, dass du umkehrst und dich infrage stellst.*

Diese Erkenntnistheorie ist bis heute schulbildend. Wir finden sie überall dort, wo Menschen beanspruchen, das Wesen (die Essenz, davon Essenzialismus) einer Sache erkannt zu haben. Dieser Anspruch ist in Theologie und Philosophie vielfältig anzutreffen. Man hat dann nicht nur *etwas* erkannt, sondern die Sache selbst, in Gänze, ohne Irrtum und ohne Notwendigkeit einer Korrektur. Wird das mit der Beanspruchung eines Erkenntnisprivilegs verbunden, ist diese Position nicht widerlegbar. Es bedeutet ja: *Es kann ja sein, dass du nicht zustimmst, aber das liegt nicht daran, dass es sich nicht um die Wahrheit handelt, sondern allein daran, dass dir die Wahrheit noch nicht widerfahren ist.* Jede skeptische Haltung, jede Kritik kann dann als Äußerung eines Nicht-Sehenden, dem die Wahrheit noch nicht widerfahren ist, abgewehrt werden. Sie muss ja nicht ernst genommen werden. Der Kritiker gehört ja zu den Nicht-Wissenden; er qualifiziert und disqualifiziert sich durch seine Kritik selbst. Es ist dieser totalitäre Kern, der in der Beanspruchung einer Schau des wahren und wirklichen Kerns der Wirklichkeit gipfelt, der dann auch den kritischen Protest Poppers und sein Gegenkonzept einer durch Kritik und Korrektur, Widerspruch und Irrtumsfähigkeit gekennzeichneten offenen Gesellschaft provoziert hat. Wenn man so will, kann man ein postmodernes Denken, das sich im Nihilismus Nietzsches fundiert, als eine einzige Gegenreaktion auf den sich in Platon fundierenden Essenzialismus verstehen. Ist es nach Platon möglich und allein geboten, das Wesen einer Sache zu erkennen und sich danach zu richten, ist nach Friedrich Nietzsche (1844–1900) alles eine Sache der Perspektive. „Das ‚*was ist das*' ist eine *Sinn-Setzung* von etwas anderem aus gesehen. Die ‚Essenz' die ‚Wesenheit' ist etwas Perspektivisches und setzt eine Vielheit schon voraus. Kurz: das Wesen eines Dings ist auch nur eine Meinung über das ‚Ding'. Oder vielmehr: das ‚*es gilt*' ist das eigentliche ‚*es ist*', das einzige ‚*das ist*'"[31] Mit anderen Worten: der Anspruch, der Nachdruck, die Macht, mit der ich auftrete, macht die Wahrheit – sonst nichts. Natürlich wird man gegenüber einer solchen Entlarvung der Machtlogik von Platons Essenzialismus einwenden wollen, es werde hier doch mit gutem Willen und im Hinblick auf gute, tugendhafte Zwecke argumentiert. Aber heiligt der Zweck die Mittel? Mehr noch: Kann nicht jeder das für sich in Anspruch nehmen? Kann denn nicht jeder beanspruchen, ihm sei die Wahrheit offenbart worden und dann dafür entsprechend argumentieren?

[31] *Nachlaß*, III, 486-487. Vgl. auch: „Wir sind heute zumindest ferne von der lächerlichen Unbescheidenheit, von unsrer Ecke aus zu definieren, dass man nur von dieser Ecke aus Perspektiven haben *dürfe*. Die Welt ist nun vielmehr noch einmal ‚unendlich' geworden: insofern wir die Möglichkeit nicht abweisen können, dass sie *unendliche Interpretationen in sich schließt*." (FW II,250) Sowie: Zur Genealogie der Moral KSA V, 363-365.

3. Platon(-ismus) und Christentum

Der christliche Glaube richtet sich seiner Natur nach an alle Menschen. Anders als das durch das Erwählungsbewusstsein bestimmte Judentum ist die Kirche missionarisch orientiert. Die Kommunikation des Evangeliums führt *eo ipso,* als solche, zur Herausforderung der Überwindung kultureller Grenzen. Das Evangelium als eine einer Kultur fremde Größe lässt fragen: Wo gibt es in einer Kultur Überzeugungen und Konzepte, an die die Verkündigung anknüpfen kann? Welche Brücken in eine Kultur hinein gibt es? Noch bestimmter gefragt: Was ist eventuell in einer Kultur schon da? Der erste große Kirchengeschichtsschreiber Eusebius (265–339 n. Chr.) fragt in seiner *praeparatio evangelica (Vorbereitung auf das Evangelium*; ca. 323 n. Chr. beendet) danach, wie Gott in seiner Vorsehung und Vorausschau eine Kultur schon auf die Verkündigung des christlichen Glaubens vorbereitet hat. Als sich der Glaube an den Messias Jesus im Römischen Reich in den ersten drei Jahrhunderten rasant ausbreitete, traf er nicht nur auf ein unglaubliches Echo, sondern auch auf schärfste Ablehnung aus der akademischen Welt. Einer der heidnischen Hauptkritiker ist der neuplatonische Philosoph Porphyrios (233–305 n. Chr.). Eusebius setzt sich mit ihm auseinander, aber nicht konfrontativ, sondern integrativ. Den Hauptgewährsmann des Porphyrios, Platon, sieht er nicht nur als den Philosophen, der dem christlichen Glauben am nächsten kommt, er stellt eine Reihe von Sach-Parallelen in den Anschauungen vor und toppt das mit der Aussage, Platon habe seine Weisheit von Mose und jüdischen Propheten entlehnt (vgl. die Bücher 11ff). Augustinus, schon vor seiner Bekehrung vom Platonismus geprägt, schreibt in seinem epochalen, ebenfalls der Verteidigung des christlichen Glaubens dienenden Werk *De civitate Dei (Der Gottesstaat)* Platon als den Heiden, „der uns so nahegekommen ist wie kein anderer“ (8.5). Bei dem großen Kirchenvater kommt es dann zu einer programmatischen Verschmelzung von (Neu-)Platonismus und biblischer Theologie. Die Kontextualisierung des Evangeliums gelingt so sehr, dass bis heute viele Christen gar nicht mehr wissen, was an ihren Überzeugungen heidnisch-philosophischen und was biblisch-theologischen Ursprungs ist (siehe dazu unten mehr). Platon wird bis ins Hochmittelalter der philosophische Hauptgewährsmann für die christliche Theologie und die Kirche.

a) Sokrates und Jesus

Eine wesentliche Rolle für die Kontextualisierung des christlichen Glaubens kommt Sokrates und der Parallelität von Sokrates und Jesus zu. Sokrates ist die zentrale Figur in den allermeisten Dialogen Platons, Jesus ist der Mittelpunkt in den Evangelien und Mitte des christlichen Glaubens. Beide weisen weitgehende Gemeinsamkeiten auf.

Nach einem viel zitierten Wort des bekannten römischen Schriftstellers Valerius Maximus (erste Hälfte des 1. Jh. n. Chr.) hielt man „Socrates […] sowohl nach Übereinstimmung der Menschen (*hominum consensu*) als auch des Oracels des Apolls für den Weisesten" aller Menschen.[32] Der höchste Gott, Apoll, wie die Menschen sind sich in seiner überragenden Bedeutung einig. Valerius fährt fort:

> Dieser riet den Menschen nur Gutes von den unsterblichen Göttern zu erbitten. Von den Göttern nämlich, die wissen, was für uns gut und nützlich ist, erstreben wir meistens, was uns schadet. Denn du, der Geist des Menschen, umhüllt von der Finsternis des Irrtums und der Unwissenheit, wünschst viel Falsches: Du strebst nach Reichtum, obwohl er viele zu Grunde richtet, du begehrst Ehre, die die meisten verderben [...][33]

Die Parallelen liegen nahe. Sokrates ist Weisheitslehrer, er sammelt Schüler um sich und bildet als charismatischer Lehrer eine Jüngergemeinschaft. Er zerstört Scheinwissen, überführt die Menschen von ihren Irrtümern und Lebenslügen und deckt falsche Sicherheiten auf. Er hilft Menschen zur Erleuchtung und zur Umkehr. Er begegnet den Menschen in ihrem Alltag, auf Straßen und Märkten. Seine Botschaft ist nicht ideologisch und nicht abstrakt philosophisch; sie ist konkret, verständlich, anschaulich, direkt, persönlich: zugespitzt auf den Punkt. Menschen, die ihm begegnen, erleben, wie in ihm und durch ihn hindurch Wahrheit aufleuchtet. Er vertritt keine doktrinalen Positionen. Er kommuniziert Wahrheit durch personale Präsenz. Leben und Botschaft konvergieren bei ihm. Er ist in Person Re-Präsentant des Wahren, Guten, Schönen, dem er verpflichtet und hingegeben ist. Er wird den Herrschenden mit seinen kritischen Analysen gefährlich und muss für seine Lehren letztlich mit dem Tod bezahlen, den er sehenden Auges freiwillig auf sich nimmt. Mit seinem Tod deckt er auf, was wahrhaftig Wahrheit ist und wofür es sich zu sterben lohnt. Er entlarvt auch die, die die Wahrheit nicht ertragen können. Er nimmt den Widerstand gegen die Wahrheit auf sich und trägt sie an seinem Leib aus. Er lehnt jeden Vorschlag seiner Anhänger zur Flucht ab. Der Dialog Phaidon schildert detailliert, wie Sokrates in einem letzten Abendmahl Abschied nimmt und in mehreren Reden die Jenseits-Hoffnung schildert, die ihn trägt und die ihn leichten Herzens gehen lässt.

Schon der frühe christliche Apologet Justin (100–165 n. Chr.) weist gegenüber dem Atheismus-Vorwurf gegen die Christen, die die römischen Kaiser nicht als *Dominus et Deus* (lat. für Herr und Gott) anbeten wollten, auf das Beispiel des Sokrates hin.[34] Auch Sokrates sei als Gottesleugner und Majestätsverbrecher angeklagt worden, sei aber doch nur ein Freund der Wahrheit gewesen. Für Augustin ist Sokrates der Weise, der die ewige Wahrheit erblickt hat.[35] Er bezieht ihn sogar in die christliche Philosophie ein.[36] Auch

---

[32] Valerius Maximus: *Memorabilia* 2,4.

[33] Ebd.

[34] Apologia secunda 8.3.

[35] De civitate Dei VIII.3.

[36] Vgl. Romano Guardini: Der Tod des Sokrates. Eine Interpretation der platonischen Schriften Euthyphron, Apologie, Kriton und Phaidon, Reinbek b. Hamburg 10. Aufl. 1969, 193.

wenn spätere Jahrhunderte mit anderen Interessen und Perspektiven Sokrates anders einordnen konnten,[37] ist er für die frühe Kirche und Theologie eine ideale Brücke in die neuplatonisch geprägte Kultur und Philosophie. Er kann ja geradezu als heidnischer Vorläufer Jesu gelten, von dem der erste Petrusbrief sagt: „Christus hat gelitten, ein für alle Mal, um der Sünden willen, der Gerechte für die Ungerechten, damit er euch zu Gott führe." (3,18)[38]

b) Affinitäten

Nach Hans Georg Gadamer „enthält Platos Lehre von der Idee des Guten die philosophische Transzendenzerfahrung der Griechen, die dem Begriff eines Gottes, der nicht von dieser Welt ist, und damit dem christlichen Zeitalter präludiert."[39] Worin präludiert Platon dem Christentum? Worin gibt er dem späteren Christentum den Ton vor? Worin bestehen die Affinitäten? Sosehr die Nähe zwischen Platon bzw. dem Platonismus und Christentum ins Auge fallen, so schwierig ist eine präzise Bestimmung. Schon historisch muss ja der erbitterte Widerstand von Porphyrios als einem der führenden Neuplatoniker[40] zu denken geben, ebenso die Tatsache, dass die platonische Akademie nach fast tausendjährigem Bestehen 529 n. Chr. just dann von dem christlichen Kaiser Justinian I. geschlossen wurde, als sich der christliche Glaube in der römischen Gesellschaft durchgesetzt und das Christentum im 4. Jh. zur Staatsreligion geworden war. Sachlich ist zu bedenken, dass in der kulturellen Begegnung Verschmelzung und Abwehr zusammengehören. Es stehen sich nicht christlicher Glaube und Platonismus gegenüber. Wir haben beide nur in Gestalten, die aus gegenseitiger Beeinflussung resultieren. Dies zur Absicherung vorausgeschickt, bleibt die Frage: Worin „präludiert" Platon? Warum ist uns Platon „so nahegekommen wie sonst keiner" der Philosophen (Augustin)?

Die Situation des Menschen: Im Höhlengleichnis wird ein sehr negatives Bild von der Lage des Menschen gezeichnet. Der Mensch ist von Kindheit an gefesselt, gefoltert durch einen Block, in dem Hals und Schenkel unbeweglich fixiert sind. Lebenslang wird er in einem „Kerker" (Politeia 515b) gefangen gehalten. Die Menschen brauchen „Lösung und Heilung von ihren Banden" (515c). Sie sind blind für die eigentlichen Realitäten. Sie sehen zwar, aber nur „lauter Nichtiges" (515d). Sie verwechseln die Schatten, die sie allein zu sehen vermögen, mit der Realität, zu der sie keinen Zugang haben. Der Mensch ist so verkehrt in sich selbst, dass er selbst dann, „wenn man ihn in das Licht selbst zu

---

[37] Vgl. dazu Christoph C. Taylor: *Sokrates*, Freiburg/ Basel/ Wien o.J., 108-110; Guardini: *Tod des Sokrates*, 193.

[38] In der Politeia findet sich – vierhundert Jahre vor der Kreuzigung Christi – eine Stelle, die als prophetische Ankündigung des Geschicks des leidenden Gerechten gelesen werden konnte: „Sie sagen aber so, daß der so gesinnte Gerechte wird gefesselt, gegeißelt, gefoltert, geblendet werden an beiden Augen, und zuletzt, nachdem er alles mögliche Übel erduldet, wird er noch aufgeknüpft [gemeint ist die ‚Pfählung', eine der Kreuzigung ähnliche Hinrichtungsart] werden" (Buch 2, 261d – 262a).

[39] Gadamer, *Philosophisches Lesebuch* I, 74.

[40] Vor allem die in Athen lehrenden und lebenden Neuplatoniker waren ein Zentrum des Widerstandes gegen das Christentum.

sehen nötigte […] fliehen und […] zurückkehren“ würde zur Dunkelheit. Nur mit „Gewalt“ und Anstrengung kann man ihn zum Licht „schleppen“. Platon deutet das Gleichnis selbst religiös. „Glaube“ versteht er als „Aufschwung der Seele in die Region der Erkenntnis“ (517b), als Übergang „aus der Dunkelheit in das Licht“ (518a). Die Parallelen zum christlichen Glauben springen schon hier ins Auge. Der Mensch ist zutiefst erlösungsbedürftig. Er ist spirituell unfrei und blind für die eigentlichen Realitäten. Er braucht Offenbarung. Es bedarf Menschen, die „draußen“ waren, die das Licht gesehen haben und die bereit sind, sich derer zu erbarmen, die noch in der Dunkelheit sitzen, und sie ans Licht zu führen. Doch die Menschen sind so sehr an ihre Gefangenschaft gewöhnt, so sehr auf die Dunkelheit und Schattenwelt fixiert, dass sie nicht glauben wollen. Ein tiefer Riss liegt zwischen den Kindern des Lichts und denen, die in der Finsternis wandeln.

Die Verfasstheit der Welt: Wer die Welt mit den Augen der Skepsis sieht oder ihr sophistisch-nihilistisch gegenübersteht und meint, ihr den eigenen subjektiven Wahrheitsstempel aufdrücken zu können, dem ist ihre wahre Ordnung noch nicht offenbart worden. Die eigentliche Wirklichkeit liegt hinter der vielfältigen und vergänglichen wahrnehmbaren Realität. Wir müssen (so der Tenor der Dialoge der ersten Phase) durch das Scheinwissen und Meinen hindurchstoßen, um (so die Dialoge der zweiten Phase) auf die ideale, intellektuelle Wirklichkeit zu stoßen, von der unsere Realität nur ein Schatten ist – sie besteht nur, indem sie an dieser eigentlichen Wirklichkeit teilhat. Durch die unsterbliche Seele, die zur Erinnerung an ihren Ursprungsort fähig ist, gehören wir zu dieser Realität. Wenn wir sterben, kehrt die Seele in ihre Heimat zurück. Diese Welt hat nicht Sinn an sich und in sich. Es wäre darum Zielverfehlung, sich auf das Diesseits, auf das bloß Vergängliche, das Materielle, das Sinnliche, den Schatten des Jenseitigen zu fixieren. Die Welt ist nicht nur geteilt in Diesseits und Jenseits. In den späten Dialogen der dritten Phase zeigt Platon, wie man auch die Ideen nur in ihrem Zusammenhang und d. h. als Einheit verstehen kann und dass alles eine tiefe letzte Einheit bildet. Die Welt ist Kosmos, Ordnung. An ihrer Spitze steht das Gute (504a). Die Unterscheidung zwischen vergänglicher und ewiger, diesseitiger und jenseitiger Wirklichkeit bietet einen Anknüpfungspunkt für die jüdisch-christliche Schöpfungslehre. Die Welt ist auch hier letztlich geordnet und durch weisheitliche Welterkenntnis strukturierbar wie kalkulierbar. Es gibt aufgrund dieser Ordnung einen Tun-Ergehen-Zusammenhang, der gelingendes Leben ermöglicht. Die neutestamentlich zugespitzte Lehre von Sünde und Sündenfall ermöglicht zudem ein qualitativ negatives Urteil über diese vergehende Welt (vgl. 1Kor 7,31). Soteriologisch besteht das Heil darin, diese Welt zu verlassen und in ein Jenseits zu wechseln.

Glückseliges Leben: Glückselig in Eudämonia (vgl. 421d) lebt, wer sich nicht lustvoll an das Diesseitige hingibt, sich nicht ans Vergängliche verliert und nicht ins Vielfältige diffundiert, sondern wer in innerer und äußerer Stimmigkeit die im Guten gipfelnde Ordnung der Welt begreift und mit seinem Leben realisiert und auf diese Weise an ihr teilhat und sie gleichzeitig mitschafft. Der Erleuchtete findet sein Glück – vielleicht besser: seinen inneren heiteren Frieden – in der Erkenntnis der allumfassenden Ordnung. Er verliert sich nicht mehr im Begehren, sondern ist fokussiert auf die eigentliche Wirklichkeit. Er hascht nicht mehr nach den Schatten. Er hat das Licht gesehen und strebt nach der eigentlichen Realität. Eine solche Existenz ist dem Lauf eines Läufers vergleichbar, der die „Siegesehren" (613b) vor Augen hat, seine Kraft einteilt und bis zum Ende durchhält: „Die rechten Laufkünstler [...], welche bis zu[m] Ende aushalten, erlangen den Preis und werden bekränzt." Mit den „Gerechten" läuft es ebenso ab. Auch wenn sie zwischenzeitlich verlacht und verspottet werden, „am Ende [...] des Lebens werden sie gepriesen" (613c). Auch Paulus gebraucht das Läuferbild (1Kor 9, 24-27), um die Mühen, Anstrengungen und Herausforderungen eines nach dem Höchsten strebenden Lebens zu veranschaulichen. Dieses Leben wird von den Zeitgenossen oft nicht verstanden, sondern verspottet. Es führt in Konflikte, scheint entbehrungsreich, fokussiert sich nicht auf das Vergängliche: die Lust dieser Welt. Es hat dafür seinen Lohn bei Gott, in einem „unvergänglichen Siegeskranz" (1Kor 9, 25).

c) Gegensätze

Vorbemerkung zur Rezeption und ihrer Kritik: Bei aller Notwendigkeit auch kritischer Reflexion sind einige Differenzierungen nötig:

a) Es ist zu unterscheiden zwischen Platon und seiner Rezeption. Es ist sinnvoll zu fragen, was hat Platon selbst gedacht und formuliert und wie haben Spätere das weitergedacht, unter womöglich explizitem Bezug oder gar Zitat?

b) Platon hat darüber hinaus in verschiedensten Synthesen gewirkt. So war in der Antike und weit darüber hinaus klar, dass Platon und Aristoteles als die philosophischen Köpfe und Klärer schlechthin sich nicht widersprechen können. Vielfach hat man Platon durch die Brille des Aristoteles gelesen und umgekehrt. Solche Perspektiven können eine große Wirkung entfalten. Die Frage, was Original-Platon ist, ist modern, und sie ist auch ein wenig abstrakt, weil auch wir bei unseren historischen Rekonstruktionen nicht reine Philologie treiben, sondern durch umfassende Deutungskonzepte bestimmt sind, die meist erst den nach uns Geborenen auffallen.

c) Schließlich – und das macht die Sache vollends schwierig und spannend – gibt es selbst nicht *den* Original-Platon. Platon hat sich, wie viele andere Menschen, weiterentwickelt. Es gibt verschiedene Stufen in seinem Denken, die wir unterscheiden können. Die Forschung unterscheidet in weitgehendem Konsens die frühen Dialoge, in denen wir wahrscheinlich noch auf den historischen Sokrates treffen. Hier ist Platon noch sehr abhängig von seinem Lehrer. Das elenktische Element dominiert und das sokratische Nicht-Wissen („ich weiß, dass ich nichts weiß"). In den *mittleren Dialogen* begegnet uns weiterhin Sokrates, den Platon nun aber weitergedacht hat, unter dem Eindruck, dass genau in diesem seinem Lehrer Wahrheit aufleuchtet und präsent ist. Platon entwickelt das, was wir modern die Ideenlehre nennen. Es bleibt hier nicht beim Schwerpunkt auf der Skepsis. Und schließlich gibt es die *späten Dialoge*, in denen Platon Probleme diskutiert, die sich wahrscheinlich in der Auseinandersetzung um seine Philosophie in der Akademie gezeigt haben. Hier begegnen wir noch einmal einem ganz anderen Platon. Je nachdem wird ein sehr unterschiedlicher Platon rezipiert und favorisiert, etwa der des sokratischen Nicht-Wissens oder der System-Denker oder der Ontologe. Wenn wir uns jetzt kritisch auf „Platon" beziehen, geht es nie um Pauschalurteile, sondern immer nur um Aspekte eines Werkes, das kaum auszuschöpfen ist.

Die vorangegangene Darstellung der Berührungen und Übereinstimmungen hilft, nun auch die Probleme zu skizzieren, die sich durch die Rezeption platonischer Philosophie und den Neu-Platonismus für christliche Theologie und Kirche ergeben, zum Teil bis heute. Nach Herbert Schnädelbach ist der „Import des Platonismus" ein „besonders folgenreicher Geburtsfehler des Christentums"[41]. Platonische Konzepte „bestimmen das christliche Denken bis heute, obwohl sie in Wahrheit mit dem Kernbestand des Alten und Neuen Testaments unvereinbar sind", so der Christentumskritiker in seinem bemerkenswert normativen, als Kriterium auf die biblischen Traditionen zurückgreifenden Votum.[42]

Schwierig erscheinen aus dieser Perspektive erhebliche theologische Verschiebungen im Bereich der Schöpfungslehre und Kosmologie, der Anthropologie und Ethik und auch der theologischen Erkenntnistheorie.

Kosmologie und Schöpfungstheologie: Verachtung der Erde: Die im Kern platonischen Denkens zu findende Unterscheidung zwischen der empirisch wahrnehmbaren Realität und der intelligiblen, idealen, eigentlichen Wirklichkeit der Ideen führt nicht nur zu einer „ontologischen Aufspaltung der Wirklichkeit in Diesseits und Jenseits" (9), sie bedeutet in der Sache eine „Denunziation der Realität" (10), sprich unserer Wirklichkeit, also der Welt, in der wir leben. Diese ist die Welt der Schatten, des uneigentlichen Seins, an das man sich nur verlieren kann. Die „reale Welt [wird] zum bloßen Schein herabgesetzt und normativ entwertet" (10). Aus der anfänglichen Aufgabe der Weltgestaltung (Gen 1,22.28) wird ein Weltverlust. Dass Theologie und Kirche von der feuerbachschen und marxistischen Religionskritik der Vorwurf gemacht werden konnte, sie würden nur auf ein Jenseits vertrösten, ist nur vor diesem platonischen Hintergrund verständlich. Diese Welt ist eben ein Jammertal. Sie ist nicht das, worum es sich zu mühen lohnt. „Das Schönste kommt noch", lautet ein zentraler Hoffnungssatz pietistischer Frömmigkeit.[43] Das Eigentliche ist das, was uns nach dem Tod im Jenseits erwartet. Die gute Gabe Gottes wird zu einer wertlosen Größe, für die ein soziales, politisches oder ökologisches Engagement nicht lohnt. Sie ist ja gar nicht die eigentliche Wirklichkeit. „Im Himmel soll es besser werden", heißt es in einem der bekanntesten Lieder evangelischer Frömmigkeit[44], das das Gefälle einer quietistischen Frömmigkeit wiedergibt. Dass die bestehende, „alte"

---

41 „Der Fluch des Christentums. Die sieben Geburtsfehler einer alt gewordenen Welteligion. Eine kulturelle Bilanz nach zweitausend Jahren", *Zeit Dokument* 2/2000, 9. Die folgenden Seitenzahlen im Text beziehen sich auf diesen Aufsatz.

42 Ebd.

43 So der Titel von Fritz Rieneckers Klassiker (zuletzt Witten, 2013). Vgl. auch: William G. Johnsson: *Das Beste kommt noch! – Warum ich an ein ewiges Leben glaube* (Lüneburg, 2015).

44 Paul Gerhard: O daß ich tausend Zungen hätte, Strophe 15 (EG 330).

Schöpfung gerade dadurch gewürdigt wird, dass es nicht um ein bloßes Jenseits geht, sondern um eine neue *Schöpfung*, kann im Rahmen des platonischen Bezugssystems nicht gesehen werden. Die Schöpfung wird im Eschaton ja nicht überwunden, sondern transformiert. Gott hält an ihr fest, macht sie nur anders, besser, unkaputtbar. Das ist etwas anderes als ein Wegschmeißen dessen, was ohnehin keinen Wert hat. Die Kirchen haben sich über Jahrhunderte instrumentalisieren lassen. Die einseitige Konzentration auf eine bloße Jenseitshoffnung war verbunden mit einer Abwertung dieses Lebens, das des Aufstandes und der Reform, gar Revolution nicht wert war. Dadurch hat die Kirche furchtbare Zustände stabilisiert sowie die Religionskritik der Aufklärung und den Abscheu Friedrich Nietzsches provoziert, der völlig zu Recht Christentum als „Platonismus für's ‚Volk'"[45] charakterisierte und dazu aufforderte: „Brüder, bleibt der Erde treu!"

„Ich beschwöre euch, meine Brüder, bleibt der Erde treu und glaubt denen nicht, welche euch von überirdischen Hoffnungen reden! Giftmischer sind es, ob sie es wissen oder nicht. – Verächter des Lebens sind es, Absterbende und selber Vergiftete, deren die Erde müde ist: so mögen sie dahinfahren." (Also sprach Zarathustra, KSA 4, 15,1-6)  19

Anthropologie – Abwertung des Leibes: Nach Platon gilt: *soma* [Körper] = *sema* [Zeichen, d.h. hier Grabmal, Grab]. Der Leib ist das Grab der Seele.[46] Der Leib ist Inbegriff des unglücklichen, notvollen, zu überwindenden In-der-Welt-Seins des Menschen. „Der Leib macht uns tausenderlei zu schaffen", er erfüllt uns mit Bedürfnissen nach Nahrung, Krankheiten, Gelüsten und Begierden, Furcht und „mancherlei Kindereien". Der Leib und seine Begierden sind die Ursache für „Kriege, Unruhe und Schlachten". Er mit seinen Ablenkungen ist die Ursache dafür, dass „wir [...] nicht das „Wahre sehen können". Wenn wir je etwas „rein erkennen wollen", müssen „wir uns von ihm losmachen und mit der Seele selbst die Dinge selbst schauen". Wenn es aber „nicht möglich ist, mit dem Leibe irgendetwas rein zu erkennen, so können wir nur eines von beiden: entweder niemals zum Verständnis gelangen oder nach dem Tode." Der Tod ist darum „Erlösung und Absonderung der Seele von dem Leibe". Tod ist Befreiung, Befreiung vom hinderlichen Leib und Befreiung zur wahren Erkenntnis, die der Seele allein möglich ist.

Unter diesem platonischen Vorzeichen wird das nach biblischer Anthropologie für den Menschen konstitutive *basar-* (hebräisch)/*sarx-* (griechisch)/Fleisch-Sein ausschließlich zum Problem. Wenn Platon Sokrates dazu auffordern lässt, „so viel wie möglich nichts mit dem Leibe zu schaffen noch gemein haben" zu wollen, wird das zur Begründung einer prinzipiellen Leib*feindlichkeit*. Sie treibt etwa darin ihre Blüten, dass – zur Begründung einer Erbsündenlehre – schon die Zeugung eines Menschen durch den Geschlechtsakt bedeutet, dass er als Kind der Sünde, als Sünder zur Welt kommt.

Dass der lebendige Gott den Menschen als *basar/sarx*/Fleisch geschaffen hat, kann nicht mehr gewürdigt, sondern nur noch verworfen werden. Die resultierende Leib-

---

45 *Jenseits von Gut und Böse*, Vorrede.

46 Gorgias, 493a: Der Körper/Leib ist für uns ein Grab. Die folgenden Zitate sind aus *Phaidon* 66a-67b.

feindlichkeit ist Kampf gegen Gottes gute Schöpfung. Bis in den modernen Katholizismus und Neupietismus hinein findet sich eine tief gebrochene Haltung zur Sexualität und zum Menschen als Triebwesen, das nicht nur durch Vernunft und Intellekt gesteuert ist. „Und siehe, es war sehr gut“ (Gen 1,31) kann nicht mehr gewürdigt werden. Natürlich hat der sog. Sündenfall die ursprünglich gute Schöpfung verdorben, aber das theologische Verdikt geht unter der platonischen Zuspitzung eben entscheidend weiter und ist sehr viel grundsätzlicher: Diese Schöpfung, die bloß Diesseits ist, die vergänglich ist, die Leib ist, ist schon als solche minderwertig, ohne Wert in sich. Dass auch im Neuen Testament der Leib eine Gabe Gottes ist und sogar als Tempel des Heiligen Geistes wertgeschätzt wird (1Kor 6), dass wir im Neuen Testament eschatologisch keine Erlösung vom Leib, sondern die Erlösung des Leibes finden (Röm 8,23; 1Kor 15), kann unter diesen Voraussetzungen nicht verstanden und schlimmerweise eben auch nicht mehr rezipiert werden.

Anthropologie – die zentrale Bedeutung der unsterblichen Seele*:* Von zentraler Bedeutung ist dagegen die Seele. Sie ist unsterblich (vgl. Phaidros 245 b-c) und macht den Wesenskern des Menschen aus. Sie bezeichnet „den, der jeder von uns in Wahrheit sei“ (Nomoi, 959b3). Sie herrscht über den Körper (Nomoi 967 d 4-7). Die Seele allein ist zur Erkenntnis der Wahrheit fähig. Sie „trifft“ auf „die Wahrheit“ im Medium des „Denkens“ (Phaidon, 65 b-c). Des Philosophen Seele „verachtet den Leib“, „flieht von ihm“ und „sucht für sich allein zu sein“, ungetrübt von Gehör und Gesicht, Schmerz und Lust, „sich des reinen Gedankens allein sich bedienend“ „„geschieden von Augen und Ohren und [...] von dem ganzen Leibe, der nur verwirrt und die Seele nicht Wahrheit und Einsicht erlangen läßt“ (Phaidon 66a).

Die Seele allein ist zur Erkenntnis fähig, weil sie das Bindeglied ist zwischen dieser Realität und der eigentlichen Wirklichkeit, aus der sie kommt und in die sie wieder eingeht.

Dieses für Platon zentrale Seelen-Konstrukt wird in der Folge in der christlichen Theologie und der Kirche rezipiert. Es führt zu erheblichen Verschiebungen und Veränderungen biblischer Anthropologie, Soteriologie und Eschatologie. Einspruch ist zu erheben gegen die Annahme eines unsterblichen Wesenskerns des Menschen, die die exklusive Unsterblichkeit Gottes infrage stellt. Nach 1Tim 6,15 ist es Gott, „der allein Unsterblichkeit hat“. Diese ist Merkmal seiner Einzigkeit und seines Gott-Seins (vgl. 1Tim 1,17). Die Vorstellung eines immateriellen, unsterblichen Wesenskerns des Menschen wertet nicht nur seine irdische, leibliche Existenz ab (s. o.); sie überschreitet die ontologische Differenz zwischen Gott, dem Schöpfer, der auch außerhalb seiner Schöpfung existiert, und dem Geschöpf, das sterblich und endlich ist. Sie gibt ihm einen Status, der ihn unabhängig macht, von dem neuschöpferischen Tun Gottes am Ende der Zeiten.

Ohne Schriftgrund ist auch die hoch spekulative Seelenwanderungslehre Platons.[47] Die Annahme einer Reinkarnation der Seele hat nicht nur keine Schriftbasis, sie widerstreitet vor allem der biblischen Sicht von der unverwechselbaren, individuellen, einmaligen Existenz des Menschen, dem es gesetzt ist, einmal zu leben und zu sterben, danach das Gericht (Hebr 9,27)[48].

Quer zur biblischen Anthropologie steht die Aufteilung des Menschen in Teile, die ja Voraussetzung der Annahme einer den Tod überdauernden unsterblichen Seele ist. Die Teile-Anthropologie mit ihrer Distinktion von Leib, Seele und Geist ist Ursprung und Ursache eines die abendländische Geistesgeschichte bis heute beschäftigenden Leib-Seele-Problems. Dieses hätte es in der vorliegenden Form nicht gegeben, wenn nicht zuerst eine Trennung von Leib und Seele, Körper und Denken, Gehirn und Bewusstsein vollzogen worden wäre, die dann notwendig zu der Frage führt, wie denn diese getrennten Teile des Menschen miteinander interagieren können.

Ein weiterer Einwand bezieht sich auf die Intellektualisierung, die mit diesem anthropologischen Konzept verbunden ist. Vorausgesetzt ist die Möglichkeit, das intellektuelle Vermögen („die Gedanken") rein vom Körper zu isolieren, ein Konzept, das noch bei René Descartes (1596–1650) in den *Meditationes de prima philosophie* eine entscheidende Rolle spielt. Er fordert dazu auf, zum Zweck einer nicht mehr bezweifelbaren Erkenntnis den Geist von den Sinnen abzuziehen (*mentem a sensibus abducere*[49]). Aus der Sicht biblischer Anthropologie, der kritischen Theorie und moderner Sprachphilosophie ist dies eine wirklichkeitsferne Abstraktion. Das *„Ich denke"* kann sich nicht aus den Möglichkeitsbedingungen seiner Existenz herauslösen und von ihnen befreien, schon sprachlich nicht. Vernunft, Verstand, Denken, Intellekt sind eingebunden in die Gesamtexistenz eines Menschen. Biblisch sind *nous (Geist), noema (Erkenntnis), dianoia (Nachdenken), synesis (Einsicht, Verständnis)* geradezu Funktionen der *sarx* eines Menschen und darum auch höchst gefährdet in ihrer Orientierungsfunktion.[50]

Wer diese Einbindung übersieht, setzt einseitig auf Erziehung und Bildbarkeit des Menschen durch Überzeugung, Aufklärung und akademisch-intellektuelle Bildung. Es ist kein Geringerer als Sigmund Freud (1856–1939) gewesen, der im sachlichen Rückgriff auf die Anthropologie des Alten Testamentes durch seine Triebtheorie den Menschen in seiner Ganzheitlichkeit und Andersheit zur Geltung gebracht hat. Das intellektuelle, reflexive, nachdenkliche Ich ist mitnichten, wie von den idealistischen Konzeptionen des 18. und v.a. 19. Jh. unterstellt, „Herr im Haus" des Menschen.

---

[47] Zur Textbasis und Interpretationsproblemen vgl. Jörn Müller: Art. Seelenwanderung, in: *Platon Handbuch*, 331-335.

[48] Vgl. Werner Thiede: „Reinkarnation und Seelenwanderung. Warum ich nicht daran glaube", in: Sung-Hee Lee-Linke (Hg.): *Auferstehung oder Reinkarnation? Die Frage nach Gnade und Karma im christlich-buddhistischen Dialog*, Frankfurt a.M. 2006, 23-43.

[49] *Meditat.*, 5; AT VII, 5.

[50] Vgl. Heinzpeter Hempelmann: Art. Art. Vernunft / Verstand, in: *Das große Bibellexikon*, hg. von Helmut Burkhardt (u.a.) Bd.3, Gießen/Wuppertal 1989, S. 1635-1637.

Ethik und Pädagogik: Der Vollzug der Elenktik in den Aufklärungs-Dialogen des Sokrates wie auch das Konzept der Philosophenherrschaft setzt eine aufklärerisch-optimistische Pädagogik voraus. Der Mensch ist zwar verstrickt in Scheinwissen und Irrtümer. Es ist auch schwer, ihn aus seinem Gefängnis zu befreien. Dazu braucht es wiederholte Anstrengungen. Aber grundsätzlich gilt für Platon: Wer böse handelt, weiß bloß nicht, was das Gute ist. Und wer an seinen Auffassungen festhält, wird durch die Gewohnheit gebunden, die Schatten für die Realität zu halten. Es fehlt ihm nur an Bildung, die ihn das Gute deutlich erkennen und damit die Tugend und vor allem die Gerechtigkeit tun lässt. Platon will Athen retten; er will die ideale Polis schaffen durch Philosophie, Bildung und Aufklärung. Die Philosophie muss auch die einfachen Menschen erreichen, dann führt sie zum Erfolg. Wissen, die Beseitigung von Nicht-Wissen sowie Bildung sind der Schlüssel. Dieses Konzept hat eine ungeheure Wirkung entfaltet, vor allem in der Renaissance, die ganz bewusst auf die klassische griechische Antike zurückgegriffen hat, und schließlich und vor allem in der Bewegung der Aufklärungszeit, die sich die *Erziehung des Menschengeschlechts* (G.E. Lessing, 1729–1781) auf die Fahnen geschrieben hat, um die schlimmen Zustände zu bessern, die die Gottesherrschaft der Kirche(n) nicht gebessert, sondern sogar erzeugt hat. Nicht Glaube, sondern Vernunft, nicht Offenbarung, sondern Erziehung sind notwendig, um dem Menschen eine Zukunft zu geben.

Die optimistisch-intellektualistische Anthropologie, Ethik und Pädagogik stehen in einem diametralen Gegensatz zur negativen Anthropologie, die in der Heiligen Schrift zu finden ist: „Und der Herr sah, dass die Bosheit des Menschen auf der Erde groß war und alles Sinnen der Gedanken seines Herzens nur böse den ganzen Tag. Und es reute den Herrn, dass er den Menschen gemacht hatte, und es bekümmerte ihn in sein Herz hinein“ (Gen 6,5f). Die Menschheit steht unter dem Verdikt von Röm 3,10: „da ist kein Gerechter, der Gutes tue, auch nicht einer, da ist keiner, der verständig ist“ (V. 10), und in Röm 7 findet sich die Einsicht, dass es gerade das gute Gesetz ist, das Gebot, das zum Leben gegeben ist, das sich „mir zum Tod“ erweist (V. 10), eben weil der Mensch nicht in der Lage ist, es umzusetzen. Vor allem aber das von den Geschöpfen gekreuzigte Gotteswort, das Weisheit und Liebe in Person ist, erweist die Torheit dieser Welt und die Unfähigkeit der Weisen, das Wort Gottes zu erkennen, wenn es ihnen begegnet (1Kor 1,18-25). Das Problem des Menschen ist nicht nur kognitiver Natur. Es ist nicht nur sein Nicht-Wissen. Der Mensch ist im Kern böse, weil er im Aufstand gegen Gott lebt. Deshalb auch muss die Hilfe tiefer ansetzen. Die Rettung und Erlösung braucht den Identitätswechsel im Glauben.

Eschatologie und Hoffnung: Im Zuge der Hellenisierung des Christentums wird für eine Kirche, die durch die Parusieverzögerung des Wartens müde wird, aus der Erwartung der kommenden Herrschaft Gottes in der Zukunft, am Weltende, eine Hoffnung auf das Jenseits. Es findet – abgesehen von spiritualistischen, als unnüchtern qualifizierten Gruppen – eine signifikante Verschiebung der Hoffnung des Christen statt: Erlösung geschieht nicht mehr durch den Anbruch und die Durchsetzung des Reiches Gottes in einer mehr oder weniger nahen Zukunft. Sie wird vielmehr individuell erreicht durch den Tod hindurch, wenn die (unsterbliche) Seele als das, was den Tod überdauert, ins Jenseits wechselt. An die Stelle des neuen Himmels und der neuen Erde tritt die Jenseitshoffnung, an die Stelle der neuen Schöpfung die jenseitige Existenz des unsterblichen Wesenskerns des Menschen, an die Stelle der Auferweckung der ganz und gar Toten aus der Kraft Gottes und nach seinem Willen tritt das Fortleben im Jenseits, das „ewige Leben", verstanden als Läuterung und Befreiung vom Leib und seinen Begierden. Auch der von Jürgen Moltmann im Anschluss an Karl Barth erhobene energische Protest[51] gegen diese weitgehende Verschiebung in der Eschatologie konnte gegen die weitgehende Platonisierung christlicher Hoffnung auf die Dauer nichts ausrichten. Das eschatologische Büro bleibt, nach einem berühmten Wort Ernst Troeltschs, meist geschlossen.

Es ist sogar noch eine Spätfolge der platonischen Trennung von Diesseits und Jenseits, dass nach der modernen Trivialisierung des Jenseits die christliche Theologie meist keinen anderen Weg mehr sieht, als allein auf das – allein als Realität geltende – Diesseits zu setzen und das Reich Gottes allenfalls noch als einen gesellschaftlichen Fortschritt im Diesseits begreifen zu können. Damit wird aber die christliche Hoffnung banalisiert.

Absolutistische, weil essenzialistische *Erkenntnistheorie*: Für die traditionelle dogmatische Denkform hat die Amalgamierung von platonischer Ideenlehre und biblischem Offenbarungszeugnis ebenfalls weitreichende Konsequenzen. Vier Elemente wirken symbiotisch zusammen und verbinden sich zu einem stabilen Amalgam:

1. Philosophisch ist bestimmend ein griechisches Weltordnungsdenken, das die Welt als geordneten Kosmos begreift. Platonisch und neuplatonisch wird das zugespitzt durch das Konzept einer idealen Wirklichkeit, die Urbild, Vorbild und Norm unserer Wirklichkeit ist und auf die hin wir uns zu entwerfen und zu entwickeln haben.
2. Die Wesensschau, die zur Erkenntnis des wahren Wesens der Dinge in der Lage ist, wird abgesichert durch die Etablierung eines Erkenntnisprivilegs. Wer die behauptete Wahrheit nicht akzeptiert, hat sie noch nicht verstanden, er hat sie überhaupt noch nicht zu Gesicht bekommen.
3. Die essenzialistisch-rationalistische Wesensschau geht eine folgenreiche und enorm wirksame Synthese ein mit dem Gottesglauben und Offenbarungsanspruch der Bibel. Durch die Offenbarung wird das Wesen der Welt, wie es an sich, von Gott her ist, in unüberbietbarer und absolut gültiger Weise offenbart. Das Erkenntnisprivileg wird theologisch überhöht. Nur wer glaubt, also schon voraussetzt, was zu erkennen ist, kann die Wahrheit erkennen.
4. Es resultieren absolute theologisch-kirchliche Erkenntnisansprüche. Sie werden abgesichert durch eine bis heute nachwirkende Ehe von Thron und Altar, Gesellschaft und Religion, Staat und Kirche. Die Kirche legitimiert den Staat ideologisch-theologisch,

---

[51] Vgl. vor allem: Theologie der Hoffnung. Untersuchungen zur Begründung und zu den Konsequenzen einer christlichen Eschatologie, München 1964 und weitere Auflagen.

der Staat sichert mit absoluter bzw. absolutistischer Macht den Bestand der ihn legitimierenden und stabilisierenden christlichen Religion.

Das platonische Konzept beansprucht ja nicht weniger, als durch die Schau der Ideen/reinen Formen des Wirklichen das Wesen der Wirklichkeit zu erkennen. Und dieses Konzept wird gegen Kritik noch dadurch geschützt, dass es ein Erkenntnisprivileg beansprucht. Wer skeptisch bleibt, wer die Wahrheit nicht teilt, ist ihrer nur noch nicht teilhaftig geworden. Dieses Konzept philosophischer, gegen Kritik abgesicherter Letztansprüche führt dogmatisch zu einer folgenschweren Transformation des biblischen Gottesglaubens. Der lebendige Gott muss der Gott an sich, der Gott der Philosophen sein; seine Wahrheit muss *die* Wahrheit sein; das Gute muss identisch sein mit dem, was er als Lebensordnung gibt; seine Schöpfung muss die Ordnung sein, die der Platonismus für die Welt unterstellt. Hier gibt es ja nur die Alternative: Identifikation oder letzte Gegnerschaft. Das abendländische Christentum entscheidet sich – für lange Zeit – für den ersten Weg. Das hat Konsequenzen: Die christliche Hoffnung wird zu einem Seinskonzept, obwohl sie eigentlich das Resultat geschichtlicher Erfahrung mit einem sich herunterneigenden Gott ist, eingespannt zwischen Klage und Lob, zweifelnder Frage nach der Wirklichkeit Gottes in dieser offenbar gottwidrigen Welt und bestätigenden Erfahrungen seiner Nähe. Christliche Theologie bietet dann keine Begründungen für Hoffnung mehr, sondern philosophisch formatierte Aussagen mit Anspruch auf Letztgeltung, von der Welterklärung bis hin zur Ethik. In der christlichen Theologie treffen wir notwendigerweise auf das, was absolut gilt. Was anders sollte sie uns offenbaren als das Wesen der Welt, das Wesen des Guten, Gerechten, Schönen? Die christliche Botschaft, das Evangelium, wird zu einer absolut unwidersprechbaren Größe, in der Verbindung von Thron und Altar zu einem gnostischen System, dem man nur bei Gefahr von Leib und Seele widersprechen kann. Die von dem französischen Anthropologen und Sozialphilosophen Michel Foucault (1926–1984) beschriebene Pastoralmacht der Kirche[52] als bestimmende Dominanz über das gesellschaftliche Leben hat hier ihre philosophische Wurzel. Der postmoderne Protest gegen die großen Erzählungen, vor allem die große Erzählung des Christentums, und die Abwehr jeder autoritären Kommunikationskultur ist auch plausibel als Befreiung und Aufstand gegen diese theologische Wesensschau, die dem Menschen vorschreibt, wie er zu denken und zu handeln hat. Sie hat sich tief ins kulturelle Gedächtnis eingegraben.

Wirkungen I: autoritäres Ordnungsdenken: Essenzialistische Erkenntnistheorie wirkt sich dort besonders bedrängend aus, wo nicht nur noetisch, also erkenntnismäßig, der Anspruch erhoben wird, das Wesen einer Sache an sich (ihre „Idee“) zu erkennen, sondern wo das beanspruchte Erkenntnisprivileg durch die Verbindung von Thron und Altar in der Konstantinischen Ära eine nicht zu überbietende Durchsetzungsmacht bekommt. Die philosophische Wesensschau, die das Schein- und Falschwissen durchdringt, verschärft

[52] Vgl. Michel Foucault: *Sicherheit, Territorium, Bevölkerung. Geschichte der Gouvernementalität I. Vorlesungen am Collège de France 1977/1978,* (2004) Berlin 2006, 5. Aufl. 2017 (stw; 1808), 173-200.

den Anspruch einer theologischen Offenbarung, die Gott selbst dem Menschen schenkt, der aus der Dunkelheit ans Licht geführt wird. Das philosophisch begründete theologische Erkenntnisprivileg wird abgesichert durch eine Aufgabenteilung im Bündnis von Staat und Kirche. Diese führt idealtypisch zur theologischen Legitimation der staatlichen (als von Gott eingesetzter und gewollter) Herrschaft und zur staatlichen Durchsetzung theologischer Erkenntnis als der einzig verbindlichen Einsicht in den Sinn, das Wesen und die Ordnung des Kosmos. Damit die für das Zusammenleben fundamental wichtige Ordnung der Dinge, die die Theologie erkennt und die Kirche moralisch überwacht, nicht gefährdet wird, kommt dem weltlichen Schwert die Aufgabe zu, Zweifel, Kritik, modern gesprochen: Selbst-Denken, zu domestizieren oder am besten zu beseitigen. Wie effektiv die Verbindung von staatlicher und geistlicher Ordnung ist, zeigt sich in der verbreiteten Verurteilung abweichenden Verhaltens als Ketzerei. Wer gegen kirchliche Ordnungen verstößt, riskiert sein Seelenheil. Wer gegen staatliche Ordnungen verstößt, riskiert seine körperliche Unversehrtheit und Freiheit, und beides wird verwoben. Der Ketzer ist kriminell, der Kriminelle ist vielfach Ketzer, mindestens Sünder, der gegen die geistlichen Ordnungen verstößt.[53]

„Erst den Griechen fiel es zu, auf breiter Basis die multilaterale Verflechtung der Dinge von einem Standpunkt außerhalb der Dinge, von einem quasi archimedischen Punkt aus ganzheitlich zu überschauen. Dieses abständige Verhalten der Griechen gegenüber den Phänomenen zeitigt eine durchweg andere Befindlichkeit in der Welt bzw. einen radikal veränderten Umgang mit ihr."  20

(Müller-Traut: Frühformen des Erkennens am Beispiel Ägyptens, Darmstadt 1990, 2)

Sowohl für die Individualethik wie für eine Ethik des Politischen bedeutet das: Es gibt nicht nur eine Ordnung der Dinge, diese Ordnung ist auch offenbart und klar, und es ist Aufgabe der staatlichen Autoritäten, sie durchzusetzen und zu erhalten.[54]

Wirkungen II: Hermeneutik *und Ethik:* Ergebnis dieser essenzialistischen Interpretation von biblischen Offenbarungsansprüchen ist eine Hermeneutik, die die Bibel (und andere autoritative Texte) als Quelle von Wesensoffenbarungen liest. Folge ist eine Ethik, die aus den absolut gültigen, weil geoffenbarten und das Wesen der Wirklichkeit preisgeben-

---

[53] Vgl. Gerd Schwerhoff: *Verfluchte Götter. Die Geschichte der Blasphemie*, Frankfurt a.M. 2021, 62ff; 115ff; 403ff.

[54] Michel Foucault hat in seiner Studie „Die Ordnung der Dinge. Eine Archäologie der Humanwissenschaften" (1966), allerdings nur für einen begrenzten Zeitraum, dargestellt, wie dieses Denken sich selbst in der Neuzeit auswirkt. Die neuen wissenschaftlichen Methoden Taxonomie, Klassifikation aspektivisch, Identität und Differenz weisen allem, was lebt, seinen präzisen Ort im Ganzen zu. In der Sache handelt es sich um eine säkularisierte theologisch-metaphysische Denkform. Im Ergebnis führt sie – nach Foucault – zum Unsichtbarwerden und Verschwinden des Menschen als einem unverwechselbaren Individuum.

den Bestimmungen der Dinge in der Welt und ihrer Verhältnisse zueinander absolut gültige Verhaltensnormen ableitet.[55] Man weiß ja, was das geoffenbarte Wesen, etwa des Menschen, ist und wie ihm zu entsprechen ist.

Überformung hebräisch-biblischen Denkens *durch platonische Wesensschau*: Das für das hebräisch-biblische, Altes und auch Neues Testament noch bestimmende *aspektivische* Denken wird dabei, um die Terminologie von Emma Brunner-Taut aufzunehmen, durch eine Zentralperspektive überformt: „Die unter verschiedenen Aspekten gewonnenen Ergebnisse bleiben bei aspektivischer Apperzeptionsweise offen nebeneinander stehen, werden nicht in einem geschlossenen System harmonisiert."[56] Hebräisch-biblisches Denken zielt nicht ab auf eine Wesensschau. Es nimmt keine von den Phänomenen abgehobene Zentralperspektive ein. Um mit der Wissenschaftstheoretikerin Karen Gloy zu sprechen: Die für hebräische Grammatik, hebräischen Stil und Sprache charakteristische Parataxe (gleichrangige Aneinanderreihung von Hauptsätzen) verzichtet auf die Unterstellung abstrakten Kausalnexus, die Unterlegung eines Zusammenhanges von Ursache und Wirkung.[57] Ich beobachte A und B, oder erst A, dann B. Ich beobachte aber eben nicht, dass B aus A folgt. Die Annahme eines Kausalnexus[58] verändert den Weltumgang und konstituiert eine andere Wirklichkeit. Aus dem Erkennen als Teil der Wirklichkeit, die man erlebt und beschreibt, wird ein Erkennen der Wirklichkeit an sich von einem – unterstellt – überlegenen Standpunkt „außerhalb" dessen, was beobachtbar ist. Es wird beansprucht, die Dinge an sich und in ihrem Verhältnis zueinander zu sehen.

Philosophisch gesehen liegen hier völlig unterschiedliche, nicht zu wertende[59] Zugänge zur Wirklichkeit.[60] Wir finden im Neuen Testament nicht zufällig nicht bloß ein Evangelium, wie zu erwarten wäre, sondern vier sehr unterschiedliche. Wir finden im Alten Testament nicht nur eine Schöpfungsschilderung, sondern mehrere sehr unterschiedliche, bis in die Poesie der Psalmen hinein. Als Geschichten- und Geschichtsbuch liefert die Bibel keine Dogmatik mit angehängter Ethik, die die Dinge auf den Punkt bringt und klar den

---

55 Diese können dann, wie etwa bis heute in der katholischen Theologie, noch naturrechtlich unterlegt werden.

56 Emma Brunner-Traut: *Frühformen des Erkennens am Beispiel Ägyptens*, Darmstadt 1990, 6.

57 Vgl. ihre Monografie: Denkformen und ihre kulturkonstitutive Rolle, München 2016, 77-120. Gegenüber Müller-Traut, deren Darstellung stark wertend ist und die in dem aspektivischen Denken nur eine „Frühform" entdecken kann, die zwar überragende Zeugnisse hervorgebracht hat, aber rational überholt worden ist, erkennt und würdigt Gloy den aspektivischen Zugang erkenntnistheoretisch.

58 Sie zeigt sich sprachlich etwa in der Verwendung von kausalen oder konditionalen Konjunktionen („weil", „da", „wenn – dann" etc.), die etwas behaupten, was sich nicht unmittelbar beobachten lässt und darum ein meta-physisches Konzept implizieren.

59 Wer werten wollte, müsste ja bereits wieder ein System von Kriterien voraussetzen, das abstrakt und allgemeingültig ist. Er würde damit aber genau die Überlegenheit des Zugangs voraussetzen, die erst zu beweisen wäre, und damit zirkulär argumentieren.

60 Brunner-Traut assoziiert bewusst aspektivisches Denken mit der Sprache von Kindern und der Wahrnehmungsweise von geistig Beeinträchtigten: dies.: „Altägyptische Sprache und Kindersprache. Eine linguistische Anregung", in: *Studien zur altägyptischen Kultur*, hg. von Hartwig Altenmüller und Dietrich Wildung, Bd. 1, Hamburg 1974, 61-81.

schmalen Weg zeigt, der allein zu gehen ist. Wir finden vom Gott der Väter bis hin zu den trinitarischen Formeln neutestamentlicher Briefe, vom Dekalog und Heiligkeitsgesetz bis hin zur sog. Bergpredigt bzw. Feldrede weitgehend sehr vielfältige und bezeichnenderweise unausgeglichene Zugänge. Diese sind für Heilige Texte ja besonders bemerkenswert. Eindeutig werden die Texte erst, wenn wir sie eindeutig machen, hermeneutische Regeln anwenden und sie selektiv lesen. Aufregend und überaus anregend wird diese Vielfalt, wenn wir sie als Zugänge zu *einem* Gott und Reden des *einen* Gottes lesen. Schon die Gestalt, in der uns die biblischen Zeugnisse begegnen, hat also eine theologische und erkenntnistheoretische Bedeutung. Wir finden eben keine definitorischen Bestimmungen der Ordnungen des Wirklichen, sondern die Mitteilung und Eröffnung von Erfahrungsräumen, in denen „ich" mich einfinden kann. Dementsprechend ist ethisches Handeln nicht Tun des Guten („was heißest du mich gut? Keiner ist gut außer Gott allein"; Mk 10,18) und Gut-Werden durch Anteil haben am Guten. Leben gewinnt man als Einzelner wie als Gemeinschaft im Gegenüber zu Gott, d. h. in der personalrelational begründeten und bestimmten Nachfolge Jesu.

IV. Texte

1. Höhlengleichnis

(Politeia 514a-519d)

Nach diesen Erörterungen, fuhr ich fort, betrachte nun unsere menschliche Anlage *vor* und *nach* ihrer Entwicklung mit dem im folgendem bildlich dargestellten Zustande: Stelle dir nämlich Menschen vor in einer höhlenartigen Wohnung unter der Erde, die einen nach dem Lichte zu geöffneten und längs der ganzen Höhle hingehenden Eingang habe, Menschen, die von Jugend auf an Schenkeln und Händen in Fesseln eingeschmiedet sind, so daß sie dort unbeweglich sitzenbleiben und nur vorwärts schauen, aber links und rechts die Köpfe wegen der Fesselung nicht umzudrehen vermögen; das Licht für sie scheine von oben und von der Ferne von einem Feuer hinter ihnen; zwischen dem Feuer und den Gefesselten sei oben ein Querweg; längs diesem denke dir eine kleine Mauer erbaut, wie sie die Gaukler vor dem Publikum haben, über die sie ihre Wunder zeigen.

Ich stelle mir das vor, sagte er.

So stelle dir nun weiter vor, längs dieser Mauer trügen Leute allerhand über diese hinausragende Gerätschaften, auch Menschenstatuen und Bilder von anderen lebenden Wesen aus Holz, Stein und allerlei sonstigem Stoffe, während, wie natürlich, einige der Vorübertragenden ihre Stimme hören lassen, andere schweigen.

Ein wunderliches Gleichnis, sagte er, und wunderliche Gefangene!

Leibhaftige Ebenbilder von uns! sprach ich. Haben wohl solche Gefangene von ihren eigenen Personen und voneinander etwas anderes zu sehen bekommen als die Schatten, die von dem Feuer auf die ihrem Gesichte gegenüberstehende Wand fallen?

Unmöglich, sagte er, wenn sie gezwungen wären, ihr ganzes Leben lang unbeweglich die Köpfe zu halten.

Ferner, ist es nicht mit den vorübergetragenen Gegenständen ebenso?

Allerdings.

Wenn sie nun mit einander reden könnten, würden sie nicht an der Gewohnheit festhalten, den vorüberwandernden Schattenbildern, die sie sähen, dieselben Benennungen zu geben?

Notwendig.

Weiter: Wenn der Kerker auch einen Widerhall von der gegenüberstehenden Wand darböte, sooft jemand der Vorübergehenden sich hören ließe, – glaubst du wohl, sie würden den Laut etwas anderem zuschreiben als den vorüberschwebenden Schatten?

Nein, bei Zeus, sagte er, ich glaube es nicht.

Überhaupt also, fuhr ich fort, würden solche nichts für wahr gelten lassen als die Schatten jener Gebilde?

Ja, ganz notwendig, sagte er.

Betrachte nun, fuhr ich fort, wie es bei ihrer Lösung von ihren Banden und bei der Heilung von ihrem Irrwahne hergehen würde, wenn solche ihnen wirklich zuteil würde: Wenn einer entfesselt und genötigt würde, plötzlich aufzustehen, den Hals umzudrehen, herumzugehen, in das Licht zu sehen, und wenn er bei allen diesen Handlungen Schmerzen empfände und wegen des Glanzgeflimmers vor seinen Augen nicht jene Dinge anschauen könnte, deren Schatten er vorhin zu sehen pflegte: was würde er wohl dazu sagen, wenn ihm jemand erklärte, daß er vorhin nur ein unwirkliches Schattenspiel gesehen, daß er jetzt aber dem wahren Sein schon näher sei und sich zu schon wirklicheren Gegenständen gewandt habe und daher nunmehr auch schon richtiger sehe? Und wenn man ihm dann nun auf jeden der vorüberwandernden wirklichen Gegenstände zeigen und ihn durch Fragen zur Antwort nötigen wollte, was er sei, – glaubst du nicht, daß er ganz in Verwirrung geraten und die Meinung haben würde, die vorhin geschauten Schattengestalten hätten mehr Realität als die, welche er jetzt gezeigt bekomme?

Ja, bei weitem, antwortete Er.

Und nicht wahr, wenn man ihn zwänge, in das Licht selbst zu sehen, so würde er Schmerzen an den Augen haben, davonlaufen und sich wieder jenen Schattengegenständen zuwenden, die er ansehen kann, und würde dabei bleiben, diese wären wirklich deutlicher als die, welche er gezeigt bekam?

So wird's gehen, meinte er.

Wenn aber, fuhr ich fort, jemand ihn aus dieser Höhle mit Gewalt durch den rauhen und steilen Aufgang zöge und ihn nicht losließe, bis er ihn an das Licht der Sonne herausgebracht hätte, – würde er da wohl nicht Schmerzen empfunden haben, über dieses Hinaufziehen aufgebracht werden und, nachdem er an das Sonnenlicht gekommen, die Augen voll Blendung haben und also gar nichts von den Dingen sehen können, die jetzt als wirkliche ausgegeben werden?

Er würde es freilich nicht können, sagte er, wenn der Übergang so plötzlich geschähe.

Also einer allmählichen Gewöhnung daran, glaube ich, bedarf er, wenn er die Dinge über der Erde schauen soll. Da würde er nun erstlich die Schatten am leichtesten anschauen können und die im Wasser von den Menschen und den übrigen Wesen sich abspiegelnden Bilder, sodann erst die wirklichen Gegenstände selbst. Nach diesen zwei Stufen würde er die Gegenstände am Himmel und den Himmel selbst erst des nachts, durch Gewöhnung seines Blickes an das Sternen- und Mondlicht, leichter schauen als am Tage die Sonne und das Sonnenlicht.

Ohne Zweifel.

Und endlich auf der vierten Stufe, denke ich, vermag er natürlich die Sonne, das heißt nicht ihre Abspiegelung im Wasser oder in sonst einer außer ihr befindlichen Körperfläche, sondern sie selbst in ihrer Reinheit und in ihrer eigenen Region anzublicken sowie ihr eigentliches Wesen zu beschauen.

Ja, notwendig, sagte er.

Und nach solchen Vorübungen würde er über sie die Einsicht gewinnen, daß sie die Urheberin der Jahreszeiten und Jahreskreisläufe ist, daß sie die Mutter von allen Dingen im Bereiche der sichtbaren Welt und von allen jenen allmählichen Anschauungen gewissermaßen die Ursache ist.

Ja, entgegnete er, offenbar muß er zu diesen Einsichten nach jenen Vorübungen gelangen.

Wenn er nun an seinen ersten Aufenthaltsort zurückdenkt und an die dortige Weisheit seiner Mitgefangenen: Wird er da wohl nicht sich wegen seiner Veränderung glücklich preisen und jene bedauern?

Ja, sicher.

Und wenn damals bei ihnen Ehres- und Beifallsbezeugungen wechselseitig bestanden sowie Belohnungen für den schärfsten Beobachter der vorüberwandernden Schatten, ferner für das beste Gedächtnis daran, was vor, nach und mit ihnen zu kommen pflegte, und für die geschickteste Prophezeiung des künftig Kommenden: meinst du, daß er da danach Verlangen haben werde, daß er die bei jenen Höhlenbewohnern in Ehre Stehenden und Machthabenden beneidet? Oder daß es ihm geht, wie Homer sagt, und er viel lieber als Tagelöhner bei einem anderen dürftigen Manne das Feld bestellen und eher alles in der Welt über sich ergehen lassen will, als jene Meinungen und jenes Leben haben?

Letzteres glaube ich, sagte er, daß er nämlich sich eher allen Leiden unterziehen als jenes Leben führen wird.

Hierauf nun, fuhr ich fort, bedenke folgendes: Wenn ein solcher wieder hinunterkäme und sich wieder auf seinen Platz setzte: würde er da nicht die Augen voll Finsternis bekommen, wenn er plötzlich aus dem Sonnenlicht käme?

Ja, ganz sicherlich, sagte er.

Aber wenn er nun, während sein Blick noch verdunkelt wäre, wiederum im Erraten jener Schattenwelt mit jenen ewig Gefangenen wetteifern sollte, und zwar ehe seine Augen wieder zurechtgekommen wären – und die zu dieser Gewöhnung erforderliche Zeit dürfte nicht ganz klein sein –: würde er da nicht ein Gelächter veranlassen, und würde es nicht von ihm heißen, weil er hinaufgegangen wäre, sei er mit verdorbenen Augen zurückgekommen, und es sei nicht der Mühe wert, nur den Versuch zu machen, hinaufzugehen? Und wenn er sich gar erst unterstände, sie zu entfesseln und hinaufzuführen, – würden sie ihn nicht ermorden, wenn sie ihn in die Hände bekommen und ermorden könnten?

Ja, gewiß, antwortete er.

2. Siebter Brief (Auszug)

(341a-344e)

In diesem Sinne wurde denn auch der Vortrag bei Dionysios begonnen. Alle Teile meiner Lehre stellte ich ihm natürlich unter diesen Umständen nicht dar, und Dionysios verlangte auch nicht danach. Er selbst hatte ja, wie er sich den Anschein gab, schon Wissen genug, und zwar in den größten Geheimnissen, und war bereits ganz fertig infolge der von andern aufgefangenen Weisheit. Später aber, wie ich von Hörensagen weiß, soll er über die damals von mir gehörten Gedanken geschrieben haben, als wenn es sein eignes System wäre und nichts von ebendem, was er hörte; ich kenne aber nichts davon. Von andern zwar weiß ich, daß sie über ebendieselben Materien geschrieben haben; dagegen gibt es auch gewisse andere, welche nicht einmal selbst wissen, daß sie geschrieben haben. Über alle Schriftsteller hierüber, sowohl über die jetzigen wie über die künftigen, welche versichern, über die Hauptmaterien meines Studiums etwas zu wissen, sei es aus meinem eigenen Munde oder aus dem anderer oder durch eigne Auffindung, habe ich hier den Satz auszusprechen: jene Schreiber verstehen, nach meinem philosophischen Glaubensbekenntnisse wenigstens, von der Philosophie gar nichts. Es gibt ja von mir einmal über jene Materien keine Schrift und wird auch keine geben. Denn in bestimmten sprachlichen Schulausdrücken darf man sich darüber wie über andre Lerngegenstände gar nicht aussprechen, sondern aus häufiger familiärer Unterredung gerade über diesen Gegenstand sowie aus innigem Zusammenleben entspringt plötzlich jene Idee in der Seele wie aus einem Feuerfunken das angezündete Licht und bricht sich dann selbst weiter seine Bahn. Und so viel wenigstens weiß ich in dieser Beziehung, daß schriftliche oder mündliche Äußerungen hierüber doch am besten von mir geschehen würden; und da muß es mich denn doch sehr schmerzen, daß meine Gedanken entstellt in die Welt hinausgeschrieben worden sind. Wenn es mir vernünftig geschienen hätte, daß jene Gedanken durch Schrift und durch Wort unverschleiert unter dem Volke verbreitet werden dürften: Was für eine schönere Lebensaufgabe würde ich da gehabt haben, als der Menschheit der Verkünder eines großen Heils zu werden und dabei das Wesenhafteste des Universums aller Welt ans Tageslicht zu bringen! Aber weder die Veröffentlichung jener Geheimnisse noch die sogenannte populäre Behandlung jener Materien halte ich für Menschen für ein Glück, mit Ausnahme von wenigen Auserwählten, von allen jenen nämlich, welche imstande sind, auf einen ganz kleinen Wink selbst zu finden. Von dem übrigen Publikum muß sie natürlich einigen auf unverantwortliche Weise eine ganz dumme Verachtung für die Philosophie einflößen, andern dagegen eine Überspanntheit und Aufgeblasenheit infolge des Wahnes, als wenn sie jetzt alle Weisheit mit Löffeln genossen hätten. Hier taucht mir der Gedanke auf, mich noch etwas ausführlicher über jenes Thema (von der Profanierung der höheren Wahrheiten durch Schriften) zu verbreiten; denn es dürfte jener hier in Rede stehende Satz dadurch noch klarer einleuchten. Es gibt eine unumstößlich wahre Gegenansicht von der verwegenen Profanation jeder Wahrheit durch die Schrift, eine Ansicht, welche schon mehr als einmal von mir ausgesprochen worden ist, welche aber zufolge des erwähnten Grundes auch jetzt hier näher erörtert werden muß.

Bei einem jeden der Dinge gibt es drei Momente, durch welche nach ewiger Weltordnung die vollständige geistige Erkenntnis nach und nach zustande kommt, das vierte ist sie selbst; als das fünfte ist das Objekt (die Idee) zu setzen, was eben erst sich durch die Tiefe der Vernunft erkennen läßt und das wahre Urbild des Dinges ist. Das erste dieser Momente ist der *Name*, das zweite ist die sprachlich ausgedrückte *Begriffsdefinition*, das dritte ist das durch die körperlichen Sinne wahrnehmbare *Bild*, das vierte ist die volle geistige Erkenntnis. Wenn man nun das hier allgemein Gesagte deutlicher begreifen will, so fasse man es an einem besonderen Beispiel und denke sich dann die Sache bei allen Dingen überhaupt. *Kreis* ist zum Beispiel ein besonderes prädiziertes Ding, das eben den Namen hat, welchen wir eben laut werden ließen. Das Zweite von jenem Dinge würde die sprachlich ausgedrückte *Begriffsdefinition* sein, welche aus Nenn- und Aussagewörtern zusammengesetzt ist: nämlich „das von seinen Enden bis zum Mittelpunkt überall gleich weit Entfernte" – wäre wohl die Definition von jenem Dinge, das den Namen *Rund, Zirkel, Kreis* hat. Das Dritte ist das in die äußeren Sinne fallende *körperliche Bild* davon, z. B. vom Zeichner und vom Drechsler, was sich wieder auslöschen und vernichten läßt, Zufälle, welchen das Urbild (die Idee) des Kreises an sich, mit dem alle jene Meister sich beschäftigen, nicht unterworfen ist, weil er etwas anderes und ganz davon Verschiedenes ist. Das Vierte ist das *wissenschaftliche Erkennen*, das Vernehmen durch den vernünftig denkenden Geist, die objektive wahre Vorstellung von solchen Dingen, und diese ganze Tätigkeit muß man als eine zählen, da sie nicht in äußerlichen sprachlichen Lauten, nicht in den der körperlichen Wahrnehmung zugänglichen Gestalten, sondern innerhalb der Seele ist, und durch diese Innerlichkeit unterscheidet sich diese (objektive) wissenschaftliche Erkenntnis erstlich von dem (idealen, aber dabei reellsten) Ur-Kreis an sich und zweitens auch von den drei vorhin genannten (niederen) Erkenntnismomenten. Unter diesen Erkenntnismomenten ist das des inneren (geistigen) Vernunftvermögens dem Fünften (dem Ur-Kreis an sich) an Verwandtschaft und Gleichheit am nächsten, die anderen aber stehen weit zurück. Das hier beispielsweise vom Kreise Gesagte gilt nun natürlich überhaupt: ebensogut von der gradlinigen Figur und Zeichnung wie von der zirkelrunden, vom Begriff Gut sowohl wie vom Schönen und Gerechten, von allem Körperlichen, sei es Kunst- oder Naturprodukt, von Feuer und Wasser und allen dergleichen Elementen, von jedem Geschöpfe der gesamten Tierwelt wie von jeder Individualität der menschlichen

Seele, von allen Ursachen und Wirkungen. Denn wenn jemand nicht die vier ersten Erkenntnismomente der zu erkennenden Objekte auf irgend eine Weise innehat, so kann er des fünften Momentes (der ideellen Wesenheit) nicht vollständig teilhaftig werden. Außer den vorgenannten Aufschlüssen haben jene vier Momente auch folgenden Nachteil: sie suchen nämlich nicht minder die sinnliche Eigenschaft als das durch die Vernunft wahrnehmbare Wesen eines jeden Objektes zu zeigen, infolge der Unzulänglichkeit der sprachlichen Bezeichnungen; und aus diesem Grunde wird kein vernünftig gebildeter Mensch es je über sich gewinnen, die durch die reine Vernunft von ihm erfaßten Wahrheiten in jene unzulängliche Sprachbezeichnung zu versetzen, zumal da diese etwas ganz Unbeholfenes ist, ein Mißstand, welcher bekanntlich bei den durch Buchstaben geschehenden Veröffentlichungen eintritt. Das hier allgemein Gesagte muß man sich wiederum an demselben Beispiele erläutern: Jeder (sinnliche oder körperliche) Kreis, welcher unter Menschenhänden gezeichnet oder gedrechselt wird, hat sehr vieles vom Gegenteil dessen, welches wir als das fünfte der Erkenntnismomente aufzählten; denn der sinnliche Kreis kommt überall (durch die Verkörperung) in das Gebiet des Geraden; dagegen der ideelle Ur-Kreis hat, denke ich, schlechterdings nichts von der gegenteiligen Natur an sich. Ferner auch der Name jener einzelnen in die Sinne fallenden Dinge hat bei keinem etwas Wirkliches an sich, und es hindert gar nichts, die jetzt krumm genannten Dinge gerade zu nennen und die geraden krumm, und sie bleiben uns nach dieser Umänderung und entgegengesetzten Benennung noch ebenso wirklich. Dieselbe Betrachtung gilt vom sprachlichen Ausdrucke oder der Definition eines Dinges: da sie ja aus der Zusammensetzung von Nenn- und Aussagewörtern besteht, so ist gar nichts vollkommen Wirkliches daran. Und so läßt sich tausendfach von jedem der vier Erkenntnismomente nachweisen, daß es kein ungetrübtes, reines Resultat gibt. Das Argste hierbei ist, was wir schon oben berührt haben: während nämlich die Seele von den zwei Seiten des Seins (dem nicht sinnlich wahrnehmbaren wesenhaften Sein und sinnlich wahrnehmbaren Beschaffenheit eines Wesens) nicht nach der sinnlichen Beschaffenheit, sondern nach dem wesenhaften Sein strebt, so hält jedes der vier Erkenntnismomente derselben Seele sowohl im Reiche des Gedankens wie in dem der Praxis zuvor das nicht Gesuchte (die sinnliche Beschaffenheit) vor und erfüllt dadurch jeden Menschen mit jeder Art von Zweifel und Unklarheit, weil allemal ein jedes der erwähnten vier Momente das durch sinnliche Worte oder Zeichen Ausdrückbare als etwas für leibliche Sinne leicht Faßliches dazwischen (nämlich zwischen die forschende Seele und das nicht sinnlich erfaßbare ewig wahre Urbild oder Ideale) schiebt. Bei diesen Untersuchungen sind wir nun infolge schlechter Erziehung nicht einmal gewöhnt, nach der reinen übersinnlichen Wahrheit zu forschen, und daher genügt schon das vorgeschobene sinnlich wahrnehmbare Abbild vom ewigen Urbild; da werden wir bei Fragen und Antworten darüber von einander gar nicht lächerlich befunden, und die Fragenden vermögen nur im Gebiete der vier Erkenntnisgrade zu widerlegen und des Irrtums zu überführen. Bei welchen Objekten aber wir in bezug auf das fünfte Moment zu antworten und Erklärungen zu geben nötigen: da ist dann nur einer derer, welche hier mit dem Widerlegen umgehen können, wenn er will, der Meister und stellt allemal den, welcher nur in definierenden Ausdrücken der Sprache – sei es durch Schrift oder durch mündliche Antwort – sich darüber erklären will, bei der Mehrheit des zuhörenden Publikums als einen Ignoranten dessen hin, worüber er durch schriftliche oder durch mündliche Sprachzeichen sich auszudrücken versucht; manchmal indessen wissen die Widerlegungskünstler gar nicht, daß eigentlich nicht die Seele dessen, der sich durch schriftliche oder mündliche Sprachzeichen über jenes fünfte Moment ausgesprochen hat, die Widerlegung trifft, sondern die ursprüngliche Fehlerhaftigkeit jener vier Erkenntnismomente, welche nach dem Willen des Schöpfers ursprünglich hierfür unzulänglich waren. Ja, der durch alle jene Erkennungsstufen mit Anstrengung und oft wiederholte Gang erzeugt kaum eine Erkenntnis vom ursprünglich vollkommen Wesenhaften (der Idee) bei dem Denker, welcher mit den jenem Wesenhaften verwandten Eigenschaften geboren ist. Wer dagegen mit schlechten Eigenschaften geboren ward, wie der Seelenzustand der großen Masse des Volkes sowohl in Absicht auf theoretisches Studium als auch auf praktische Erwerbung der sogenannten Sittlichkeit von Hause aus beschaffen und zum Teil auch verhunzt worden ist: solche Leute würde nicht einmal Lynkeus zur Anschauung des ewig Wahren und Wesenhaften bringen können. Kurz und gut: Wer nicht von Geburt dem ewigen Objekte der Philosophie verwandt ist, dem kann weder leichte Fassungsgabe noch ein gutes Gedächtnis diese Eigenschaft ersetzen; denn überhaupt kann sie in den blutfremden Konstitutionen nicht ins Leben treten.

Daraus geht der Folgesatz hervor: Alle, welche keine angeborene Empfindung und Verwandtschaft für Gerechtigkeit und alles andre Höhere bei vorwiegenden Fassung- und Gedächtnisgaben besitzen, ebenso die, welche jene Verwandtschaft, aber in Verbindung mit schwerer Fassungsgabe und einem schlechten Gedächtnisse haben: alle diese werden niemals das wahre Wesen der Tugend und des Lasters begreifen. Denn zugleich muß man jene beiden Gebiete studieren, sowohl das Unwahre als auch das Wahre des ganzen Seins, mit allem Mühe- und Zeitaufwand, wie ich schon von Anfang bemerkte. Und wenn erst durch fleißige gegenseitige Vergleichung Namen, definierende Beschreibungen mittels der Sprache, sinnliche Anschauungen und Wahrnehmungen in Beziehung auf ihre Aussagen vom Wesen der Dinge in leidenschaftslosen Belehrungen berichtigt werden, und wenn wir hierbei ohne leidenschaftliche Rechthabereien die rechte dialektische Methode anwenden: dann erst geht uns das Licht der rein geistigen Wahrnehmung und der reinen Vernunftauffassung des inneren Wesens der Dinge auf. Darum nun ist jeder ernste Mann, der kein Mietling der Wissenschaft ist, weit entfernt, über ernste, hochheilige Gegenstände seine Gedanken durch die Schrift unter der Menschheit zu veröffentlichen und dadurch sie der Schwatzsucht und Herabwürdigung des Pöbels preiszugeben. Was aus diesen Betrachtungen zu entnehmen ist, das ist mit einem Worte folgendes: Wenn einer von jemandem schriftliche Veröffentlichungen, sei es über Gesetze von einem Gesetzgeber oder seien es über andere Gegenstände sonst welche Schriften, in seine Hand bekommt, so muß er denken, daß dies die hochheiligsten Gedanken bei dem noch nicht sind, sofern er selbst kein unheiliger Mensch ist, sondern daß jene am schönsten Plätzchen seiner Habe aufbewahrt liegen. Sollten aber von jenem diese seine heiligsten Gedanken in Schriften profaniert worden sein, – nun, so mache man dann den Schluß, daß nicht Götter, sondern sterbliche Menschen allein ihn *aller Besinnung beraubten*.

Wer hier dieser Deduktion und Episode über die Erkenntnisstufen treu gefolgt ist, der muß dadurch zu folgender Überzeugung gelangen: mag nun Dionysios oder ein anderer nieder oder höher Stehende seine Gedanken über die höchsten und wichtigsten Fragen des Universums schriftlich veröffentlicht haben, so ist gewiß, daß er nach meiner philosophischen Grundansicht wenigstens über die Gegenstände, worüber er in die Welt hineingeschrieben hat, irgend einen gesunden vernünftigen Gedanken nicht besaß, nicht durch Hören eines Vortrages und auch nicht durch die Erfindung seiner inneren Geistestätigkeit. Denn sonst würde er dieselbe heilige Scheu vor jenen Wahrheiten haben wie ich, und er würde sich nicht unterstanden haben, sie auf so unpassende und unschickliche Weise unter die Menge zu werfen. Für die Schreiberei über solche Wahrheiten hat er gar keine haltbare Entschuldigungsgründe. Will er sie erstlich zu seiner eignen Erinnerung zu Papier gebracht haben, so ist dieser Grund einmal unhaltbar: denn es gibt ja gar keine Gefahr, daß sie jemand vergißt, wenn er sie nur einmal in seinem Innern recht erfaßt hat. Ein anderer Fall wäre es, wenn er aus sündhafter Ehrliebe geschrieben hätte, sei es unter Ausgebung jener Wahrheiten für sein Eigentum, sei es unter Ostentation einer ihm bekanntlich zuteil gewordenen Einweihung in eine wahrhaft geistbildende philosophische Heilslehre, deren er sich unwürdig zeigte dadurch, daß er sich bloß mit dem aus jener Einweihung gewonnenen äußeren Schimmer begnügte ...

3. Jenseitshoffnung

Phaidon 66a-67b

Über die Maßen hast du recht, o Sokrates, sprach Simmias.
Ist es nun nicht natürlich, daß durch dieses alles eine solche Meinung bei den wahrhaft Philosophierenden aufkommt, so daß sie auch dergleichen unter sich reden: Es wird uns ja wohl gleichsam ein Fußsteig heraustragen mit der Vernunft in der Untersuchung, weil, solange wir noch den Leib haben und unsere Seele mit diesem Übel im Gemenge ist, wir nie befriedigend erreichen können, wonach uns verlangt; und dieses, sagen wir doch, sei das Wahre. Denn der Leib macht uns tausenderlei zu schaffen wegen der notwendigen Nahrung; dann auch, wenn uns Krankheiten zustoßen, verhindern uns diese, das Wahre zu erjagen, und auch mit Gelüsten und Begierden, Furcht und mancherlei Schattenbildern und vielen Kindereien erfüllt er uns; so daß recht in Wahrheit, wie man auch zu sagen pflegt, wir um seinetwillen nicht einmal dazu kommen, auch nur irgend etwas richtig einzusehen. Denn auch Kriege und Unruhen und Schlachten erregt uns nichts anderes als der Leib und seine Begierden: denn über den Besitz von Geld und Gut entstehen alle Kriege, und dieses müssen wir haben des Leibes wegen, weil wir seiner Pflege dienstbar sind, und daher fehlt es uns an Muße, der Weisheit nachzutrachten um aller dieser Dinge willen wegen alles dessen. Und endlich doch, wenn es uns auch einmal Muße läßt und wir uns anschicken, etwas zu untersuchen, so fällt er uns wieder bei den Untersuchungen selbst beschwerlich, macht uns Unruhe und Störung und verwirrt uns, daß wir seinetwegen nicht das Wahre sehen können. Sondern es ist uns wirklich ganz klar, daß, wenn wir

je etwas rein erkennen wollen, wir uns von ihm losmachen und mit der Seele selbst die Dinge selbst schauen müssen. Und dann erst offenbar werden wir haben, was wir begehren und wessen Liebhaber wir zu sein behaupten, die Weisheit, wenn wir tot sein werden, wie die Rede uns andeutet, solange wir leben aber nicht. Denn wenn es nicht möglich ist, mit dem Leibe irgend etwas rein zu erkennen, so können wir nur eines von beiden: entweder niemals zum Verständnis gelangen oder nach dem Tode. Denn alsdann wird die Seele für sich allein sein, abgesondert vom Leibe, vorher aber nicht. Und solange wir leben, werden wir, wie sich zeigt, nur dann dem Erkennen am nächsten sein, wenn wir so viel wie möglich nichts mit dem Leibe zu schaffen noch gemein haben, was nicht höchst nötig ist, und wenn wir mit seiner Natur uns nicht anfüllen, sondern uns von ihm rein halten, bis der Gott selbst uns befreit. Und so rein der Torheit des Leibes entledigt, werden wir wahrscheinlich mit eben solchen zusammen sein und durch uns selbst alles Ungetrübte erkennen, und dies ist eben wohl das Wahre. Dem Nichtreinen aber mag Reines zu berühren wohl nicht vergönnt sein. Dergleichen meine ich, o Simmias, werden notwendig alle wahrhaft Wißbegierigen denken und untereinander reden, Oder dünkt dich nicht so?

Auf alle Weise, o Sokrates.

Wenn nun, sprach Sokrates, dieses wahr ist, o Freund, so ist ja große Hoffnung, daß, wenn ich dort angekommen bin, wohin ich jetzt gehe, ich dort, wenn irgendwo, zur Genüge dasjenige erlangen werde, worauf alle unsere Bemühungen in dem vergangenen Leben gezielt haben; so daß die mir jetzt aufgetragene Wanderung mit guter Hoffnung anzutreten ist auch für jeden andern, der nur glauben kann, dafür gesorgt zu haben, daß seine Seele rein ist.

Allerdings, sprach Simmias.

Und wird nicht das eben die Reinigung sein, was schon immer in unserer Rede vorgekommen ist, daß man die Seele möglichst vom Leibe absondere und sie gewöhne, sich von allen Seiten her aus dem Leibe für sich zu sammeln und zusammenzuziehen und so viel als möglich, sowohl gegenwärtig, als hernach, für sich allein zu bestehen, befreit, wie von Banden, von dem Leibe?

Allerdings, sagte er.

Heißt aber dies nicht Tod: Erlösung und Absonderung der Seele von dem Leibe?

Allerdings, sagte jener.

Und sie zu lösen streben immer am meisten, sagte er, nur allein die wahrhaft Philosophierenden; und eben dies also ist das Geschäft der Philosophen: Befreiung und Absonderung der Seele von dem Leibe; oder nicht?

Offenbar.

Also wäre es ja, wie ich anfänglich sagte, lächerlich, wenn ein Mann, der sich in seinem ganzen Leben darauf eingerichtet hätte, so nahe als möglich an dem Gestorbensein zu leben, hernach, wenn eben dieses kommt, sich ungebärdig stellen wollte? Wäre das nicht lächerlich?

Wie sollte es nicht?

In der Tat also, o Simmias, trachten die richtig Philosophierenden danach, zu sterben und der Tod ist ihnen unter allen Menschen am wenigsten furchtbar. [...]

V. Literaturhinweise

Literaturhinweise – Platon und Sokrates

1. Quelle

Platon: *Werke griechisch und deutsch*, in der Übersetzung von Friedrich Schleiermacher, 8 Bde. hg. von Gunther Eigler, Darmstadt 1977 (ND 2019).

2. Sekundärliteratur

Günter Figal: *Sokrates*, München 2., überarb. Aufl. 1998.

Hellmut Flashar: *Platon. Philosophieren im Dialog*, Wien 2021.

Romano Guardini: *Der Tod des Sokrates. Eine Interpretation der platonischen Schriften Euthyphron, Apologie, Kriton und Phaidon*, Reinbek b. Hamburg 10. Aufl. 1969, 193.

Christoph Horn/Jörn Müller/Joachim Söder (Hrsg.): *Platon Handbuch. Leben, Werk, Wirkung*, 2., erw. Aufl. Stuttgart 2017.

Gottfried Martin: *Platon*, Reinbek b. Hamburg 20. Aufl. 1997.

Gottfried Martin: *Sokrates*, Reinbek b. Hamburg 1976.

Eckehard Martens: „Platon", in: (Bernd Lutz (Hrsg.): *Metzler Philosophen Lexikon. Von den Vorsokratikern bis zu den neuen Philosophen*, Stuttgart/Weimar, 2. überarb. und erw. Aufl. 1995, 681-685.

Eckehard Martens: *Sokrates. Ein Einführung*, Stuttgart 2004.

E. Ritter: Art. Platon, in: *RGG* 2. Aufl., Bd. 2, Tübingen 1930, 1286-1291.

Arbogast Schmitt: *Die Moderne und Platon*, Stuttgart 2., überarb. Aufl. 2008 .

Jan Szaif: „Platon. Spektrum der Philosophie", in: Michael Erler/Andreas Graeser (Hrsg.): *Philosophen des Altertums. Von der Frühzeit bis zur Klassik. Eine Einführung*, Darmstadt 2000, 130-148.

Thomas Alexander Szlezák: Platon. *Meisterdenker der Antike*, München 2021.

Christoph C. Taylor: *Sokrates*, Freiburg/ Basel/ Wien o.J.

Teil C
Aristoteles

I. Zu seinem Leben

Aus den Werken erfährt man vergleichsweise wenig über das Leben des Aristoteles. Quellen zur Biografie sind vor allem Diogenes Laertius: *Leben und Meinungen berühmter Philosophen*, und die *Vita Marciana*. Beide Quellen sind vergleichsweise spät. Auch wenn sie älteres Material präsentieren, sind die zu findenden Auskünfte mit großer Vorsicht zu genießen.

Aristoteles wird 385 v. Chr. im nordgriechischen Stageira geboren. Er wird deshalb oft der Stagirit genannt. Stageira liegt auf der Halbinsel Chalkidike. Die Stadt ist relativ unabhängig, klein, aber nicht unbedeutend. 421 v. Chr. schließt sie sich dem Chalkidischen Bund an. Bezugspunkt für die sich verbündenden Staaten ist v.a. der große Nachbar: das Königreich Makedonien. Dessen König Amyntas III., der zu Aristoteles' Geburtszeit von 393–370 v. Chr. regiert, vollzieht eine weitere Annäherung an die griechische Kultur und sichert die makedonische Macht.[1] Vater des Aristoteles ist Nikomachos, aus adeligem Geschlecht, der seinen Stammbaum bis zu dem bei Homer genannten Arzt Machaon zurückführt. Dieser, so wurde überliefert, soll seinerseits Sohn des Heilsgottes Asklepios gewesen sein. Auch die Mutter Phaestis stammt aus einer Medizinerfamilie. Ihr Vater ist Leibarzt am Hof des Amyntas in Pella gewesen. Wahrscheinlich hat Aristoteles erste Kontakte nach Makedonien bereits in seiner Jugend gehabt.[2] Die Eltern sterben früh, aber der Vormund Proxenos aus Atarneus lässt seinem Zögling eine möglichst gute und folgenreiche Erziehung angedeihen. Er schickt Aristoteles mit 17 Jahren an die seinerzeit beste Bildungsadresse: nach Athen, zur Akademie Platons. Sie besteht, als Aristoteles ankommt, bereits fast 20 Jahre. Aristoteles findet einen engen Kreis von ca. 20 Schülern vor, der wohl auch auf dem Gelände der Akademie wohnt.[3] In der Politeia Platons finden wir das Erziehungsprogramm für Philosophen, auf das Aristoteles

---

1 Vgl. Hellmut Flashar: *Aristoteles. Lehrer des Abendlandes*, München 2., durchgeseh. Aufl. 2013, 14.

2 So Flashar: *Aristoteles*, 15.

3 Flashar: *Aristoteles*, 19.

dort trifft. Zu ihm gehört das Studium der Arithmetik, Geometrie, Astronomie, Grammatik (VIII, 525 D-535 A). Wir können davon ausgehen, dass Platon versucht hat, diese breite, interdisziplinäre Ausbildung auch an der Akademie zu realisieren. Einen Schwerpunkt des Studiums bildet die Mathematik. Der seinerzeit berühmteste Mathematiker und Astronom Eudoxos von Knidos gehört der Akademie an und leitet sie sogar phasenweise während einer Abwesenheit Platons. Aristoteles ist zunächst nur Schüler, nimmt aber bald an Diskussionen teil und wird schließlich selbst Dozent an der Akademie. Wichtig für die Einschätzung des akademischen Klimas ist die Tatsache, dass alle bekannten Platon-Schüler in entscheidenden Fragen von ihrem Meister abweichen.[4] Aristoteles wird zu einem der schärfsten Kritiker Platons. Er kann die Ideenlehre als „Trällerei" und „Grillengezirpe" bezeichnen (Anal Post II, 22, 83 a33). Platon verträgt das offenbar. Hauptpunkt der Kritik an der Ideenlehre ist der Vorwurf, sie bedeute eine unnötige Verdoppelung der wirklichen Welt.

Nach dem Vorbild des Lehrers schreibt auch Aristoteles in erheblichem Umfang Dialoge. Alle werden seinerzeit als Medium der Kommunikation der eigenen Auffassung veröffentlicht. Sie sind für ein breites Publikum bestimmt. Kein einziger der Dialoge ist aber erhalten geblieben.

Als Metoeke, also als Eingewanderter ohne volles Bürgerrecht, hat sich Aristoteles politischer Tätigkeiten enthalten. Das bedeutet aber nicht, dass er nicht politisch interessiert gewesen ist. Seine umfangreiche Sammlung der Verfassungen verschiedenster Staaten und vor allem seine acht Bücher umfassende Politik zeigen das Gegenteil. Seine Position in Athen verlangt von ihm aber viel Fingerspitzengefühl. Einerseits unterhält er Verbindungen zum makedonischen Hof, andererseits werden in Athen mit Sorge die Expansions- und Großmachtpolitik von Philipp II diskutiert. Antimakedonische Aversionen sind allgegenwärtig.

Einen Einschnitt bedeutet der Tod Platons im Alter von 80 Jahren. 40 Jahre hat er die Akademie geleitet. Sie ist durch ihn zu einem Zentrum und Anziehungspunkt der bedeutendsten Denker und Wissenschaftler geworden. Aristoteles ist zum Zeitpunkt des Todes bereits 20 Jahre Mitglied der Akademie. Über die Gründe, warum er nun die Akademie verlässt, ist viel gerätselt worden. Dass Platon ihn nicht zu seinem Nachfolger ernannt hat, ist sicher auch dem Umstand geschuldet, dass Aristoteles Metoeke ist. Dass wir uns das Verhältnis nicht als belastet oder als Zerwürfnis vorstellen dürfen, belegt ein Text, in dem sich – bei allen Differenzen – die tiefe Verehrung des Schülers für den Lehrer dokumentiert. Für einen von Eudomos von Rhodos, einem Platon-Schüler, gestifteten Altar schreibt Aristoteles in gewähltem Stil ein Gedicht:

> Angekommen im berühmten Land des Kekrops,
> hast du in Ehrfurcht einen Altar der heiligen Freundschaft gestiftet,
> für einen Mann, den noch nicht einmal zu loben dem Schlechten erlaubt ist.
> Der hat als erster, wenn nicht als einziger Sterblicher deutlich gezeigt,

[4] So Flashar: *Aristoteles*, 22.

> durch sein eigenes Leben in den Wegen seines Denkens,
> dass ein Mensch gut und glücklich zugleich werden kann.
> Jetzt ist keiner mehr imstande, dies zu erreichen.[5]

Aristoteles geht nach Assos, an den Hof des Fürsten Hermias von Atarneus. Assos liegt an der kleinasiatischen Küste auf dem Gebiet der heutigen Türkei. Hier findet Aristoteles zusammen mit drei anderen Platon-Schülern „die Möglichkeit zu wissenschaftlicher Arbeit und philosophischer Diskussion"[6]. Vermutlich geschieht die Vermittlung nach Assos durch das weitverzweigte platonische Netzwerk. Nach knapp drei Jahren zieht er 345 v. Chr. um nach Mytilene, auf die Insel Lesbos, bleibt aber in Verbindung mit Hermias, dem Freund und späteren Schwiegervater, dessen Tochter Pythia er nach dessen Tod heiraten wird. Mytilene ist die Heimat des 15 Jahre jüngeren Freundes Theophrast, mit dem ihn in der Folgezeit eine lange währende Forschergemeinschaft verbinden wird. Während Theophrast vor allem Pflanzen und Mineralien sammelt, konzentriert sich Aristoteles auf die Erforschung der Tierwelt. Seine Forschungen finden literarisch ihren Niederschlag in der gewaltigen *Historia animalium*. Beide nehmen zusammen auch langfristige Versuche und Forschungsunternehmungen vor. Neben Theophrast muss Aristoteles auch noch andere Mitarbeiter gehabt haben.

Nachdem er auf Mytilene und in der Umgebung genug gesehen, erforscht, dokumentiert und katalogisiert hat, geht Aristoteles zurück in seine Heimatstadt Stageira. Dort erreicht ihn 343/2 v. Chr. die Einladung des makedonischen Königs Philipp II., seinen damals dreizehnjährigen Sohn zu erziehen. Vermutlich drei Jahre ist einer der damals berühmtesten Philosophen Lehrer eines der später bedeutendsten Staatsmänner, so lange, bis Alexander (der Große) mit 17 Jahren die Regentschaft übernimmt. Es ist nicht sicher belegt, aber sehr plausibel, dass Aristoteles Philipp II. zum Wiederaufbau seiner teilzerstörten Heimatstadt Stageira veranlasst hat und dass Alexander den Lehrer Aristoteles gefördert hat, etwa durch Forscherteams und Forschungsexpeditionen. Die Eroberungen Alexanders boten ja Möglichkeiten zu genialer Horizonterweiterung.

Aristoteles unternimmt bzw. organisiert eine ganze Reihe von Forschungsreisen und legt zahlreiche Sammlungen an, die die Ergebnisse seiner Sammeltätigkeit sind, u. a. auch die Sammlung von 158 Verfassungen griechischer Städte. Hellmut Flashar resümiert:

> Selbst wenn man in Rechnung stellt, dass Aristoteles Mitarbeiter und Hilfskräfte hatte, ferner dass er bei den *Politien* die Ausarbeitung und Formulierung bis zu einem gewissen Grad seinen Mitarbeitern überlassen hat, so ist die ungeheure Leistung allein der Sammeltätigkeit, die ja sozusagen nebenbei erfolgte, neben der Arbeit an den philosophischen und zoologischen Werken, unbegreiflich.[7]

---

5 Aristoteles: *Werke in deutscher Übersetzung*, hg. von Hellmut Flashar, Bd. 20 Fragmente, Teil I, Berlin 2006, 322, Übersetzung von Barbara Breitenberger. Zit. n. Flashar: *Aristoteles*, 35.

6 Flashar: *Aristoteles*, 39.

7 Flashar: *Aristoteles*, 52.

Schon Diogenes Laertius bemerkt: „Die Zahl seiner Schriften ist außerordentlich groß" (Vit. I, 5, 21). Er lässt ein Werkverzeichnis folgen, das 146 Titel umfasst. Dies zeigt die ungeheure Spannweite der Interessen des Universalgelehrten.

Der Ansatz seiner Philosophie, oder besser seines Denkens, erschließt sich hier schon biografisch. Aristoteles hat kein Interesse an einer abgehobenen, wirklichkeitsfernen „Philosophie"; er ist Empiriker. Die Wirklichkeit gibt ihm zu denken. Dazu muss er sie aber so umfassend und so genau wie möglich kennen.

Aristoteles kehrt nach Athen zurück, nachdem dort nach der Niederschlagung des thebanischen Widerstandes gegen Alexander der antimakedonische Widerstand gebrochen ist. Er gründet eine eigene Schule, beginnt eine Lehr- und Forschungstätigkeit im sog. Lykeion, einem nach Apollon, der den Beinamen Lykeios trägt, genannten Gymnasium. Er findet Förderer, die das Lykeion inklusive des Aufbaus einer riesigen Bibliothek als kulturpolitische Maßnahme durchsetzen. Das öffentliche Echo ist erheblich. Allein Theophrast soll bis zu 200 Hörer gehabt haben.

Nach dem Tod Alexanders am 10. Juni 323 v. Chr. flammen auch in Athen sofort wieder antimakedonische Strömungen auf. Auch Aristoteles ist von ihnen betroffen. Er verlässt Athen ein zweites Mal. Formell wird er wegen „Gottlosigkeit" angeklagt, in der Sache ging es wahrscheinlich um seine makedonischen Beziehungen. Berühmt geworden ist das von ihm überlieferte Diktum, man dürfe den Athenern nicht ein zweites Mal die Gelegenheit geben, sich gegen die Philosophie zu vergehen.[8] Gemeint ist mit dem ersten Mal der Prozess gegen Sokrates. Aristoteles zieht 323 v. Chr. nach Chalkis auf der Insel Euboea. Dort stirbt er nach längerer Krankheitszeit mit 63 Jahren im Oktober 322 v. Chr.

II. Werke

Schon in der Spätantike sprach der neuplatonische Philosoph Proklos (412–485) vom „göttlichen Aristoteles". Im Hochmittelalter haben muslimische wie christliche Philosophen Aristoteles gemeint, wenn sie von *dem Philosophen* gesprochen haben. Hegel hat Aristoteles als „Genie" gerühmt. Seine Bedeutung kann nicht überschätzt werden. Sie wird deutlich, wenn man sich sowohl die Qualität als auch die Quantität, die Breite seiner wissenschaftlichen Arbeit ebenso wie die Tiefe seiner philosophischen Reflexion verdeutlicht. Es gibt eine Reihe von neueren ausgezeichneten Überblicken, die das leisten.[9]

---

8 *Vita Marciana* 15. Vgl. Ingemar Düring, Aristotle in the Ancient Biographical Tradition, Göteborg 1961, T 44.

9 Neben Flashar: *Aristoteles* vgl. nur Wolfgang Welsch: *Der Philosoph. Die Gedankenwelt des Aristoteles*, 2., durchgeseh. Aufl. Paderborn 2018; Christof Rapp/ Klaus Corcilius (Hrsg.): *Aristoteles Handbuch. Leben. Werk. Wirkung*, Heidelberg 2. aktual. u. erw. Aufl. 2021; Wolfgang Detel: *Aristoteles. Eine Einführung*,

Wir können und wollen dies in diesem Kapitel über Aristoteles nicht einholen[10]. Wir konzentrieren uns hier auf das eine Werk, das von allergrößtem Interesse ist für Theologen und Christen, die sich mit der Beeinflussung von Theologie, Kirche und Glauben durch philosophische Konzepte beschäftigen. Wir beschäftigen uns vor allem mit einer Schrift des Aristoteles: der sog. Metaphysik. In ihr findet sich ein Buch, das zwölfte, das auch den Namen *Lambda* trägt, und eine ausgeführte Theologie enthält. Man wird ohne Übertreibung sagen können, dass die *Metaphysik* eines der wichtigsten Bücher der abendländischen Geistesgeschichte ist und dass das Buch *Lambda* den wohl größten Einfluss auf christliche wie auch auf muslimische Theologie gehabt hat und hat. Die Konzentration auf die *Metaphysik* ist aber auch insofern sinnvoll, weil sie nach Aristoteles selbst als Schlussstein seiner wissenschaftlichen Arbeit eine Art Zusammenfassung seines Werkes darstellt.

Es ist nicht möglich, im Rahmen einer kurzen, nur einführenden Darstellung die Komplexität und Tiefe der aristotelischen Philosophie auch nur annähernd abzubilden, zumal die wichtigsten Aussagen in der *Metaphysik* sachgemäß nur im Gesamtzusammenhang des Werkes Aristoteles' und unter Bezug auf andere Schriften wiedergegeben werden können. Ziel ist es hier allein, einige der Grundlagen seiner Metaphysik nachzuzeichnen und in einige der Grundgedanken einzuführen. Wir tun dies, indem wir locker am Textkorpus entlang einen summarischen Überblick über die behandelten Gegenstände geben und je nach Bedeutung länger oder kürzer verweilen. Einige Textauszüge vergegenwärtigen wir uns im konkreten Nachvollzug.

Dieser Zugang ist schon deshalb sinnvoll, weil Aristoteles selbst seine Theologie in engem Zusammenhang mit seiner Philosophie und Physik, ja Kosmologie entwirft. Man kann seine Aussagen über Gott nur verstehen, wenn man sich zuvor die Unterscheidungen vergegenwärtigt, die die Grundlagen seiner ganzen Philosophie und Wirklichkeitswissenschaft ausmachen.

1. Metaphysik: Überblick Buch I-XI

Aristoteles selbst unterscheidet zwischen einer zweiten Philosophie, womit er die Physik bezeichnet oder im weiteren Sinne: alles das, was sich als Natur (*physis*) unserer empirischen Beobachtung darbietet, und einer ersten Philosophie. Sie umfasst das, was wir gewöhnlich unter „Metaphysik" verstehen und verhandeln. Flashar fasst das griffig zusammen:

> Es sind im Wesentlichen vier sich vielfach überschneidende und überlagernde Teilbereiche: 1. eine allgemeine Ontologie, die das Seiende als Seiendes erfasst, indem sie alle

Ditzingen 2021; Christoph Rapp: *Aristoteles. Eine Einführung*, Hamburg 2001. Eine gute, aber intensive Einstiegshilfe bietet Otfried Höffe: *Aristoteles. Die Hauptwerke. Ein Lesebuch*, Tübingen 2009.

10 Vgl. allerdings unten in III die Überlegungen zur Wirkung von Aristoteles, sofern sie theologisch unmittelbar relevant sind.

Ausprägungen von Sein auf ihre Verknüpfungen hin untersucht; 2. eine Theologie, die die Seinsweise der obersten ewigen Substanz in ihrer Beziehung zur bewegten Welt untersucht; 3. eine Prinzipienwissenschaft, die sich als Untersuchung der Gründe und Prinzipien des Seins versteht; 4. eine Substanzlehre, die den Seinscharakter der verschiedenen Substanzstufen erforscht und dabei die platonische Trennung (Chorismos) der intelligiblen von der Sinnenwelt durch Stufung und Reihung zu überwinden sucht.[11]

Diese „Inhaltsangabe" nimmt die Gliederung der 14 Bücher auf, die Andronikus in dem Werk „Metaphysik" zusammengestellt hat. Die Aristoteles-Forschung ist sich ziemlich einig, dass die Schriften, die hier kombiniert sind, aus verschiedenen Zeiten stammen und in dieser Form also auch nicht als zusammenhängendes Lehrbuch konzipiert waren. Viele Wiederholungen erklären sich so. Der innere Zusammenhang und die Gliederung sind dennoch schlüssig.

Im **ersten Buch** führt Aristoteles in sein Vorhaben ein. Er liefert eine Art Vorerwägung, indem er die Forschungsgeschichte referiert. Wie haben die „Voraristoteliker" bzw. Vorsokratiker über die Wissenschaft gedacht, die Aristoteles konstituieren will: über die Wissenschaft vom Seienden als Seienden:

Es gibt die Physik, die Biologie, die Mathematik etc. Aber alle diese Einzelwissenschaften nehmen die Wirklichkeit nur unter bestimmten Perspektiven in den Blick. Sie lassen nicht erkennen, was das ist, was unter diesen Perspektiven liegt, was ihnen vorausliegt und was das Seiende an sich und im Ganzen ist. Sie fragen auch nicht, was die Eigenschaften, Strukturen des Seins sind, all das setzen sie voraus. Es braucht also eine Wissenschaft sehr allgemeiner Natur, die sich dieser sehr speziellen Fragestellung widmet. Aristoteles nennt sie aufgrund ihres Ranges und ihrer Grundsätzlichkeit „Erste Philosophie".

21 „Es gibt eine Wissenschaft, die das Seiende, insofern es seiend ist, untersucht und was diesem (dem Seienden als Seienden) an sich zukommt. Diese Wissenschaft ist mit keiner Einzelwissenschaft identisch. Denn keine andere Wissenschaft hat das Seiende als solches zum Gegenstand der Untersuchung. Vielmehr schneiden sie einen Teil davon (von der Seinswissenschaft) heraus und untersuchen, was sich für diesen Teil dann ergibt, so z. B. die mathematischen Wissenschaften." (Met IV, 1, 1003 a 21-26, in der Übersetzung von Flashar: Aristoteles, 220)

Aristoteles unternimmt eine erste kategoriale Einordnung, wenn er feststellt: Es geht in dieser Wissenschaft nicht um praktische Zwecke, wie sie ein geschickter Handwerker mit seiner Kunst verfolgt, noch um hervorbringende Wissenschaft, es geht um eine theoretische Wissenschaft, die beschreibt und durch theoria gewonnen wird. Sie ist zwar angeregt durch Beobachtungen und Wahrnehmungen, geht aber über sie hinaus auf das, was das Ganze auszeichnet, was allem gemeinsam ist und zugrunde liegt. Aristoteles nennt diese Wissenschaft *sophia*, etwas missverständlich mit Weisheit übersetzt. Sie wird um ihrer selbst willen betrieben, verfolgt keinen praktischen Zweck. Ihr Ausgangspunkt ist das Staunen.

---

[11] Flashar: *Aristoteles*, 238.

Aristoteles leistet Grundlagenarbeit, indem er Prinzipien unterscheidet, die allem Seienden zugrunde liegend, also das Sein des Seienden ausmachen:

1. die Substanz (*ousia*), als „das, was es eigentlich ist“[12],
2. die Materie (*hyle*), bestimmt als der Stoff, der allem „zugrunde liegt“ (*hypokeimenon*),
3. das Woher des Anfangs aller Bewegung, also der Impuls der Bewegung, modern gesprochen: das, was Veränderung auslöst, und schließlich
4. der Zweck, der in allem drinsteckt, das „Worumwillen“ (*hou heneka*).

Robert Zimmer fasst den Zusammenhang von Empirie und Ontologie, Seinslehre, zusammen:  22
„Grundlage seiner Ersten Philosophie ist [...] die Beobachtung von Wachstums- und Entwicklungsprozessen in der Natur. Entstehung und Veränderung ist für ihn ein Prozess, der bestimmten Gesetzen folgt, die in den Dingen und nicht außerhalb der Dinge angelegt sind. Zu beobachten ist ein ständiges Übergehen von Möglichkeit in Wirklichkeit, von Stoff in Form. Auf die Frage, warum etwas so ist, wie es ist, antwortet Aristoteles: Weil es aus einem bestimmten Stoff gemacht wurde, eine bestimmte Form hat, durch einen bestimmten Vorgang herbeigeführt wurde und die Verwirklichung eines bestimmten Zwecks ist.“ (Basis-Bibliothek Philosophie, 3. Aufl. Ditzingen 2020, 35f).

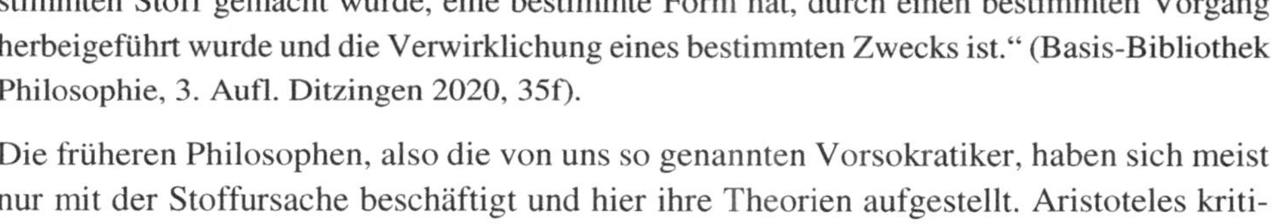

Die früheren Philosophen, also die von uns so genannten Vorsokratiker, haben sich meist nur mit der Stoffursache beschäftigt und hier ihre Theorien aufgestellt. Aristoteles kritisiert das als Verengung und nicht weitreichend genug. Der entscheidende Sprung, der in Aristoteles' Theoriebildung geschieht, besteht darin, dass er auf der Basis des geschilderten und gegliederten Substanz-Begriffes insgesamt vier „Ursachen“ unterscheidet, in der Terminologie der philosophiegeschichtlichen Tradition:

1. Die *causa formalis*, die Ursache der Form nach: Die Substanz erscheint in einer bestimmten Form oder Gestalt. Wir stehen vor dem verwirklichten Sein.
2. Die *causa materialis*, die Stoff-Ursache. Die Substanz besteht aus einem Stoff, der nach Form und Gestalt drängt.
3. Die *causa efficiens*, die Wirkursache: die Substanz erscheint als etwas Bewegtes und Bewegendes, modern gesprochen: als etwas, das durch anderes verändert wird und das selbst anderes verändert.
4. Die *causa finalis*, die Zweck- oder Zielursache: Die Substanz erscheint als etwas, das auf etwas aus*gerichtet* ist. Es geht um das in einem Seienden schon mitgegebene Ziel (*telos*), das als in ihm liegende Möglichkeit auf Verwirklichung hin drängt.

Die Unterscheidungen, die Aristoteles hier trifft, sind fundamental. Sie sind dem Anspruch nach vollständig, und sie betreffen alles Seiende. Sie erlauben es, vollständig zu begreifen und zu durchdringen, was wir als Wirklichkeit erfahren. Der hier leitende Begriff der Substanz (*ousia*) ist die Basiskategorie, um das zu bestimmen, was Wirklichkeit ist. Er wird in der abendländischen Philosophie Gegenstand immer weiterer Erörterung bleiben. Er wird zum Leitbegriff der Ontologie als Lehre vom Sein. Fundamental ist auch die Unterscheidung von *Möglichkeit*, *Wirklichkeit* und – hier noch nicht eingeführt – *Notwendigkeit*. Die

[12] So der Übersetzungsvorschlag von Flashar: *Aristoteles*, 213.

Wirklichkeit ist das, was da ist. Aber sie beinhaltet Möglichkeiten der Realisierung, die in der Substanz liegen. Das, was sich ergibt, ergibt sich entweder mit innerer Notwendigkeit, oder es ist *akzidentiell*, zufällig; es kommt ihm dann nur kontingent zu.

Von fundamentaler Bedeutung, theologisch besonders interessant, weil entschlussfähig, ist die Setzung eines Zwecks, der in allem Seienden gegeben ist. Er drängt auf Verwirklichung und lässt natürlich nach dem fragen, der die Zwecke gesetzt und eine umfassende Ordnung in die Gesamtheit des Seienden hineingelegt hat. Wir merken hier nur an, dass die neuzeitlich-moderne Wissenschaft mehrheitlich dieser vierfachen Ursachen-Lehre des Aristoteles nicht gefolgt ist. Für moderne Wissenschaft gibt es allein noch die *causa efficiens*, also die Wirk-Ursache. Vor allem die Frage nach der *causa finalis* wird ausgeschlossen. Zwecke, auf die hin etwas existiert, werden ausgeblendet. Auch wenn die Giraffe einen langen Hals hat, der sehr günstig zu sein scheint, wenn es darum geht, Blätter und Früchte zu ergattern, an die andere nicht herankommen, kann und darf ein evolutionstheoretisches Konzept nicht eine Position vertreten, die sagt: Die Natur hat ein Lebewesen mit einem extra langen Hals entwickelt, oder: Es gibt Lebewesen mit einem so langen Hals, damit sie damit schwer zugängliche Früchte erreichen können.

Fundamental, um die Reihe der Grundunterscheidungen fortzusetzen, die Aristoteles trifft, ist ebenfalls die Distinktion von Stoff (*hyle*) und Form (*eidos*), die in der Causa-Lehre und der Lehre von den Prinzipien des Seienden zur Anwendung und Entfaltung kommt. Aristoteles ist zwar einerseits von Herzen Empiriker. Er geht aus von den Phänomenen. Er bleibt aber nicht bei der Sammlung von Tieren, Blumen und Verfassungen stehen. Er sucht sie zu durchdringen, indem er die Gesamtheit des Beobachtbaren einem System von Unterscheidungen unterwirft. Er unterstellt dabei, dass alles, was ist, in seinem Sein erklärt.

Aristoteles kritisiert aber nicht nur mit seiner Lehre von den vier Ursachen den verengten Blick der „Vorsokratiker". Er referiert in diesem ersten Buch (sowie später in *Buch XIII* in nahezu wörtlicher Wiederholung) v.a. den Lehrer und Kollegen Platon. Flashar findet insgesamt 23 Argumente gegen die Ideen- und Zahlenlehre Platons, die Aristoteles, sicherlich aufgrund der jahrelangen Diskussionen im Raum der Akademie, gegen Platons Konzept von Wirklichkeit ins Feld führt.[13] Der Grundeinwand lautet: Die Ideenlehre vollzieht eine unnötige und zu Inkonsistenzen führende Verdoppelung der Wirklichkeit. Aristoteles führt das viel gedeutete „Argument vom dritten Menschen" an (I 9,990 b16). Vorausgesetzt alles, was ist, hat einen ideellen Doppelgänger oder Ursprung, dann gibt es neben *dem konkreten Menschen da* nicht nur die Idee dieses Menschen, sondern einen dritten Menschen: den übergreifenden Allgemeinbegriff Mensch, der alle Menschen umfasst. Eigentlich darf man bei diesem dritten Menschen aber nicht stehen bleiben. Denn er muss ja seinerseits integriert werden in einen alles umfassenden Begriff, der seinerseits wieder … und so weiter und so fort *ad infinitum.*[14] Aristoteles ergänzt diese Kritik durch den Hinweis, dass eigentlich auch nicht plausibel sei, wie die Ideen – gesetzt, es gibt sie – „Ursache für Bewegung

13 Flashar: *Aristoteles*, 215.

14 Vgl. bei Flashar: *Aristoteles*, 218.

und Veränderung sein" könnten.[15] Hier wird ein Kardinalproblem des Idealismus, gleich ob platonisch oder modern, angesprochen: Wie ist die Schnittstelle zwischen Idee und vorfindlicher Wirklichkeit, aktuell etwa: zwischen Geist und Gehirn, zu denken? Wie kann das eine das andere beeinflussen, wenn sie von so unterschiedlicher Seinsqualität sind?

In *Buch II* führt Aristoteles in das Studium der Philosophie ein. In *Buch III* untersucht er fünfzehn sogenannte Aporien, Denkschwierigkeiten, vor die sich die „erste Philosophie" gestellt sieht. *Buch IV* behandelt die allgemeinen Denkprinzipien und unterscheidet die Wissenschaften vom Seienden von den Einzelwissenschaften. Die Metaphysik, die Erste Philosophie, die Wissenschaft vom Seienden als Seienden, darf nicht auf eine Stufe gestellt werden mit etwa Mathematik, Biologie oder Physik. Sie behandelt vielmehr das, was all diese Einzelwissenschaften an gemeinsamen Strukturmerkmalen aufweisen. Sie ist also einerseits eine Art Meta-Theorie der Wissenschaften; andererseits erörtert sie aber auch das Sein als etwas, was von der Sinnenwelt getrennt und im Gegensatz zu jener unveränderlich ist. Man hat in dieser doppelten Aufgabe einen Widerspruch sehen und Aristoteles bei Letzterer einen Rückfall in den Platonismus vorwerfen wollen. In der Sache geht es aber nicht um einen Gegensatz. Gerade die Reflexion auf das allen gemeinsam Seiende trifft auf das, was jenseits der Sinnenwelt unveränderlich gültig ist und nur so und nur deshalb auf alles Empirische zutreffen kann.

Buch IV behandelt weiter „die ontologischen Grundaxiome"[16], v.a. den Satz vom ausgeschlossenen Widerspruch und vom ausgeschlossenen Dritten. Hier sind mehrere Aspekte bemerkenswert:

1. Aristoteles weist in seiner Fundamentalphilosophie in bisher nicht da gewesener Klarheit und in systematisierter Form darauf hin, dass es sogenannte Axiome gibt. Er macht bewusst, dass es Voraussetzungen gibt, „die in jeder Debatte, sogar bei jedem Handeln gemacht werden"[17], ohne die es also einfach nicht geht. Sie bedeuten die Grundlagen unserer rationalen Orientierung, stellen ihr Implikat dar, d. h.: Dieses kann nicht gedacht werden und funktionieren, ohne jenes zu denken.
2. Diese Axiome sind aber nicht nur gedacht, sie sind nicht nur gedankliche Hervorbringungen. Sie gelten als *ontologische* Grundaxiome, d. h.: Sie markieren Strukturmerkmale, Eigenschaften der Wirklichkeit. Sie sind wahr, weil sie das Wesen der Wirklichkeit abbilden und sich mit der Wirklichkeit in Übereinstimmung befinden. Vorausgesetzt ist hier, was später Gegenstand der Debatte wird: die Koinzidenz, d. h. das Zusammentreffen, die Übereinstimmung und die Einheit von Denken und Sein, Vernunft und Wirklichkeit. Weil wir etwas in einer bestimmten Weise denken müssen, deshalb ist es auch so. Die Axiome gelten also nicht nur *für uns*; sie sind nicht nur *für uns* unverzichtbar, unhintergehbar; das wäre modern bzw. postmodern gedacht. Sie gelten *an sich,* der Sache nach. Deshalb sind sie, so Aristoteles, die sichersten erkennbaren Grundlagen des Erkennens. Aus diesem Grund gehören sie auch in

[15] Flashar: *Aristoteles* , 219.

[16] Edmund Braun: Art. Ta meta ta physica, in: Franco Volpi: *Großes Werklexikon der Philosophie*, Bd. 1, Stuttgart 199, (72-73) 73.

[17] Höffe: *Aristoteles*, 211.

die Fundamentalphilosophie, in die Erste Philosophie als Wissenschaft von den Grundlagen, die für alle Einzelwissenschaften gelten.

3. Das ist der Grund dafür, dass Aristoteles hier nicht etwa die Axiome der euklidischen Geometrie behandelt, die ja mathematisch-fachwissenschaftlicher Natur sind, sondern Axiome des Denkens, also Grundsätze, die Denken erst möglich machen; ohne die vernünftiges Denken nicht denkbar wäre.

Aristoteles nennt zwei Grundprinzipien, die in der Geschichte der Logik in mehr als 2000 Jahren nicht überholt werden konnten: den Satz vom Widerspruch und den Satz vom ausgeschlossenen Dritten. Der Widerspruchssatz besagt: Eine Eigenschaft – wie Größe, Farbe, Beschaffenheit, Gegebensein zu einer bestimmten Zeit und an einem definierten Ort etc. – kann einer Sache nicht zugleich zukommen und nicht zukommen. Banal gesprochen ist er die Bedingung dafür, überhaupt von Unwahrheit reden zu können („du widersprichst dir doch!"). Der Satz vom ausgeschlossenen Dritten bedeutet: Von einer Sache, einem Gegenstand (in diesem philosophischen Sinne geht es dabei auch um Menschen als physikalische Gegenstände) ist entweder etwas zu behaupten oder zu bestreiten. Entweder kommt einer Sache etwas zu oder nicht. Ein Drittes gibt es nicht (lat. *tertium non datur*).[18] Aristoteles behauptet aber die grundlegende Bedeutung der Axiome nicht nur. Er versucht auch, sie pragmatisch zu plausibilisieren. Er versucht anhand von Beispielen zu zeigen, dass sie fundamental sind. Gesetzt den Fall, jemand versuchte, den Widerspruchssatz zu kritisieren, müsste er für die Bestreitung dieses Satzes den Satz selbst ja schon voraussetzen. Er müsste ja voraussetzen, wenn er von dem Satz handelt und über ihn spricht: „Das und das, so und so ist der Widerspruchssatz (und das und das ist er nicht)." Wenn er die Eigenschaften des Widerspruchssatzes offen ließe, könnte er diesen Satz gar nicht bestreiten. Die grundlegende Bedeutung dieses Satzes besteht also darin, dass wir ihn schon voraussetzen müssen, wenn wir ihn anerkennen oder auch nur bestreiten wollen. Er liegt allem unseren Denken voraus. Deshalb hat er *axiomatischen* Rang (Axiom von griech. *axios*, würdig; das Axiom ist demgemäß etwas, was gilt; was als würdig angesehen wird zu gelten; was von – im Prinzip allen – als gültig anerkannt wird und was von daher einen bestimmten Rang, eine „Würde" hat).

Ähnlich verhält es sich mit dem Satz vom ausgeschlossenen Widerspruch.[19] Gesetzt den Fall, wir ließen kontradiktorische Widersprüche zu und würden also von einem Gegenstand zu einem bestimmten Zeitpunkt in derselben Hinsicht (etwa Größe, Gewicht,

---

[18] Aristoteles denkt hier freilich nur an Gegenstände, die wir kennen und bestimmen können, nicht an unbestimmte und unbekannte Gegenstände.

[19] Wichtig ist eine Unterscheidung: Wir reden von kontradiktorischen und nicht kontradiktorischen Widersprüchen. Kontradiktorisch sind Aussagen nur dann, wenn sie denselben Gegenstand zur selben Zeit am selben Ort in derselben Hinsicht meinen. Also x hat zur Zeit y am Ort z die Qualität q. Ein Gegenstand aus Holz kann aber zu unterschiedlichen Zeiten ein unterschiedliches Gewicht haben, wenn man etwa an ihm herumgeschnitzt hat. Die Aussage: x hat 10 kg Gewicht, steht also nicht unbedingt im Widerspruch zur Aussage: x hat 1 kg Gewicht. Es kommt etwa auf die Zeit an. Auch der Ort kann eine Rolle spielen. Derselbe Gegenstand kann an unterschiedlichen Orten ebenfalls ein unterschiedliches Gewicht haben, etwa auf der Erde oder im Weltraum und kann bei etwa 80 km Abstand von der Erde einen Zustand der Schwerelosigkeit erreichen.

Anwesenheit an einem Ort etc.) etwas aussagen und zugleich das Gegenteil behaupten und beide Aussagen dann gleichzeitig als wahr anerkennen wollen, dann wäre das Resultat ja: Wir sagen so viel Gegensätzliches über ihn aus, dass wir alles über ihn aussagen. Das ist aber logisch gesehen und nur scheinbar paradox dasselbe wie: Wir sagen gar nichts über ihn aus, eben nichts Bestimmtes! Wenn wir etwa im Hinblick auf einen Gegenstand, der sich zu einer bestimmten Zeit an einem bestimmten Ort befindet, sagen: Er hat 1 kg Gewicht, und: Er hat 2 kg Gewicht, und dann behaupten: Beide Aussagen sind wahr, dann schließt die eine Aussage die jeweils andere aus. Wenn beide Aussagen Gültigkeit besitzen sollen, sagen wir dann de facto gar nichts aus über den Gegenstand, auch wenn wir meinen, wir wären tolerant und würden verschiedene Aussagen stehen lassen, sprich respektieren. Logik und Toleranz passen nicht so gut zueinander. Hinter diesen logischen Einsichten steht der Grundsatz griechischer Erkenntnistheorie: Erkenntnis entsteht durch Ausschluss. Das ist nicht sehr „tolerant", aber effektiv. Ich weiß erst dann etwas über einen Gegenstand genau, wenn ich die Zahl der möglichen Aussagen über ihn eingeschränkt habe. Im Prinzip kann ich unendlich viel über einen Gegenstand aussagen. Aber das hilft mir eben nicht zu seiner Erkenntnis und erst recht nicht, wenn ich technische Konsequenzen abzuleiten suche. Erkenntnis von ihm habe ich erst dann, wenn ich die Menge der denkbaren Eigenschaftszuweisungen eingrenze. Wenn ich sage: Ein Gegenstand ist – jeweils zur selben Zeit x, am selben Ort y, aus einer bestimmten Perspektive z – *rot*; *und* er ist *grün* und er ist *blau*, dann ist das sicher großzügig; es vermeidet vielleicht zunächst einmal auch Konflikte, etwa, wenn ich verschiedenen Menschen mit ihren Ansprüchen recht gebe. Aber ich weiß dann eben nicht, ob er rot oder grün oder blau ist, zu einer bestimmten Zeit x an einem bestimmten Ort y und aus einer bestimmten Perspektive z. Erkenntnis gelingt nicht, wenn es nicht zu konkreten Bestimmungen kommt, die andere Bestimmungen ausschließen. „Er war zur Zeit x am Ort y aus der Perspektive z rot, und deshalb war er damals nicht blau, und er war nicht grün." Ein weiteres Beispiel: Wenn ich von A nach B will, dann gibt es theoretisch unzählbar viele Möglichkeiten, aber nur eine kürzeste Verbindung.[20] Benenne ich dann als kürzeste Verbindung mehrere Wege, bin ich vielleicht von der Mühe der Untersuchung entlastet, oder ich vermeide in einem Gespräch einen Streit zwischen Leuten, die unterschiedliche Positionen vertreten, aber ich weiß immer noch nicht, wie ich am schnellsten von A nach B komme. Wenn ich eine Aussage mache, etwa einem anderen eine Auskunft über den geografisch kürzesten Weg gebe, dann schließt diese automatisch alle anderen Wege als kürzere Möglichkeiten aus. Genau darin liegt ihr Wert. Es ist zwar intolerant, hilft aber außerordentlich, wenn man zügig unterwegs sein will.

[20] Ich muss dann natürlich noch definieren, was ich als „kürzeste Verbindung" verstehe: etwa die zeitlich oder räumlich kürzeste.

Im *Buch IV* wie aber auch in anderen Teilen seines Werkes entfaltet Aristoteles eine weitere Perspektive, wie das Sein (*oon*) verstanden werden kann.[21] Wir haben ja schon gesehen, dass es in verschiedener Hinsicht verstanden, „kategorisiert" werden kann. Die entscheidende, immer wieder vorkommende Formel lautet: Das Sein kann auf vielerlei Weise ausgesagt werden (*to oon legetai pollachoos*; so etwa Met VII,1; IV,4, 1028). Aristoteles legt eine ausgearbeitete Kategorienlehre vor. Der Begriff „Kategorie" stammt aus der Gerichtssprache. Er meint dort die Anklage. Es geht um die Frage, was zu Recht über ein *X* gesagt werden kann. Aristoteles übernimmt und verallgemeinert diesen Begriff. Alltagssprachlich kann man auch von Gattungen sprechen, denen Gegenstände zugeordnet werden können. Aristoteles hatte ja die Ideenlehre abgelehnt. Mit ihr hatte sein Lehrer Platon das Ziel verfolgt, die Mannigfaltigkeit des Seienden zu bündeln und zu ordnen. Aristoteles geht hier einen anderen Weg. Auch er fragt: Wie verhält sich die beobachtbare Mannigfaltigkeit des Seins zu dem Einen, das allem offenbar zugrunde liegt. Seine Antwort ist die Kategorienlehre. Sie beschreibt die allem Seienden gemeinsamen „Strukturen von Realität überhaupt"[22].

Aristoteles benennt zehn Kategorien: (1) Substanz/Wesen, (2) Quantität, (3) Qualität, (4) Relation, (5) Wo, (6) Wann, (7) Lage, (8) Haben, (9) Wirken und (10) Leiden. Wieder begegnet uns ein fundamentaler, buchstäblich alles umfassender Erkenntnisanspruch. Aristoteles ist davon überzeugt, dass diese Liste vollständig ist und dass es also keine weiteren Aussagehinsichten gibt. Das bedeutet: Die genannten Kategorien lassen sich nicht weiter reduzieren, also aufeinander zurückführen. Umgekehrt ergibt sich auf der Basis der „Abstraktion des uns beobachtbaren Sprachverhaltens"[23] keine weitere Klasse oder Gattung, die noch erwähnt werden müsste. In unseren Redeweisen findet sich kein Hinweis auf weitere zusätzliche Perspektiven, die eine Kategorie für sich wären. Aristoteles ist zudem davon überzeugt, dass das, was sich hier über die Aussageweisen der Sprache, konkret: über unser Sprechverhalten erschließt, Strukturen des Seins selbst abbildet. Die Wahrnehmung ist wichtig, dass für Aristoteles das Denk- und das Seinsnotwendige zusammenfallen. Wie wir denken, das zeigt sich in der Sprache, also im Sprachgebrauch: „Es wird ausgesagt" (*legetai*). Wenn wir aber in einer bestimmten Weise, „so" und „so", denken/reden müssen, dann muss es sich auch so verhalten. Sprache ist hier – ganz ausgesprochen – Schlüssel zum Verständnis der Wirklichkeit; sie eröffnet den Zugang zur Wirklichkeit.

Aristoteles hierarchisiert die 10 Kategorien. Maßstab ist der Grad ihrer Selbstständigkeit. Von buchstäblich grundlegender Bedeutung ist die Kategorie der Substanz. Sie liegt allem anderen zugrunde. Sie allein besitzt Vollständigkeit und kann für sich gedacht

---

21 Vgl. vor allem die sog. Kategorienschrift, das Organon und die Bücher V sowie VII–IX der *Metaphysik*. Das Vorkommen und die Erläuterung eines Themas an verschiedenen Stellen eines Werkes und in unterschiedlichen Schriften des Gesamtwerkes zeigt nicht nur, dass Aristoteles sich zu verschiedenen Zeiten mit einer Fragestellung beschäftigt hat; es zeigt auch, dass die an*ordnende* Hand des Herausgebers Andronikus Textblöcke thematisch organisiert hat.

22 Höffe: *Aristoteles*, 213.

23 Ebd.

werden. Substanz, einen Gegenstand, kann ich an sich denken. Beschaffenheit, „Wie-Sein", und an einem Ort sein, „Wo-Sein", kann ich nur *von etwas* denken, das ich als Substanz voraussetze. Die weiteren Kategorien beschreiben also etwas, was sozusagen sekundär dazukommt.

Buch V ist eine Art Philosophielexikon. Aristoteles definiert zentrale philosophische Begriffe seiner Ersten Philosophie, u. a. auch die Kategorien Substanz, Quantität, Qualität, Relation und Haben. *Buch VI* bietet Vorüberlegungen zu den *Büchern VII–IX*, den sog. Substanzbüchern, und zu *Buch XII*, in dem Aristoteles seine Erste Philosophie entfaltet. Aristoteles unterscheidet in einer wiederum wegweisenden Art verschiedene Arten und Formen von Wissenschaft: praktische, wie die Handwerkskunst, hervorbringende und theoretische/anschauende. Die theoretischen Wissenschaften wiederum unterteilt er in mathematische, physikalische und theologische Wissenschaft. Wieder vollzieht sich Erkenntnis im Unterscheiden und Unterteilen. Bemerkenswert ist schon hier der Kontext der Wissenschaft, in den Aristoteles die Theologie einbettet. Wir kommen darauf zurück.

Die *Bücher VII–IX* stellen einen zusammenhängenden Block dar. Sie erläutern die fundamentale Kategorie der Substanz. Substanz ist der zentrale Begriff, mit dem Aristoteles die Wirklichkeit zu fassen sucht. Er unterscheidet vier Perspektiven und Eigenarten von Substanz. Substanz liegt, das ist grundlegend und entscheidend, *in* den sinnlich wahrnehmbaren körperlichen Gegenständen/Dingen vor. Sie können in mehrfacher Weise betrachtet und ausgesagt werden, vor allem als Frage nach ihrer Form, ihrem Wesen (*eidos*), also nach dem „was es eigentlich ist"[24], aber unter anderem auch als Frage nach dem „Zugrundeliegenden". Das Zugrundeliegende (*hypokeimenon*) meint das, was unabhängig von allem Wechsel und aller Veränderung bleibt. Es ist das, „was übrig bleibt, wenn man alle Eigenschaften wegnimmt"[25]. Da es nach einem solchen Subtraktionsverfahren aber nicht mehr wahrnehmbar wäre, braucht es eben auch die anderen Hinsichten und Bestimmungen. Es gibt die Substanz, die allem anderen zugrunde liegt, aber um sie denken, wahrnehmen und aussagen zu können, muss ich wissen, wann sie wo in welcher Weise und in welchem Kontext existiert.

Buch VIII fasst frühere Überlegungen zusammen und thematisiert die sinnlich wahrnehmbare Substanz, indem es auch auf Erörterungen aus der Schrift „Physik" Bezug nimmt bzw. Überschneidungen zu diesem früheren Werk bietet. In *Buch IX* liefert Aristoteles weitere fundamental wichtige Reflexionen und Begriffsbildungen; sie bilden weitere Bausteine, aus denen er dann im Buch *Lambda* kunstvoll seine Erste Philosophie mit einer Theologie krönen wird. Die Ausgangsfrage lautet: Wie kommt es zu Veränderung, und was ist der Grund und Ursprung von Entwicklung? Aristoteles bildet Distinktionen, Unterscheidungen, aus, die wiederum im Verlauf der abendländischen Philosophiegeschichte allergrößte Bedeutung gewonnen haben. Sie bestimmen auch unser Denken heute in Form von scheinbar selbstverständlichen Unterscheidungen. Es geht um die schon angesprochenen Gegensätze von Möglichkeit und Wirklichkeit, Stoff und Form.

---

[24] So die Übersetzung von Flashar: *Aristoteles*, 222.

[25] Ebd.

Mit diesem basalen ontologischen Alphabet erklärt Aristoteles die vorfindliche Wirklichkeit und ihre Veränderung. Möglichkeit (griech. *dynamis*) ist das Noch-Nicht-Seiende, das potenziell Seiende, das aber, um wirklich werden zu können, bereits in der früheren Wirklichkeit angelegt ist. Wirklichkeit ist darum nicht nur *energeia*, sondern auch Entelechie, d. h. das, was ist, ist Resultat eines zielgerichteten Prozesses, in dem wirklich wird, was möglich und bereits angelegt ist. Hier besteht ein grundlegender Unterschied zu einem modernen Denken, das nur die Wirkursache kennt und Möglichkeit nur als Eventualität sieht, aber Wirklichkeit nicht als Vollendung von etwas sieht, das in Früherem bereits angelegt ist. Der Möglichkeit entspricht der Stoff, der Wirklichkeit die Form. Im Beispiel: Wenn der Bildhauer eine Figur schaffen möchte, dann braucht er als Stoff einen unbehauenen Holzklotz. Das ist sein Material. In diesem Material steckt potenziell die Figur bereits drin. Erkennbar wird sie aber erst, wenn er dem Stoff eine Form gibt. Ohne Stoff wäre die Gestalt nicht möglich. Aber erst die Form gibt dem Stoff ihr Wesen. Es gibt keinen reinen Stoff, keine reine Materie ohne konkrete Gestalt. Die Gestalt, in der etwas erscheint, ist aber als Möglichkeit bereits in der Materie mitgegeben.

2. Die Theologie des Aristoteles

a) Der Status der Theologie als Schlussstein

Im *Buch XII*, *Lambda*, kommen wir nach diesen umfangreichen Vorklärungen dann endlich zu dem, was theologisch das allergrößte Interesse gefunden hat und bis heute findet: der Theologie des Aristoteles, die er im Kontext seiner Ontologie = Ersten Philosophie = höchsten Wissenschaft = Metaphysik (nun nicht als Buch- und Werktitel verstanden, sondern als Gegenstand) entfaltet.

Der Sache nach ist nicht erst im *Buch Lambda*, sondern war bereits früher, in *Buch VI*, von Gott als dem höchsten Sein die Rede.[26] Und das hat Gründe. Aristoteles entfaltet in *Buch XII* nicht – wie man aus moderner Perspektive erwarten könnte – eine spekulative, empirieferne Theologie, um nun auch noch dieses Gebiet abzudecken, von dem man aber nichts weiß, sondern in dem man vielmehr auf Vermutungen, also „Glauben“ angewiesen ist. Das Gegenteil ist der Fall. Die „Theologie“ des Aristoteles ist nämlich vielmehr der Schlussstein seiner Ersten Philosophie. In ihr beantwortet er die letzten Fragen, die sich genau dann stellen, wenn es um das Sein als Ganzes geht. Theologie ist Kern und Stern der Ersten Philosophie. Die Theologie ist – im Bild gesprochen – der letzte Stein, der im Kuppelbau oder in einer Rundbrücke zum Schluss eingefügt wird und der die Funktion hat, alles zu tragen, nachdem die provisorischen hölzernen Haltegerüste beseitigt sind.

[26] Vgl. Flashar: *Aristoteles*, 227; Höffe: *Aristoteles*, 215.

b) Die drei Teile der Metaphysik

Aristoteles' Metaphysik besteht in der Sache aus drei großen, zusammenhängenden Teilen, Höffe spricht von drei „Fundamentalphilosophien"[27]:

I. Einem Teil, in dem er die allgemeinsten Denkprinzipien behandelt, die aber doch zugleich auch Merkmale des Seins sind; wir denken an den Satz vom ausgeschlossenen Widerspruch oder vom ausgeschlossenen Dritten.
II. Einem zweiten Teil, in dem er seine Ontologie entwickelt und die gemeinsamen Strukturen der Realität darstellt, wie sie etwa die Hinsichten der Kategorien zeigen.
III. Der dritte Teil ist das, was Aristoteles mit Bedacht „Theologie" nennt. Sie behandelt ja nicht Bereiche, die den Einzelwissenschaften zugänglich sind. Ihr Gegenstand ist das höchste Sein.

c) Die Notwendigkeit der Theologie

Es gibt eine Passage in *Buch IX* der Metaphysik (1025b ff), in der Aristoteles die Theologie gerade aus dem Ganzen der Wirklichkeit und der es erschließenden Wissenschaften ableitet. Aus ihr wird ersichtlich, dass die Theologie integrierter, wenn auch höchster Teil der Philosophie als Wirklichkeitswissenschaft ist:

> Die Prinzipien und Ursachen des Seienden, und zwar sofern es Seiendes ist, sind der Gegenstand der Untersuchung. [...] Doch alle diese Wissenschaften [die sich auf Gegenstände beziehen; HpH], handeln nur von einem bestimmten Seienden und einer bestimmten Gattung [...], aber nicht vom Seienden schlechthin und insofern es Seiendes ist, und geben über das Was keine Rechenschaft, sondern von ihm ausgehend, indem sie es entweder durch Anschauung verdeutlichen oder als Voraussetzung das Was annehmen, erweisen sie dann mit mehr oder strenger Notwendigkeit dasjenige, was der Gattung, mit der sie sich beschäftigen, an sich zukommt. Offenbar also gibt es aus einer solchen Induktion keinen Beweis der Wesenheit und des Was, sondern nur eine andere Art des [induktiven, nicht sicheren; HpH] Aufweises [im Sinne einer Demonstration; HpH]. Und ebenso reden sie auch nicht davon, ob der Gegenstand, von dem sie handeln, *ist* oder nicht *ist* [...].

d) Die beschränkte Reichweite der Einzelwissenschaften

Aristoteles markiert hier zunächst das Problem. Es gibt die Einzelwissenschaften, die Fachwissenschaften wie Physik und Astronomie, Kosmologie. Sie behandeln das Seiende, insofern es in einer bestimmten Weise durch den sie kennzeichnenden speziellen Blickwinkel Gegenstand wird. In der modernen Wissenschaftstheorie spricht man von einer modellhaften Abbildung der Wirklichkeit durch eine Fachwissenschaft oder noch präziser von bestimmten Formen der „Gegenstandskonstitution". Eine Wissenschaft macht von einem Gegenstand etwas sichtbar, indem sie sich auf eine bestimmte Fragestellung konzentriert und dabei alles andere ausblendet. Etwas kommt *als* physikalischer, *als* biologischer, *als* historischer, *als* politischer Gegenstand zur Sprache, aber eben nicht

[27] Höffe: *Aristoteles*, 211ff.

als das, *was* er als solcher ist. Er wird fachwissenschaftlich nicht als das sichtbar, was all diesen Fragehinsichten und Perspektiven sozusagen vorausliegt.

e) Die entscheidende Frage, auf die Einzelwissenschaften keine Antwort geben können

An der Spezifität und Beschränktheit der Fachwissenschaften übt Aristoteles keine Kritik. Es kommt aber darauf an, die Begrenztheit dieser Perspektiven zu durchschauen und ihre – aufs Ganze gesehen – mangelnde Leistungsfähigkeit einzusehen, wenn es um das Ganze geht; um das, was der einzelwissenschaftlichen Betrachtungsweise als angewandte Wissenschaft, als Physik oder Mathematik, zugrunde liegt. Sie können ja, sagt Aristoteles, selbst nur induktiv vorgehen, schon wenn es um die Frage der Gattungen geht, die sie als allgemein voraussetzen. Sie machen Annahmen, aber der Nachweis der strengen, philosophisch-wissenschaftlich gebotenen Notwendigkeit fehlt. Zudem fehlt die Perspektive, die die Antwort auf die entscheidende Frage erschließen könnte: Was ist das denn eigentlich, *was* wir hier zum Gegenstand machen? Was ist es *an sich*? Ist es überhaupt, und was meinen wir, wenn wir sagen, es sei? Hier greifen die Einzelwissenschaften zu kurz. Physik, Geschichte, Zoologie und Kosmologie lassen uns Wichtiges von der Welt erkennen, aber sie sagen uns nicht, was die Welt oder die Wirklichkeit an sich sind.

f) Drei Typen von Einzelwissenschaften

Aristoteles unterscheidet im Folgenden in Zusammenfassung früherer Erörterungen noch einmal drei Typen von Wissenschaften, um den kritischen Befund zu erörtern. Er weist auf, dass alle drei Sorten, Wissenschaft zu treiben, nicht der anstehenden Aufgabe gerecht werden können. Es gibt

1. „hervorbringende Wissenschaften“ (Kunst und die verschiedenen praktischen Künste),
2. solche Wissenschaften, „die auf das Handeln gehen“, also der ganze Bereich der Ethik,
3. und „betrachtende“, also theoretische Wissenschaften, wie etwa die Physik. Da sie „eine Wissenschaft ist, welche eine Gattung [Kategorie; HpH] des Seienden behandelt – nämlich dasjenige Wesen, welches das Prinzip der Bewegung und der Ruhe in sich selbst hat –, so ist sie offenbar weder eine praktische noch eine hervorbringende Wissenschaft.“

Die Physik wäre also eigentlich ein Kandidat, wenn es um die abstrakte Beschreibung und Bestimmung des Seienden als Sein geht. Aristoteles kann das sagen, weil ihm der Begriff der Bewegung sowohl als physikalische Größe gilt, gleichzeitig aber auch philosophischer Inbegriff von Veränderung ist. Wir könnten modern vielleicht formulieren, was manche Vertreter ihres Fachs fordern: Physik könnte doch erste Wissenschaft sein; sie könnte die Metatheorie alles Seienden sein; sie könnte alles erklären, was es zu klären gilt. Aristoteles verwirft die Physik aber, wenn es um die Eignung als Erste Philosophie geht. Er grenzt weiter ein. Sie ist zwar „eine betrachtende (theoretische) Wissenschaft“, aber nur „in Beziehung auf ein solches Seiendes, welches sich bewegen (bzw. bewegt werden) kann, und auf ein Wesen (eine Wesenheit), welches zwar – meistens – durch den

Begriff bestimmt ist, aber nur nicht abtrennbar (selbstständig für sich) ist." Modern gesprochen: Physik hat in metaphysischer Hinsicht den Mangel, dass sie – als Physik – den Bereich des Empirischen, also dessen, was sich bewegt und verändert, nicht überschreiten kann. Sie umfasst eben nicht Gegenstände, die unbeweglich, selbstständig, ewig sind und jenseits der einzelnen Erfahrung liegen.

Aristoteles setzt neben die Physik einen zweiten möglichen Kandidaten, wenn es darum geht, das Seiende zu betrachten, insofern es selbstständige Substanz ist. Es geht um die Mathematik. Er ist ihr im Rahmen der Akademie und darüber hinaus bei den Pythagoreern begegnet. Auch Mathematik ist eine betrachtende, theoretische Wissenschaft. Einiges zur Mathematik Gehörende „betrifft zwar Unbewegliches, das aber nicht abtrennbar ist, sondern als an einem Stoff befindlich". Die Mathematik kommt also auch nicht infrage, weil auch sie nicht auf das selbstständige Sein als solches bezogen ist, sondern die Zahlen am „Stoff" abliest, als Merkmale von etwas betrachtet.

Aristoteles kommt nun auf den Punkt und vollendet seinen Beweis dafür, dass es notwendig noch etwas anderes, eine Erste Philosophie, eine Theologie, braucht und dass andere Wissenschaften wie Physik und Mathematik ihre Rolle nicht wahrnehmen können: Grundsatz ist: „Gibt es aber etwas Ewiges, Unbewegliches, Abtrennbares (Selbstständiges), so muss offenbar dessen Erkenntnis einer betrachtenden Wissenschaft angehören." (VI,1, 1026a)

Es muss eine betrachtende Wissenschaft sein, aber Physik und Mathematik kommen als betrachtende Wissenschaften beide nicht infrage. Denn der Physik gehört dieses Ewige, Unbewegliche, selbstständig Seiende nicht an, da sie nur von Bewegbarem handelt. Und auch der Mathematik gehört es nicht an, sondern einer beiden vorausgehenden Wissenschaft. Denn, so Aristoteles, die Physik handelt von selbstständigen, aber nicht von unbeweglichen Dingen. Anders die Erste Philosophie, die Aristoteles nun ins Spiel bringt:

> Die Erste Philosophie aber handelt von sowohl abtrennbaren (selbstständigen), als auch unbeweglichen Dingen. Nun müssen notwendig alle Ursachen ewig sein, vor allem aber diese; denn sie sind die Ursachen des Sichtbaren von den göttlichen Dingen. Hiernach würde es also drei betrachtende philosophische Wissenschaften geben: Mathematik, Physik, Theologie. Denn unzweifelhaft ist, wenn sich irgendwo das Göttliche findet, dass es sich in einer solchen Natur findet, und die würdigtse Wissenschaft die würdigtse Gattung des Seienden zum Gegenstande haben muss. (1026a)

Wir fassen den Gedankengang zusammen[28]: Es gibt ja, so weiß Aristoteles aus den vorausgegangenen Überlegungen, Ewiges, Unbewegliches, er meint damit auch: intellektuell Unveränderbares, also ewige Konstanten, und es gibt schließlich Sein, das völlig selbstständig existiert. Aristoteles kennt ein Beispiel für Ewig-Unveränderliches, nämlich die Ursachen.

[28] Schon Klaus Öhler hat in seiner bahnbrechenden Monografie (*Der unbewegte Beweger des Aristoteles*, Frankfurt a.M. 1984) auf die schwierig zu rekonstruierende Argumentation, „den skizzenhaften Stil, die lose, hypomnematische [mehr skizzenhaften, dem Merken dienenden] Form seiner Darstellung" hingewiesen, die auch Grund für mangelnde Rezeption gewesen sei (ebd., 40). Wir versuchen hier, einerseits dem Text zu folgen, ihn dann andererseits vorsichtig zu strukturieren.

Für sie muss es eine letzte Sicherheit geben. Aristoteles meint das nicht im Sinne einer kantischen, modernen, transzendentalphilosophischen Reflexion und Folgerung: Es muss das geben, weil wir Sicherheit der Erkenntnis möchten und brauchen; also postulieren und unterstellen wir das mal. Nein, es gibt das Ewige, Unbeweglich-Unveränderbare, es gibt die Ursachen, es gibt die selbstständigen Substanzen, anders könnten wir unsere Welt des Vorfindlichen gar nicht begreifen. Da wir es können, muss es sie geben.

Diese hinter der physikalischen Welt liegenden „Gegenstände" können nur von einer „beschreibenden", theoretischen Wissenschaft erfasst werden. Infrage kämen damit grundsätzlich Physik und Mathematik. Aber beide können den fokussierten, infrage stehenden Gegenstandsbereich nicht erschließen. Die Physik handelt zwar von Ursachen von selbstständigen Substanzen und von Bewegtem, also von Veränderung, aber gerade nicht vom Unbewegten, Unveränderlichen. Dieses liegt ja jenseits ihres Horizontes. Die Mathematik hat mindestens zum Teil das Ewige, Unbewegte zum Gegenstand, aber nicht von selbstständigen Substanzen. Es muss also eine Erste Philosophie als weitere theoretische Wissenschaft geben. Sie verdient den Namen Theologie, weil es in ihr um das höchste Sein geht, das als „göttlich" prädiziert, bezeichnet werden kann, der also das Prädikat „Gott" zukommt.

Aristoteles setzt einerseits ganz empirisch an, argumentiert aber andererseits sehr grundsätzlich, indem er zu fundamentalen Unterscheidungen durchzudringen sucht, die das Denken wie das Sein bestimmen.

Die leitende Grundfrage ist weiterhin und hier jetzt vor allem: Wie funktioniert das Seiende? Aber Aristoteles will nicht spekulieren. Er will keine Hinterwelt hinter der Welt der Gegenstände, wie sie sich dem Willen zur empirischen Erkenntnis öffnet. Er will verstehen: Wie erklärt sich das, was wir beobachten? Wie können wir uns Bewegung und Veränderung erklären? Wir beobachten sie, ohne Zweifel. Aber das reicht doch nicht. Was steht hinter ihnen? Warum bewegt sich etwas? Was ist die Ursache der Ursachen – gibt es eine letzte? Die nahe liegende, auch heute nachvollziehbare Antwort lautet: Das erklärt uns alles die Physik als Wissenschaft von den bewegten Substanzen.

g) Warum die Physik nicht zur Welterklärung ausreicht und warum es die Theologie braucht

Ein erster Reflexionsgang in Buch XII, Kap. 1–6 ist denn auch genau dieser Frage gewidmet: Warum ist eigentlich nicht die Physik die erste Wissenschaft? Warum braucht es mehr, eine weitere Wissenschaft? Warum braucht es sogar noch einmal etwas anderes als eine weitere Einzelwissenschaft? Aristoteles antwortet, indem er unter Rückgriff auf die erarbeiteten Kategorien des Seins als die ontologischen Strukturen darauf hinweist: Es gibt zunächst die Einzelsubstanzen, über die bestimmte Beobachtungen gemacht werden können. Dazu reicht die Physik. Es gibt daneben aber auch Substanzen, die bewegt, wahrnehmbar, aber ewig sind. Aristoteles verbindet Physik, Kosmologie und Ontologie, wenn er – empirisch orientiert! – auf die Planeten hinweist, die (so unterstellt er) ewig an der Himmelsschale kreisen. Das führt aber zu einer neuen Frage:

Da Bewegung und Zeit, so eine weitere wesentliche naturphilosophische Voraussetzung von Aristoteles, nicht entstehen können, sondern ewig sind, stellt sich die Frage, woher sie kommen und wie denn die Bewegung und Veränderung zu erklären sind. Als ewige Bewegung darf sie ja nicht aufhören, d. h. sie darf nicht in einem letzten mechanischen Impuls ihren Ursprung haben. Ein weiterer naturphilosophischer Grundsatz von Aristoteles lautet ja: „Alles Bewegende wird von etwas bewegt" (Met XII,8, 1073a 26). Aktualisiert bedeutet das: Das Konzept eines Big Bang, also eines Urknalls des Universums, wie es Mainstreamüberzeugung gegenwärtiger physikalischer Kosmologie ist, ist zwar physikalisch einleuchtend, aber es führt doch zu der Frage: Worin liegt denn der Ursprung des Urknalls? Viele Physiker antworten, auch um die Gottesfrage zu vermeiden: Das Universum ist eine ständige Abfolge von Ausdehnungsprozessen nach einem Big Bang und anschließendem Zusammenfall der Materie in einem gigantisch schweren schwarzen Loch. Das führt doch aber zu einer noch grundsätzlicheren Frage: Worin ist denn ein Universum begründet, das aus einer solchen Abfolge besteht und hier offenbar ebenfalls einem Plan, einer Gesetzmäßigkeit und einer Ursächlichkeit folgt? Um metaphysische und religiöse Antworten zu vermeiden, suchen bestimmte Zweige physikalischer Kosmologie hier Lösungen, die nur scheinbar tragen. Das Anfangsproblem wird nur verschoben. Die metaphysische Frage wird nicht beantwortet. Wir haben hier Aristoteles' Problembewusstsein noch gar nicht erreicht. Aristoteles weiß aus der Empirie: „Alles Bewegende wird von etwas bewegt." Ich muss konsequent immer weiter zurückfragen: nach der Ursache der Ursachen der Ursachen. Diese letzte Ursache kann aber nicht mechanischer Natur sein, da sich ja dann sofort wieder das Problem stellen würde, wodurch dieses Bewegende bewegt würde. Das Problem wäre nicht gelöst, sondern nur verschoben.

Was wir heute über die genannten Theorien physikalischer Kosmologie sagen, hat in der Sache auch Aristoteles gesagt: Wir verlassen damit den Bereich der Physik. Die Physik *kann* die Frage nach der ersten Ursache nicht beantworten. Sie könnte sie ja nur mechanisch beantworten. Das aber wäre keine Antwort, sondern nur eine Verschiebung der Frage. Wir müssen also den Bereich der Physik verlassen. Das ist notwendig, denn wir müssen ja wissen, woher die Bewegung der Substanzen des ersten und des zweiten Typs kommen: die endlichen Bewegungen der Einzelsubstanzen und die ewigen Bewegungen der Himmelskörper.[29] Aristoteles folgert aus dem, was er wahrnimmt: Es muss noch eine dritte Substanz geben, eine Substanz dritter Art, neben den Einzeldingen und den Himmelskörpern. Sie erklärt das, was das Wahrnehmbare als erklärungsbedürftig zeigt. Modern gesprochen ist diese dritte Substanz, die Aristoteles folgert, eine Art Postulat, freilich nicht in dem Sinne, dass ihre Existenz fraglich wäre; denn das, was denknotwendig ist, das ist auch existenznotwendig; was wir mit Notwendigkeit denkend erschließen, das muss auch existieren. Notwendig ist aber nun die Annahme einer dritten Substanz. Aristoteles nennt sie den „unbewegten Beweger" oder – wörtlich übersetzt – das unbewegte

[29] Nach Aristoteles bewegt die Erstursache die Einzelsubstanzen in dieser Welt nicht direkt und unmittelbar, sondern vermittelt über die ewigen Bewegungen der Himmelskörper.

Bewegende. Er folgert, „dass es notwendig ein ewiges unbewegtes Wesen geben muss" (Met XII 1071 b 4-5). Aristoteles prädiziert es als „Gott" (*theos*; Met XII 1072 b 13-30).

h) Theologie als Wissenschaft auf der Grenze

Bevor wir bestimmen, wie dieser Gott beschaffen sein muss und wie Aristoteles ihn beschreibt, ist es wichtig, sich zu vergegenwärtigen, dass und wie diese „Theologie" eingebunden ist in Ontologie, Naturphilosophie und Physik[30]: „Die Theologie bekommt [...] einen physikalisch-ontologischen Unterbau"[31] genauso wie die Wissenschaft, konkret die Physik, einen theologisch-metaphysischen Überbau bekommt. Für modernes, sich als rational, aufgeklärt und metaphysikdistanziert verstehendes Denken ist dieser Ansatz heftig. Aristoteles konzipiert Theologie als Wissenschaft auf der Grenze, aber genau damit bestimmt er ihre Rolle präzise und differenziert. Einerseits ist sie ja Wissenschaft neben anderen Wissenschaften, eben eine neue, zusätzlich nötige. Andererseits ist sie gerade deshalb nötig, weil die vorhandenen und denkbaren Einzelwissenschaften, die Einzelsubstanzen zum Gegenstand haben, eben nicht ausreichen. Einerseits ist sie empirisch veranlasst (sie sieht sich gezwungen zu fragen: Woher kommen die Bewegung und die Veränderung?), andererseits muss sie, um diese Frage beantworten zu können, genau diese Empirie überschreiten. Theologie und Physik werden von Aristoteles aufs Engste verklammert, indem er sie als Einheit versteht. Die Wirklichkeit, auch und gerade die beobachtbare, kann nicht ohne Zuhilfenahme der Theologie verstanden werden. Dieses Konzept ist in der christlichen Tradition, vor allem im Spätmittelalter und in der frühen Neuzeit und in bestimmten Strömungen katholischer Religionsphilosophie, dominant gewesen bzw. geblieben.

Die heute landläufige und für viele selbstverständliche Trennung von Glauben und Wissen, Wissenschaften und Theologie ist für Aristoteles und seine Rezipienten gerade nicht einleuchtend, sondern widersinnig. Was uns heute auseinanderfällt, das verbindet Aristoteles in genialer Weise zu einer ganzheitlichen Sicht der Wirklichkeit ohne Bruch: Empirie und Gott, Physik und Theologie.

Wie aber sieht dieses Modell aus? Das Konzept, das Aristoteles vorlegt, ist im Rahmen seiner Voraussetzungen überzeugend, weil konsequent. Wenn gilt: Alles Bewegende wird von etwas bewegt; wenn gleichzeitig gilt: Bewegung und Zeit sind ewig, dann muss es etwas geben, das alles andere bewegt,[32] ohne selbst bewegt zu werden, das also mithin unbewegter Beweger bzw., unbewegtes Bewegendes ist. Damit dieses unbewegte Bewegende nicht dem Verdikt verfällt, selbst bewegt zu sein und das Problem des Ursprungs der Veränderung dadurch nicht gelöst, sondern nur verschoben würde, muss es selbst unbewegt sein. Wie aber, das ist die Kardinalfrage, kann es bewegen, ohne sich zu bewegen? Müsste es sich nicht bewegen, um anderes zu bewegen? Wie kann es anderes verändern,

---

[30] Vgl. Höffe: *Aristoteles*, 215ff.

[31] Flashar: *Aristoteles*, 227.

[32] Der unbewegte Beweger bewegt nach Aristoteles alles andere nicht direkt, sondern teilweise nur vermittelt. Nach Aristoteles bewegt der unbewegte Beweger den Fixsternhimmel, der dann weitere Bewegung(en) auslöst.

ohne selbst einer Veränderung zu unterliegen, die danach fragen ließe, was denn diese Veränderung ausgelöst hat? Aristoteles antwortet und greift dazu auf die in seiner Fundamentalontologie zuvor getroffenen Unterscheidungen zurück. Aristoteles hatte unterschieden zwischen Wirklichkeit und Möglichkeit, und er hatte Veränderung bzw. Bewegung definiert als einen Prozess, der von der Möglichkeit zur Wirklichkeit führt. Nun erklärt er: Das unbewegt Bewegende, „Gott", ist *reine Aktualität.* Es teilt nicht den Prozess, der von der Möglichkeit zur Wirklichkeit führt. Es, es allein, ist reine *energeia;* es ist nicht *dynamis*, nicht Möglichkeit. Es ist dementsprechend reine Form (*ousia*) und nicht Stoff (*hyle*), aus dem dann im Prozess der Veränderung etwas in ihm Angelegtes erst wird. Die Bestimmungen Gottes als reines Sein, als pure Wirklichkeit und als körperlos sind Konsequenzen des Postulates, dass das Alles-Bewegende selbst nicht bewegt werden kann, also keiner Veränderung unterliegen kann.

Damit ergibt sich freilich ein Folgeproblem: Wie ist denn dann – modern gesprochen – Interaktion, Wirkung überhaupt möglich, wenn etwas zur absoluten Unveränderlichkeit und Körperlosigkeit quasi „verurteilt" ist? Dass das unbewegte Bewegende nicht Stoff, sondern „nur" Form ist, gibt einen ersten Hinweis. Körperlos, ohne Stoff wirkt es nicht mechanisch. Von ihm können keine physikalisch bestimmbaren Impulse ausgehen.[33] Als *eidos* bewegt er intellektuell, durch die Anziehungskraft, die der Logos ausübt. Aristoteles lässt eine erotische Dimension anklingen, wenn er beschreibt, wie das unbewegt Bewegende bewegt ohne zu bewegen. Es bewegt wie und als „das Begehrte und Gedachte; es bewegt, wiewohl es nicht bewegt wird." (1072 a 27ff) „Das Erstrebte und das Intelligible (Erkennbare)" bewegen ja, „ohne bewegt zu werden" (26f). Das unbewegt Bewegende ist zu denken im Medium reiner Schönheit und Intellektualität. Denn „Gegenstand des Begehrens ist dasjenige, was als schön erscheint, Gegenstand des Willens ist an sich das, was schön ist." Jetzt ist klar, was Bewegung auslöst, ohne sich selbst zu bewegen: das Begehrenswerte, das Erstrebenswerte, das mich durch seine Anschauung (*theoria*) in Bewegung bringt, weil es meinen Wunsch und Willen weckt. Das unbewegte Bewegende bringt in Bewegung, indem es anzieht wie eine überaus attraktive, schöne Frau, die Hof hält, die Männer anzieht und „in Bewegung bringt", ohne sich zu bewegen und Mühe geben zu müssen. Auch wenn das Bild bei Aristoteles nicht direkt auftaucht, ist es doch legitimiert: „Jenes [das unbewegte Bewegende] ist wie ein Geliebtes", „wie etwas, das geliebt wird" (1072 b 3; *kinei de hoos eromenon*). Die Sphäre der Wirkung ist damit das Denken, das Medium der Intellektualität. Aristoteles sagt: Das „Prinzip [*arche*] ist die Vernunfttätigkeit [*noesis*]" (1072 a 30). Es kann sich ja nur um geistige, körperlose Vorgänge handeln, nicht um physikalische. Als Wesen, die etwas erstreben, „weil wir es für gut halten", werden wir – vermittelt – durch Gott, oder präziser formuliert: durch die Anschauung Gottes als des Guten, Schönen, Ewigen und damit Begehren Wirkenden in Bewegung gebracht (1072 a 30). Denken und Begehren sind die Mittel, durch die etwas ein anderes in Bewegung bringen kann ohne selbst zu bewegen. Durch das in der Schau

[33] Höffe: *Aristoteles*, 217.

des Höchsten sich vollziehende denkende Begehren bewegt das erste Bewegende und bleibt doch selbst unbewegt.

Aristoteles leitet nun eine weitere, wiederum ungeheuer folgenreiche Bestimmung ab. Gott ist ohne Stoff, ewig, unbewegt durch anderes. Er bzw. es ist das Gute, das Schöne, das durch die Wahrnehmung seiner selbst anderes bewegt – Gott kann nur Vernunft sein, genauer: sich selbst denkende Vernunft (*noesis noeseos*). Das höchste Wesen wird ja nicht bewegt durch Niedrigeres; es wird überhaupt nicht bewegt, affiziert, angesprochen durch anderes. Wie ist dann seine reine Wirklichkeit, seine Aktualität vorstellbar? Aristoteles antwortet konsequent: als reine Selbstbezüglichkeit; reine Selbstbewegung. Gott als das höchste, nicht durch anderes bewegte Wesen kann nur mit sich selbst beschäftigt sein. Da er nicht Stoff ist, sondern reines Sein, reine Intellektualität, besteht sein „Leben" im Denken und Anschauen seiner selbst. Aristoteles qualifiziert dieses Sein Gottes im Modus des Sich-selbst-Denkens als das höchste, beste und angenehmste Sein; er spricht explizit vom „Leben" Gottes. „Die Betrachtung (theoretische Tätigkeit) ist das Angenehmste und Beste" – für Gott und abgeleitet und entsprechend auch für den Menschen: „Leben wohnt in ihm, denn der Vernunft Wirklichkeit (wirkliche Tätigkeit) ist Leben, jener [erg.: Gott; HpH] aber ist die Wirklichkeit (Tätigkeit), seine Wirklichkeit (Tätigkeit) an sich ist bestes und ewiges Leben." (1072 b 26ff). Aristoteles resümiert in drei Punkten:

1. „Daß es also ein ewiges, unbewegtes, von dem Sinnlichen getrennt selbstständig existierendes Wesen gibt, ist aus dem Gesagten klar." (1073 a 4ff)
2. „Es ist aber auch erwiesen, daß dieses Wesen keine Größe haben kann, sondern unteilbar und unzertrennlich ist. Denn die unendliche Zeit hindurch bewegt es, nichts Begrenztes aber hat ein unbegrenztes (unendliches) Vermögen" (1073 a 5ff). Der Gedankengang lautet: Es gibt Zeit, Zeit muss aber unendlich sein. Sie nicht unendlich zu denken, hieße, sie von vornherein widersprüchlich zu denken. Wer sie mit Anfang und Ende denken würde, würde sie ja einbetten in etwas Größeres, das wiederum in etwas Umfassenderes eingebettet werden müsste, wollte man es endlich denken. Und so *ad infinitum*, ins Unendliche. Dieser unendlich zu denkenden Zeit muss Gott genügen. Er kann dementsprechend nur ein unbegrenztes, unendliches Vermögen (Potenz) sein, freilich nicht im Sinne einer Potenzialität. Das hatte Aristoteles ja schon gezeigt. Potenzialität, sprich Möglichkeit, würde ja wieder bedeuten, dass Gott sich bewegt; denn Bewegung bedeutet ja, etwas aus der Möglichkeit in die Wirklichkeit bringen. Nein, Gott ist nicht Potenzialität, aber Potenz; nicht Möglichkeit, sondern reine, unendlich wirksame Wirklichkeit.

   Neben dem unbegrenzten Vermögen leitet Aristoteles aber auch noch die Unkörperlichkeit bzw. Allanwesenheit ab: „Da nun jede Größe begrenzt oder unbegrenzt sein muss, so kann es eine begrenzte Größe aus dem angegebenen Grunde nicht haben, eine unbegrenzte Größe aber darum nicht, weil es überhaupt keine unbegrenzte Größe gibt." (1073 a 7-11) Auch hier ist der Gedankengang dicht, voraussetzungsreich, aber, recht verstanden, schlüssig: Wenn wir von Größe reden, gibt es nur zwei Möglichkeiten: begrenzt oder – das Gegenteil – unbegrenzt. Begrenzt kann die zur Debatte stehende Wirklichkeit aus schon genannten Gründen nicht sein. Bleibt Gott als unbegrenzte Größe. Unbegrenzte Größen gibt es aber nicht. Auch dieser Begriff wäre nicht widerspruchsfrei zu denken. Wenn ich von Größe rede, denke ich ihre Einbettung, ihren Rahmen und damit in irgendeiner Weise ihre Begrenzung immer mit. Resultat ist: Wenn ich Gott weder eine begrenzte noch eine unbegrenzte Größe zusprechen kann, ist er mit diesem Begriff überhaupt nicht zu fassen. Anders gesagt: Gott kann nicht quantitativ gefasst werden. Er ist überall, aber nicht im Sinne einer physikalisch zu bestimmenden Ausdehnung.

3. Aristoteles hält als Drittes etwas fest, was theologisch noch einmal eine herausragende Bedeutung bekommen wird: „... es ist auch ferner erwiesen, daß es [das unbewegte Bewegende] keiner Affektion und keiner Qualitätsveränderung unterworfen ist [*apathos, analeipton*]“ (1073 a 11f). Es gehört ja gerade zum Wesen des unbewegt Bewegenden, dass es nicht bewegt werden kann, natürlich auch nicht affektiv und emotional. Der Schlussstein der Metaphysik verlangt eine Wirklichkeit, einen Gott, der nicht durch anderes bewegt wird, der also auch durch anderes Sein nicht ansprechbar ist. Es kann nichts geben, das ihn verändert. Gott ist unveränderlich, nicht, weil er sich etwa auch angesichts der Untreue des Menschen treu blieb, sondern weil es nichts gibt, was ihn erreichen und verändern könnte.

Nach diesen Erläuterungen dürfte es klar sein, dass Gott für Aristoteles kein persönlicher Gott, kein theistisch zu denkendes Wesen ist, auch wenn er von dessen „Leben“ spricht. Auf den religiösen Monotheismus hat er gleichwohl durch eine weitere Reflexion eingewirkt, die im 8. Kapitel des *Buchs Lambda* zu finden ist. Wir gehen abschließend auf sie ein. In XII,8 teilt Aristoteles – etwas überraschend – mit, dass es ja nicht nur einen, sondern im Gegenteil zahlreiche erste, unbewegte Beweger gibt. Er denkt an die Fixsterne, die beobachtbar sind. In einer gewissen, Fragen offen lassender Unschärfe plädiert er am Ende von *Buch XII* für den *einen* („mono“) Ursprung von allem und die Einzigartigkeit des einen, alles zusammenhaltenden Prinzips, indem er aus Homers *Ilias* zitiert: „Nichts Gutes ist Vielherrschaft: einer soll Herr sein“ (II, 204; 1076a). Dieses Plädoyer für Mono-Theismus ist nach Aristoteles nicht mehr empirisch abzusichern, wird freilich durch eine interessante wissenschaftstheoretische Reflexion gestützt: Wer zu viele Ursachen und Prinzipien ansetzt, macht „das Wesen des Ganzen unzusammenhängend“ und gefährdet den Zusammenhalt wie das Verständnis des Ganzen (1076 a 1ff).

III. Wirkung

Auch hinsichtlich der Darstellung und Reflexion der Wirkung[34] von Aristoteles müssen wir uns beschränken. Im Vordergrund steht der überragende Einfluss auf die christliche Theologie.[35] Sein Konzept der Allmacht Gottes wie seine Überzeugung von der Empfindungslosigkeit wie Leidensunfähigkeit Gottes (Apathieaxiom) wirken bis heute in der christlichen Theologie nach und haben auch auf Gemeindeebene in intuitive Vorstellungen über Gott Eingang gefunden.

1. Aristoteles' Wissenschaftskonzeption

Wenn man Aristoteles sowohl als frühen Universalgelehrten wie auch als Philosophen auszeichnen kann[36], dann ist das nicht additiv zu verstehen, sondern synonym. Philosophie, als Wirklichkeitserkenntnis im umfassenden Sinne, beinhaltet die Beschäftigung mit allem, was empirisch zugänglich ist, und mit dem, was die Erkenntnis der Empirie an Voraussetzungen erfordert. Aristoteles hat sich mit nahezu allen Fragen und Gebieten des Erkennens auseinandergesetzt und dabei Grundlagen gelegt, auf die bis heute aufgebaut wird, und sei es, dass man sich kritisch auf ihn bezieht. Das gilt für die Logik, Literaturwissenschaft, Rhetorik ebenso wie für die Ethik, Politik, Psychologie und gleichermaßen für Physik, Biologie, Kosmologie. Vorbildlich sichtet er für seine Vorlesungen und Veröffentlichungen das vorliegende Wissen, auf das er sich kritisch-konstruktiv bezieht. Allein schon durch dieses Konzept wissenschaftlicher Rationalität – Einbeziehung der gesamten Wirklichkeit, Einbeziehung der Forschungsgeschichte, Einbeziehung wissenschaftstheoretischer Fragen – ist Aristoteles stilbildend, ja maßgebend geworden.
Schaut man sich die schiere Masse seiner Werke an,[37] so liegt der Schwerpunkt auf den (wie wir heute sagen würden) Naturwissenschaften, vor allem Physik und Biologie, mit dem Schwerpunkt der Zoologie. Ein Philosoph, der Lebensformen sammelt und katalogisiert und sich dafür nicht zu schade ist! Aber genau in einer solchen Reaktion lauert ein Missverständnis, und genau dieser bemerkenswerte Sachverhalt gibt einen Hinweis auf die Eigenart der Philosophie des Aristoteles. Die Quelle seiner Philosophie ist im Anschluss an Platon (etwa *Theaetet* 155d)[38] die Wahrnehmung, ihr Motiv ist das Staunen über das, was wir sehen.

---

[34] Vgl. den Überblick in: Rapp/Corcilius: *Aristoteles Handbuch*, 471-598; vgl. aktuell und exemplarisch: Thomas Gutschker: *Aristotelische Diskurse. Aristoteles in der politischen Philosophie des 20. Jahrhunderts*, 2002; Thomas Buchheim/Helmut Flashar/Richard A.H. King (Hrsg.): *Kann man heute noch etwas anfangen mit Aristoteles*, Hamburg 2003.

[35] Für die muslimische Theologie gilt Entsprechendes. Vgl. Rapp/Corcilius: *Aristoteles Handbuch*, 485-495.

[36] Vgl. die üblichen Einführungen, etwa von Höffe, Flashar, Welsch.

[37] Vgl. die Übersicht bei Diog. Laert.: Vit. I, 5, 21.

[38] Vgl. die Hinweise zum Zusammenhang von Aristoteles und Platon bei Flashar: *Aristoteles*, 211f.

Aristoteles ist Empiriker, wenn man so will Universalempiriker. Wenn er nach dem Wesen des Seins und der Wirklichkeit fragt, überspringt er nicht, was er sieht, sondern fängt genau bei ihm an. Zuerst kommt die Physik, dann die Metaphysik, weil es nicht möglich bist, Physik ohne Metaphysik zu treiben. Hier dreht sich das theoretische Gefälle von erster und zweiter Physik faktisch noch einmal um. Das ist einer der großen Gegensätze zu Platon. Dieser findet die *eigentliche* Wirklichkeit *hinter* den Dingen, Aristoteles findet sie *in* ihnen. Alles, aber auch alles, ist deshalb bemerkenswert und beachtenswert. Wo anders als in dem, was wir sehen, sollten wir auf *die Wirklichkeit* stoßen?

„Denn weil sie staunten, beginnen 23
die Menschen jetzt und begannen sie zuerst zu philosophieren, indem sie anfangs über die naheliegenden Seltsamkeiten staunten und dann im allmählichen Fortschritt sich auch über größere Dinge den Kopf zerbrachen, so über Erscheinungen an Mond, Sonne und den Gestirnen, und dann über die Entstehung des Alls“ (Met I,2 982b 12-17).

Aristoteles begründet mit seiner Art der „Philosophie“ die neuzeitliche und moderne *universitas litterarum*, vorbereitet durch die mittelalterliche Artistenfakultät (von lat. *ars*, Kunst, Fähigkeit) mit ihren „Künsten“, also den speziellen Wissenschaften. Der Gang der Philosophie zeichnet sich dadurch aus, dass sich immer weitere Gebiete spezialisieren, verselbstständigen und dann aus der Philosophie ausscheiden. Philosophie bekommt so immer mehr die Aufgabe, das Ganze zu erkennen oder, wie vor allem im 20. Jh., darüber nachzudenken, was überhaupt Wissenschaft, wissenschaftliche Erkenntnis ist, was mit Recht als Erkenntnis qualifiziert wird (die relativ neuen Fachgebiete der Philosophie sind dann Wissenschaftstheorie und Sprachphilosophie[39]). Wenn ein Fachgebiet zu sehr wächst, braucht es Spezialisten, die dann ihrem Fach ein eigenes Gewicht und Gesicht geben im Rahmen der anderen schon selbstständigen Wissenschaften. Ein aktuelles Beispiel ist auch die Blüte, ja Explosion der Neurowissenschaften. Die Beschäftigung mit dem Geist *(mind)* ist traditionell eine der Hauptaufgaben der Philosophie. Lange Zeit war die Beschäftigung mit dem „Geist“ deren Hauptdomäne, im Zentrum stand etwa die Frage, wie sich der Leib zur Seele, der Geist zum Körper, das Ich-Bewusstsein zur Welt verhält. Inzwischen machen sich Medizin, Biologie und Informatik anheischig, die hier traditionell philosophisch verhandelten Fragen nach dem freien Willen des Menschen, nach der eigentlich zugrunde liegenden Wirklichkeit zu beantworten. Der Bewusstseinsphilosophie obliegt noch die Aufgabe, quasi als Polizei im Reich der Wissenschaften auf Grenzüberschreitungen aufmerksam zu machen, etwa dort, wo Bewusstsein unter der Hand auf Gehirn reduziert wird oder das biologisch allein zugängliche physiologische Substrat von Bewusstseinsvorgängen mit der physikalischen als der eigentlichen Wirklichkeit identifiziert wird. Philosophie behandelt heute – als logisches Endergebnis der Entwicklung – noch Kategorie-, sprich Denkfehler, produziert aber immer weniger eigenes *Fach*wissen. Eine weitere, immer wieder artikulierte, aber

39 Ein faszinierendes Beispiel ist der späte Ludwig Wittgenstein (1989–1951), der mit seinen philosophischen Erwägungen einer der Gründerväter der modernen Linguistik wird. Spezialisierung auf dem Boden philosophischer Erkenntnisse führt zu neuen Fachdisziplinen.

auch immer schwieriger werdende Aufgabe kommt dazu. Die fortschreitende Spezialisierung der Wissenschaft bedeutet ja eine immense Herausforderung. Wenn die *universitas litterarum* das Ganze abbildet, es aber durch die Fülle der ausgebildeten Methoden und Ergebnisse zu Spezialisierungen und Verselbstständigungen kommt, wie kann dann der Zusammenhalt des Ganzen gewahrt und gedacht werden? Wer überschaut noch alles? Ja, was bedeutet die sich ständig mehrende, sich in wenigen Jahren jeweils verdoppelnde Menge des Wissens über *die Wirklichkeit* für eine Gesamtschau dessen, was Wirklichkeit ist? Philosophie wird dann im Gefolge des Aristoteles als die Wissenschaft verstanden, die im Bewusstsein hält, dass es sich in all dem, was Wissenschaften produzieren, um die *eine* Wirklichkeit handelt. Insofern verhindert die Philosophie, dass uns die Welt in lauter Fachwelten und Unterwelten auseinanderfällt.[40] Es ist eine philosophische Frage, ob wir diesen Gesamtblick brauchen oder ob nicht auch dieser schon Ausdruck einer überholten metaphysischen Orientierung ist, wie sie Aristoteles als Erster abgelegt hat. Letztlich ist das eine Frage des Menschenbildes und der uns in unseren Einstellungen leitenden Voraussetzungen. Philosophie kann hier zu einem unangenehmen, weil kritische und metakritische Fragen stellenden Partner werden. Ist der Mensch mehr als das, was eine zoologische Qualifikation ihm als Gattung im Raum des Lebendigen zuweist? Gibt es einen grundsätzlichen Unterschied zwischen Tier und Mensch? Von evolutionsbiologischen Modellen mit ihrem integrativen Blick wird man diese Frage nicht erwarten dürfen. Philosophen sollten sie stellen. Ist Geist mehr als das, was im Rahmen bildgebender Verfahren als „Gehirn" sichtbar ist? Wie verhält sich das zu Selbstbewusstsein und Geist, und ist es kurzschlüssig, die fachwissenschaftliche Perspektive mit dem zu identifizieren, was die Wirklichkeit an sich ist? Im Bereich der Physik sind es im 20. Jh. herausragende Vertreter ihres Faches gewesen, die – wie etwa Carl Friedrich von Weizsäcker oder Werner Heisenberg – mit philosophischen Reflexionen hervorgetreten sind und die Bedeutung ihres Faches für unser Bild der Wirklichkeit verdeutlicht haben.[41] Voraussetzung ist dabei natürlich, dass die philosophische und die fachwissenschaftliche Perspektive zusammenhängen, aber eben nicht identisch sind.

Die Fächerspreizung wie das Bemühen um eine Sicht des Ganzen spiegeln das ursprüngliche, erstmalig in dieser Breite bei Aristoteles manifeste Konzept von Wissenschaft ebenso wider wie die auch heute noch anzutreffende Bezeichnung „Philosophische Fakultät" für einen Fachbereich, in dem wir nicht nur Philosophie, sondern auch Germanistik, Anglistik,

---

[40] Schon jetzt müssen wir aber anmerken, dass ein radikaler Konstruktivismus genau diese Frage nach dem Zusammenhalt des Ganzen als pragmatisch unnötig und philosophisch als Ausdruck einer überlebten metaphysischen Frage festhält.

[41] Sie haben dabei gleichzeitig auch herausgearbeitet, wie sehr philosophische Voraussetzungen unser wissenschaftliches Arbeiten beeinflusst, ja bestimmt. Vgl. etwa Carl Friedrich von Weizsäcker: *Die Tragweite der Wissenschaft*, Stuttgart 6. Aufl. 1990, bes. Teil II; ders.: *Vom Weltbild der Physik*, Stuttgart 12. Aufl. 1976; ders.: *Die Einheit der Natur*, München 1974, v.a. Teil IV; ders.: *Große Physiker. Von Aristoteles bis Werner Heisenberg*, München/Wien 1999; ders.: *Voraussetzungen des naturwissenschaftlichen Denkens*, Freiburg/Basel/Wien 1972; Werner Heisenberg: *Quantentheorie und Philosophie*, Stuttgart 1979; ders.: *Das Naturbild der heutigen Physik*, Reinbek b. Hamburg 15. Aufl. 1970; ders.: *Physik und Philosophie*, Frankfurt a.M/Berlin/Wien 1959; ders.:*Wandlungen in den Grundlagen der Naturwissenschaft*, Stuttgart 11. Aufl. 1980; ders.: *Schritte über Grenzen. Ges. Reden und Aufsätze*, München 5. Aufl. 1984.

Sprachwissenschaft bis hin zu Sinologie und anderen Orchideenfächern finden. Was man etwas abfällig als Sammelbecken bezeichnen könnte, ist aber ein Abbild aristotelischer Wissenschaftskonzeption, nach der die Philosophie die Mutter der Wissenschaften ist.

Zur Philosophie als der höchsten Wissenschaft gehört auch die Metaphysik. Aristoteles betreibt sie nicht als „Gespenstermetaphysik", die sich mit lauter obskuren, im Grunde unwichtigen, jedenfalls nicht vernünftig zu beantwortenden Fragen beschäftigt und die man darum am besten weglässt. Metaphysik rekonstruiert vielmehr das Grundgerüst, das als Struktur allen unseren Erkenntnisansprüchen zu Grunde liegt. Was macht eigentlich das Wirkliche aus? Aristoteles führt die Kategorie der Substanz ein. Warum gibt es Veränderung, in aristotelischer Terminologie: Warum „bewegt" sich etwas? Aristoteles unterscheidet vier verschiedene Arten von Ursachen, von denen wir heute allerdings meist nur noch die Wirk-Ursache akzeptieren. Wie kann es zu Veränderung kommen? Müsste nicht alles so bleiben, wie es ist? Aristoteles unterscheidet Möglichkeit (*dynamis*) und Wirklichkeit (*energeia, entelechia*). Ein als solcher unbestimmter Stoff (*hyle*) erfährt eine bestimmte Gestaltung, „Form" (*eidos*), wobei die Möglichkeit, etwas zu sein und zu werden, schon in der Wirklichkeit seiner Substanz angelegt sein muss.

Im Rahmen des universalen Systems ist für Aristoteles nur folgerichtig, was für uns heute angesichts des modernen Wissenschaftsbegriffs seltsam anmutet. Während moderne Wissenschaft den Gottesbegriff programmatisch ausklammert, also die Existenz Gottes nicht positionell bestreitet (weltanschaulich-dogmatischer Atheismus), aber methodisch zurückstellt („methodischer Atheismus"), steht bei Aristoteles Gott im Zentrum der Wirklichkeit und Wirklichkeitserkenntnis. Die Theologie ist – im Bild gesprochen – der Schlussstein im Gewölbe, der alles trägt. Zöge man ihn weg, bräche alles zusammen. Erste Philosophie, Metaphysik und Theologie sind eins bzw. Teilmengen voneinander. Diese Synthese von Gott und Wirklichkeit, diese Zusammenschau von Wissenschaft und Theologie ist ungeheuer wirksam geworden. Den Gottesbegriff, den Aristoteles entwickelt oder – seinem Anspruch nach – ableitet aus der Wahrnehmung der Wirklichkeit, hat für den Weg der christlichen (Vergleichbares gilt für die islamische und teilweise auch jüdische) Theologie äußerste Bedeutung bekommen.

Dass Aristoteles eine so ungeheure Wirkung entfaltet hat, lässt sich vereinfacht durch qualitative und quantitative Wirkungen erklären. Die Qualität der ausgearbeiteten Philosophie lässt Aristoteles geradezu zum Inbegriff von „Vernunft" und „Wissenschaft" werden und trägt ihm den Ehrentitel „der Philosoph" ein. Dass sich Philosophie nach Aristoteles im weitesten Sinne als Wirklichkeitswissenschaft vollzieht, bedeutet zudem, dass sein entsprechend breites Schrifttum ganz wesentlich nicht nur die Entwicklung der Logik, Rhetorik, Literaturwissenschaft, sondern auch der Physik und Biologie beeinflusst hat. Die frühe Rezeption und Weiterentwicklung seiner Einsichten durch muslimische Theologen und Philosophen hat entscheidend dazu beigetragen, dass muslimische Theologie im frühen Mittelalter und in ihrer Blüte einen Vorsprung vor christlicher Kultur, Theologie, Wissenschaft gewann. Hier war lange Zeit noch der Einfluss Platons dominant wirksam und Aristoteles galt als ein heidnischer Philosoph.[42] Im 13. Jh. sah man sich dann auch im Bereich christlicher Universitäten genötigt, ihn zu rezipieren. Albertus Magnus und vor allem sein überragender Schüler Thomas von Aquin haben dieses Programm gefordert und auch realisiert.

2. Metaphysik

Die von Aristoteles bewusst hierarchisierend so genannte Erste Philosophie (etwa Met VI 1026a 16 u. ö.) findet sich vor allem in der sog., oben skizzierten *Metaphysik* – dem Werk, das der Ersten Philosophie bis heute ihren Namen gibt. Der Titel dieses für die abendländische Philosophiegeschichte vielleicht einflussreichsten und insofern bedeutendsten Werkes stammt freilich gar nicht von Aristoteles selbst. Er geht auf Andronikos von Rhodos[43] zurück, der in der ersten Hälfte des letzten Jahrhunderts vor Christus die Schriften des Aristoteles ordnet und herausgibt. Nachdem er die die Natur (*physis*) betreffenden Schriften zusammengefasst hat, stellt er da*nach* in den „Schriften nach der Physik" (*ta meta ta physica*) mehrere Abhandlungen zur Ersten Philosophie zusammen. So wird aus einer zunächst rein editorischen Bezeichnung ein philosophischer, auch missverständlicher Gattungsbegriff. So suggeriert die Bezeichnung „Metaphysik" ja geradezu, dass es sich um etwas handelt, was „hinter" den Dingen, hinter der wahrnehmbaren Wirklichkeit liegt; was spekulativ ist und was man als weniger existenzbezogen auch vernachlässigen kann. Metaphysikkritische Ansätze wie etwa der Physikalismus und nachfolgend ein naturalistischer Reduktionismus stellen die Bedeutung, ja schon den Sinn von Metaphysik grundlegend infrage. Sie beschränken das, wovon man sinnvoll, argumentierend und kritisch reden kann, auf das wissenschaftlich Beobachtbare. Das ist aber alleine der Gegenstandsbereich der Physik als Basiswissenschaft von allem, darum der Name Physikalismus. Hauptvertreter sind etwa Moritz Schlick (1882–1936) und Ernst Mach (1838–1916). Wirklichkeit ist allein das, was sich der Physik mit ihren physikalischen Methoden erschließt. Wirklich ist nur das Natürliche, im Sinne der *Natur*, die allein die Naturwissen-

---

[42] Das ist eine freilich sehr grobe, simplifizierende Darstellung. Faktisch hat man schon in der Antike immer wieder versucht, Platon und Aristoteles als die beiden Großen zu verbinden oder gar als Einheit zu verstehen. So konnte Aristoteles auch platonisierend verstanden werden und die Gegensätze, die eine moderne Brille sieht, konnten sich relativieren.

[43] Er lebte im 1. Jh. v. Chr., war ein Anhänger aristotelischer Philosophie und machte sich bleibend verdient durch die Herausgabe der sog. esoterischen Schriften des Aristoteles, also diejenigen, die von Aristoteles nicht selbst zur Veröffentlichung gebracht worden waren (also vor allem Vorlesungen und Lehrmaterial). Von den nach „außen", für die Veröffentlichung in den Raum außerhalb der Schule bestimmten Schriften, die von der Forschung als exoterisch bezeichnet werden, ist uns keine erhalten. Verloren gingen etwa sämtliche Dramen und Dialoge, die Aristoteles verfasst hat. Durch die Editionstätigkeit des Andronikos wurden die esoterischen Schriften weit verbreitet, ein entscheidender Grund für ihre Weitergabe und Tradition. Die Ausgabe des Andronikus ist dann auch die Grundlage für die erste wissenschaftliche Edition der Werke des Aristoteles durch Immanuel Bekker geworden, nach der wir heute zitieren.

schaften und unter ihnen die Physik als Basis aller anderen naturwissenschaftlichen Disziplinen erkennt. Erkenntnisansprüche müssen dementsprechend reduziert und zurückgenommen werden, darum der Begriff naturalistischer Reduktionismus.

Mit dieser Kritik treffen sie freilich Aristoteles nicht. Auch Aristoteles ist nicht an einem Hintersinn in einem philosophischen Hinterzimmer interessiert. Er fragt vielmehr (modern gesprochen): Was sind denn die grundlegenden Bedingungen dafür, dass man überhaupt wissenschaftliche Beobachtungen machen kann? Was muss ich an Eigenschaften der Wirklichkeit unterstellen? Kausalität etwa kann ich ja nicht direkt beobachten, aber wenn ich Ursache-Wirkung-Beziehungen „beobachten" oder besser: unterstellen will, muss ich annehmen, dass die Wirklichkeit entsprechend strukturiert ist. Wenn ich von Eigenschaften spreche, die etwas zukommen sollen, muss ich etwas Zugrundeliegendes unterstellen, auch wenn ich es an sich nicht sehe, sondern immer nur konkrete Einzeldinge sehe, die ich nachträglich als etwas qualifiziere.

Eine Kritik ganz anderer und noch fundamentalerer Art findet das Metaphysik-Konzept im 20. Jahrhundert in sprachphilosophischer und nachfolgend postmoderner Philosophie. Bildet unsere Sprache wirklich nur die Wirklichkeit ab? Oder konstituiert sie sie nicht (auch)? Stimmen Denken und Sein wirklich überein? Ist alles, was denk-notwendig ist, auch seins-notwendig? Sind unsere Kategorien und Unterscheidungen gefunden, oder nicht vielmehr gemacht? Noch fundamentaler ist die Kritik des jüdischen Religionsphilosophen Emanuel Levinás. Er bestreitet der Metaphysik den Rang der ersten Philosophie angesichts der humanitären Katastrophen, zu denen das kategoriale, gegenständliche Denken geführt hat, und plädiert für eine ethische Grundlegung alles Denkens aus der Begegnung mit dem Anderen heraus.

IV. Kritische Reflexionen

In einer gewissen Hinsicht ist ein erheblicher Teil der abendländischen Philosophiegeschichte bis heute mit der Diskussion der von Aristoteles eingeführten bzw. definierten Terme und Theorien beschäftigt. Wir werden in unserer Darstellung immer wieder auf Aristoteles zurückkommen. An dieser Stelle möchte ich in zwei Blöcken einerseits auf die religionsphilosophischen und andererseits die im engeren Sinne philosophischen, ontologischen und erkenntnistheoretischen Fragen ansprechen. Zunächst geht es um die Frage, wie sich aristotelische Theologie und christliche Theologie zueinander verhalten. Philosophisch werden wir dann zwei Themen aufgreifen: die Annahme von Kategorien und die Unterscheidung von Stoff und Form.

1. Die Aristotelische Theologie und ihre christlich-theologische Rezeption

Aristoteles entwickelt durch eine Fülle von Unterscheidungen und Ableitungen ein ontologisches System, eine Vorstellung von der Wirklichkeit im Ganzen und in seinen Teilen. Einen Teil dieses Systems bezeichnet er aufgrund seiner herausragenden, grundlegenden Bedeutung als „Gott“ (*theos*). Dieses Bild eines *strukturellen* Gottes gewinnt dennoch allergrößte Bedeutung für eine christliche Theologie, die sich auf die Offenbarung Gottes in der *Geschichte* beruft. Um den Ausgleich mit Rationalität, Vernunft und Wissenschaft bemüht, kommt sie auf die Dauer an Aristoteles nicht vorbei. Spätestens im Hochmittelalter wird er zur zentralen Bezugsgröße, die so wichtig ist, dass man sie in die Theologie selbst integrieren muss (Albertus Magnus [um 1200–1280], Thomas von Aquin [1225–1274]).

a) Der Status der Theologie

Für die Rezeption lassen sich gute Gründe angeben. Das, was man selbst als „Gott“ glaubt, verkündigt und propagiert, wird von Aristoteles als höchste und oberste Wirklichkeit nicht nur anerkannt, sondern begründet. Die Vernunft sichert die Geltung „Gottes“. Aristoteles leitet mit philosophischen Mitteln die Vollkommenheit Gottes ab. Gott ist in seiner Theologie das absolut Begehrenswerte, nach dem alles Seiende strebt: „Alles Weltliche ist in seinem Sein dadurch bestimmt, dass es die Vollkommenheit der höchsten *ousia* begehrt – so die Grundthese des metaphysischen Erotikers Aristoteles.“ So formuliert pointiert Wolfgang Welsch[44] die theologische Pointe der Aristotelischen Metaphysik. Wird hier „Gott“ nicht groß gemacht? Erfasst hier nicht die Vernunft die Majestät Gottes, die der Glaubende bloß bekennt?

Für eine Theologie als Institution, die um ihren Platz in der Welt der Wissenschaften (*universitas litterarum*) ringt und ihre Erkenntnisansprüche legitimieren muss, ist die Platzanweisung des Aristoteles mehrfach attraktiv. Sein System garantiert einen zentralen Platz im Rahmen der Erkenntnisbemühungen, ja sogar der Welterkenntnis. Physik ohne Theologie geht nicht. Theologie ist nicht nur Wissenschaft, sie ist Kern und Stern aller Wissenschaften. Sie ist die oberste Wissenschaft. Alle anderen dienen ihr nur. Es ist nicht nur der Machtanspruch der gesellschaftlich und politisch etablierten Leitinstitution Kirche, der der Theologie Gewicht gibt, sondern eben auch dieser philosophische Unterbau, der ihr rational begründet Relevanz verleiht.[45]

Nicht zu unterschätzen ist die Rolle der „idealistischen Ontologie“[46] auch für das Selbstbewusstsein und den Modus des christlichen Theologenstandes. Wenn Gott *noesis noeseos*, das sich selbst denkende Wesen ist, wenn er ein höchstes, glückseliges Leben im ewigen Denken seiner selbst führt (vgl. Met 1075 a 10), dann ist das Leben Gottes für

---

44 Wolfgang Welsch: *Der Philosoph. Die Gedankenwelt des Aristoteles*, 2., durchges. Aufl. Leiden/Brill 2018, 265.

45 Auch nach der Auflösung der naheliegenden Synthese von Offenbarung und Vernunft, Glaube und Wissenschaft bleibt eine Religions- (und oft auch eine reflektierte Natur-)Philosophie ein interessanter Partner für Kirche und Theologie, weil hier Grundfragen unserer Existenz angesprochen werden, die sich dem Menschen auch dann aufdrängen, wenn er sie nicht durch Glaube und Religion zu beantworten sucht.

46 Welsch: *Der Philosoph*, 268ff.

den Menschen natürlich vorbildlich. In der Nikomachischen Ethik bezeichnet Aristoteles denn auch die geistige Tätigkeit, die *theoria,* als „die vollendete Glückseligkeit des Menschen“ (Eth. Nic. X 7, 1177 b24f). Wenn der Mensch als *animal rationale*, als vernunftbegabtes Wesen, sich intellektuell betätigt, dann eifert er damit Gott nicht nur nach, er nimmt ja an dessen Existenz als *noesis noeseos* auch denkend teil. Nach Aristoteles ist ein Leben, das ganz der geistigen Tätigkeit gewidmet ist, darum auch „wohl übermenschlich“ (1177 b 26f): „Denn nicht sofern man ein Mensch ist, vermag man so zu leben, sondern nur sofern etwas Göttliches in uns wohnt“ (1177 b 27f)[47]. Im Betätigen des Intellekts werden wir göttlich. Das ist nur noch durch christliche Theologie zu steigern. Verdienen die Theologen nicht einen besonderen Stand, eine besondere Stellung mit allen entsprechenden Privilegien? Sie sind ja nicht nur „Intellektuelle“, die sich schon von daher im Denken als einem göttlichen Medium bewegen. Sie partizipieren ja direkt an den göttlichen Gedanken, vollziehen in ihrer theologischen *theoria* die *noesis noeseos* des Höchsten mit und nach. Als „Gottesgelehrte“ haben sie einen direkten Zugang zu Gott. Das unterscheidet sie von den einfachen und ungebildeten Menschen, die zur Reflexion nicht fähig sind, geschweige denn zur Teilhabe an den Gedanken und der Vernunft Gottes qualifiziert.[48]

b) Anknüpfungspunkte für die christliche[49] Gotteslehre

Bevor wir die möglichen Bruchpunkte anschauen, die es schwer verständlich erscheinen lassen, dass man überhaupt versucht hat, Aristotelische Metaphysik und den biblisch bezeugten Gott aufeinander zu beziehen, gilt es, sich zunächst zu vergegenwärtigen, worin die hohe Attraktivität dieser glasklar ausformulierten Gotteslehre für Theologie und Kirche bestand und teilweise noch besteht. Die zentrale Bestimmung, Gott ist unbewegter Beweger, ist mehrfach entschlussfähig:

- Spricht sie nicht von der Majestät Gottes, der unbeeinflusst von den Torheiten des Menschen das Ganze lenkt und in der Hand hat? Bedeuten seine Unveränderlichkeit bzw. Unbeweglichkeit nicht seine Treue und seine Wahrheit? Ist nicht eben deshalb auf ihn Verlass, weil er unveränderlich ist?
- Bedeutet die Tatsache, dass sich Gott nicht bewegen oder ändern kann, dass alles festgefügt und *geordnet* ist? Bedeutet das nicht mehr als alles andere: Alles ist angeordnet?
- Bedeutet Gott als reine Aktualität ohne jede Möglichkeit zur Veränderung nicht auch umgekehrt: Eine solche ist gar nicht möglich, weil eben alles schon vollkommen ist; weil vor allem *er* vollkommen ist?
- Ist Gott als reine Aktualität, die ohne Stoff ist, die körperlos ist, nicht entschlussfähig an die theologische Einsicht in Gott als Geist? Ist das nicht geradezu der philosophische Unterbau dafür?

---

[47] Übersetzung nach Welsch: *Der Philosoph*, 267, Anm. 70.

[48] Das hat jüngst kirchengeschichtlich am Beispiel der resultierenden Priesterweihe, freilich in kritischer Hinsicht, Thomas Kaufmann illustriert: „Der radikale Umbruch der Reformation“, *FAZ* 25. Oktober 2021, Nr. 248.

[49] Was hier für die christliche Dogmatik entfaltet wird, gilt entsprechend auch für die islamische Rezeption des Aristoteles (allen voran Avincenna und Averroes), ohne dass wir diese hier entfalten können.

- Entspricht die Qualifikation des Höchsten als Vernunft, Logos, nicht der Mitte der christologischen Überzeugung, dass Christus der Logos der Welt ist (Kol 1,15; Joh 1)?
- Ist die reine Selbstbezüglichkeit Gottes, mit der er ewig sich selbst denkt, nicht anschlussfähig für die christliche Lehre von der immanenten Trinität, in der sich Gott Vater, Sohn und Heiliger Geist völlig bedürfnislos aufeinander beziehen und sich selbst genug sind?
- Ist der unbewegte Beweger, als erste Ursache alles anderen, die alles andere in Bewegung setzt und determiniert, nicht ein nicht zu überbietender Ausdruck für die Allmacht Gottes?
- Schließlich: Unterbaut sein philosophischer Monotheismus, gefasst in das Ilias-Zitat: „Nichts Gutes ist Vielherrschaft: einer soll Herr sein", nicht den biblischen Gottesglauben, wie er sich nicht nur im Sch^{e}m^{a}-Israel (Dtn 5,6) findet, sondern auch in der neutestamentlichen Anbetung des *einen* Herrn aller?

2. Spannungen, Probleme und Brüche

Es gibt mannigfache Anknüpfungspunkte. Die Autorität, das Ansehen, die Qualität und der Grad der Ausarbeitung des aristotelischen Systems legten es bis heute immer wieder nahe, dieses für die dogmatische Theoriebildung zu nutzen. Zumindest aus evangelischer Sicht lautet aber die entscheidende Frage für eine christliche Theologie: Wie verhalten sich diese philosophischen Bestimmungen Gottes zu den in den biblischen Schriften dokumentierten und unter dem Eindruck immer neuer Bewährung weitertradierten und fortgeschriebenen Erfahrungen Gottes in der Geschichte? Hier entstehen durch die Rezeption von Aristoteles Spannungen, Probleme, Ausweglosigkeiten und auch Brüche mit der eigenen biblisch-theologischen Tradition:

- Beginnen wir mit der fundamentalen Bestimmung Gottes als „unbewegtem Bewegenden", aus dem nahezu alles andere resultiert. Aristoteles schildert es als affektlos, emotionslos. Es kann nicht „bewegt" werden. Das steht in tiefstem und letztem Gegensatz zu dem, was die biblischen Zeugnisse auf nahezu jeder Seite deutlich machen: Gott ist bewegt durch unser Leid. Er wird bewegt durch unser Tun und Lassen. Er ist der Vater, der sich kümmert und der bekümmert ist über die Not, in der der Mensch lebt. Er ist der Vater, der – im Gleichnis vom verlorenen Sohn (Lk 15) – als Patriarch seine Würde nicht achtend dem Sohn, der umkehrt, entgegen*läuft.* Dogmatisch gesprochen, in der Geschichte des Sohnes beispielhaft dokumentiert: Er ist Liebe (1Joh 4,8.16). Die biblischen Schriften haben ihren roten Faden darin, dass sie die Geschichte von dem Gott erzählen, der mit Recht Liebe genannt wird.[50] Diese Liebe gipfelt in einem Engagement, das Gott stellvertretend sterben lässt und ans Kreuz führt (Phil 2,5ff; Mk 10,45). Wir finden keine Geschichte vom unbewegten, sondern vom höchst bewegten Gott.

---

[50] Vgl. ausführlicher zum gesamtbiblischen Hintergrund: Heinzpeter Hempelmann: *„Wir haben den Horizont weggewischt" Die Herausforderung: Postmoderner Wahrheitspluralismus und christliches Wahrheitszeugnis*, Wuppertal 2008, 263-293.

Alexamenos-Graffito

Der von Aristoteles nicht erfundene, aber von ihm philosophisch fundierte Grundsatz von der Leidensunfähigkeit Gottes („Apathieaxiom“) lässt christlichen Glauben an den gekreuzigten Sohn Gottes als Eselei erscheinen. Das aus dem ersten Jahrhundert nach Christus stammende, in Palatin in Rom zu findende Alexamenos-Graffito zeigt einen römischen Soldaten, der Christ ist: Alexamenos: Er kniet nieder vor einem Gekreuzigten mit einem Eselskopf. Christlicher Glaube an den Gekreuzigten Herrn wird hier – repräsentativ für das religiöse und philosophische Denken der Zeit – dargestellt als törichte Eselei. Paulus nimmt das auf, wenn er in 1Kor 1,18ff spiegelt, wie die Mitte des Glaubens von heidnischer Seite als Torheit, Dummheit, Verrücktheit (*moira*) empfunden und qualifiziert wird. Man kann natürlich die Aussagen über die Emotionen und das Engagement Gottes als bloße Vermenschlichungen (Anthropomorphismen) qualifizieren. Dann sind sie nicht sachgemäß, weil sie von Gott menschlich und also unangemessen reden. Man muss sich dann aber fragen lassen, woher man die Kriterien dafür nimmt, was „göttlich“ ist und ob dann nicht eine philosophische, rationalistisch konstruierte Theologie zum Kriterium für eine biblische Theologie wird, die sich gerade dadurch auszeichnet, etwas von Gott zu zeigen, was menschlicher Vernunft als solche nicht zugänglich ist. Letzten Endes steht man hier vor der Entscheidung, welche Kriteriologie und dementsprechend welches Gottesbild man wählt: ein philosophisches, das Gott möglichst menschenfern voraussetzt und ihn komplett anders als den Menschen denkt, oder ein sich auf die Geschichte berufendes, dessen Pointe gerade ist, Gott menschennah, engagiert, leidend und in Christus sogar sterbend zu bezeugen. Wenn einerseits Paulus das Wort vom Kreuz als Mitte christlicher Theologie sieht („wir haben nichts anderes unter euch gewusst als Christus und ihn als gekreuzigt“, 1Kor 2,2 EIN), andererseits aber dieses Kreuz auf der Basis des Apathieaxioms nur als unangemessenster Ausdruck der Rede von Gott abgelehnt werden kann, dann stehen schon hier Synthese-Versuche vor einem nahezu unüberwindlichen Gegensatz.

18 Denn das Wort vom Kreuz ist denen, die verloren gehen, Torheit; uns aber, die wir  24
gerettet werden, ist es Gottes Kraft. 19 Denn es steht geschrieben: „Ich werde die Weisheit
der Weisen vernichten, und den Verstand der Verständigen werde ich verwerfen.“ 20 Wo
ist ein Weiser? Wo ein Schriftgelehrter? Wo ein Wortstreiter dieses Zeitalters? Hat nicht
Gott die Weisheit der Welt zur Torheit gemacht? 21 Denn weil in der Weisheit Gottes die
Welt durch die Weisheit Gott nicht erkannte, hat es Gott wohlgefallen, durch die Torheit
der Predigt die Glaubenden zu retten. 22 Und weil denn Juden Zeichen fordern und Griechen Weisheit suchen, 23 predigen wir Christus als gekreuzigt, für Juden ein Anstoß und
für Nationen eine Torheit; 24 den Berufenen selbst aber, Juden wie Griechen, Christus,
Gottes Kraft und Gottes Weisheit. (1Kor 1,18-25)

- Biblisch-theologisch ist Wahrheit (hebr. *ämät*) Treue. Die Wahrheit Gottes besteht darin, dass Gott sich treu bleibt. Sie besteht nicht in seiner systemisch bedingten Unveränderlichkeit, sondern in einem personalen Wesenszug, der das eigene Verhalten vielmehr anpasst, um gesetzte Ziele auch unter veränderten Bedingungen erreichen zu können. Die sog. „Heilsgeschichte" ist ein einziger Beleg dafür. Gott bleibt sich gleich, weil und indem er sich fortwährend ändert: Nach einem ersten stiftet er einen zweiten Bund; nach den Propheten sendet er den Sohn; auf den „Fehltritt" Israels reagiert er mit der Ausweitung des Heils auch auf die Heiden (Röm 11,11ff).
- Die Ordnung und damit die Verlässlichkeit der Welt ergeben sich biblisch-theologisch nicht als Struktur eines determinierten und vorherbestimmt ablaufenden Systems. Sie ist Resultat eines sich andauernd auf den Kosmos beziehenden, ihn dadurch erhaltenden, diesen reparierenden, auch neuschöpfenden und gegen Vergehen und Zerstörung bewahrenden Handelns. Biblische Aussagen spiegeln das Wissen um die ständige Bedrohtheit der Schöpfung, die ja nur gewonnen werden konnte durch Strukturwerdung aus dem Chaos. Die das Leben bedrohenden Chaos-Mächte bestehen ja aber weiter. Ein dynamisches Wirklichkeitsverständnis steht hier gegen ein statisches. Vertrauen in die Ordnung ist dementsprechend biblisch-theologisch Vertrauen in den Gott, der Leben gegen alle Widrigkeiten erhält und ermöglicht. Vertrauen ist nicht möglich gegenüber einem unveränderlichen System, dem der Mensch machtlos gegenübersteht.
- Vollkommenheit Gottes ist bei Aristoteles kein inhaltlich gefülltes und moralisch begründetes Prädikat. Sie ist ein bloßes Postulat, das sich aus der Überzeugung seiner Unveränderlichkeit mit logischer Notwendigkeit ergibt. Wenn Gott sich nicht verändern kann und wenn er Gott ist, muss er – als Gott – seit je vollkommen sein, sonst wäre er ja nicht Gott. Aus einem logischen Schluss wird bei Aristoteles ein leeres Prädikat. Wolfgang Welsch weist zudem auf den Sachverhalt hin, dass eine aristotelisch gedachte Vollkommenheit Gottes den Schöpfungsgedanken ausschließt. Gesetzt: Ein Gott ohne Schöpfung ist etwas anderes als ein Gott mit Schöpfung, ist Schöpfung „mit dem Vollkommenheitsprädikat nicht vereinbar: Soll Gott vor oder nach der Schöpfung vollkommen sein? Wenn vorher, dann bedeutet die Schöpfung eine Schmälerung. Wenn nachher, dann war er zuvor unvollkommen."[51] Biblisch-theologisch ist eine Aussage zur Vollkommenheit Gottes dagegen ein Bekenntnis, das sich aus Erfahrung speist; eine Aussage, die auf Erfahrungen mit dem Gott Israels lebt (etwa Dtn 32,4): Seine *Werke,* in Natur und Geschichte, sind vollkommen. Die Welt ist nicht vollkommen, weil sie so ist, wie sie ist, mit Gott an der Spitze und alles verursachender Erstursache. Gottes Vollkommenheit erweist sich in seinem Kampf gegen die Mächte des Bösen und des Verderbens, die in ihr wirken.
- Die Körperlosigkeit Gottes ist bei Aristoteles wiederum ein Postulat, das sich aus der Bestimmung des unbewegten Bewegers als reiner Wirklichkeit ohne Potenzialität ergibt. Müsste man Gott stofflich bzw. körperlich, als *hyle*, denken, könnte er sich ja verändern, „bewegen". Genau diese Veränderlichkeit und Beweglichkeit, sein Eingehen in die Geschichte wird biblisch-theologisch in die Existenz Gottes eingeschrieben.

[51] Welsch: *Der Philosoph*, 263 Anm. 63.

Die Fähigkeit zur *In*karnation ist nicht akzidentiell, sondern gehört zum Wesen des biblisch bezeugten Gottes. Unsere Geschichte, an der der Sohn Gottes, Jesus aus Nazareth, leibhaft teilnimmt, manifestiert sich auf ewig an dem Leib des Erhöhten, der in der Johannes-Offenbarung als Lamm wie geschlachtet (Kap 5,6ff) angebetet wird. Die Wunde, die ein bestimmter römischer Kriegsknecht ihm mit seiner Lanze zugefügt hat, und die Nägelmale der Kreuzigung werden in Ewigkeit an seinem Herrlichkeitsleib sichtbar sein.

- Noch komplexer wird es, wenn es um die „Intellektualität" Gottes geht. Einerseits hat Aristoteles der intelligenten Struktur des Kosmos zweifelsohne einen buchstäblich „theologischen" Ausdruck gegeben. Wolfgang Welsch spricht bei Aristoteles pointiert von einer „idealistischen Ontologie". Die von Aristoteles (re-)konstruierte Rationalität der Welt ist ein theologisch erstklassiger Anknüpfungspunkt auch für eine christliche Theologie. Zugleich bleibt aber die Frage, ob die biblisch-theologische Schlüsselüberzeugung „Gott ist Geist" die Qualifikation eines ontologischen Systems bedeutet, oder eine Beziehungswirklichkeit meint (vgl. nur Joh 4,24; 1Kor 2,11f; 1. Joh 4,2). Die Kennzeichnung der Tätigkeit Gottes als exklusive *noesis noeseos* führt in der Folge zu einer ausschließlichen Wert-, ja Höchstschätzung des Vernünftigen und umgekehrt vielfach zu einer Abwertung des Leiblichen, das dann nicht nur religionsphilosophisch, sondern auch theologisch ganz von Gott ferngehalten wird.
- Bei näherem Hinsehen erweist sich die reine Selbstbezüglichkeit als Anknüpfungspunkt für ein trinitarisches Gottesverständnis ebenfalls als problematisch. Die Vorstellung einer in sich gegebenen Selbstgenügsamkeit Gottes, mit der er immer – auf ewig – um sich kreist, steht in starker Spannung sowohl zur Schöpfung, mit der es Gott ja gerade über sich hinausdrängt („lasset uns Menschen machen, uns zum Bilde"; Gen 1,26), wie auch zur Erlösung der Menschheit („so sehr hat Gott die Welt geliebt, dass er seinen einzigen Sohn sandte"; Joh 3,16). Dazu kommt, dass nach Martin Luther die hier für den *reinen Gott an sich* unterstellte *incurvatio in se ipsum* Inbegriff der Sünde ist.[52] Trinitarisch formuliert: nicht reine Selbstbezüglichkeit, sondern Zuwendung zu anderem, also Liebe, ist das, was das Leben des dreieinigen Gottes auszeichnet. Zu dieser Liebe wäre ein in reiner Selbstbezüglichkeit gefangener Gott aber gar nicht fähig. In diesem Zusammenhang ist die immer wieder zu findende Aussage, dass sich Gott selbst genügt und es gar keine Schöpfung gebraucht habe, noch einmal zu überprüfen und mindestens zu differenzieren. Schon die durch Aristoteles angeregte Spekulation über ein Sein Gottes an sich erscheint angesichts des biblischen Befundes als problematisch und unsachgemäß, sehen wir den biblischen Gott hier doch ausschließlich in seiner Zuwendung und in der Bezugnahme auf Welt und Mensch.
- Mit den größten Einfluss auf christliche (und muslimische) Theologie hat Aristoteles' Metaphysik durch die Art und Weise entfaltet, wie im Anschluss an die aristotelische Theologie „Allmacht" gedacht und konzipiert wird. Kann Gott stärker, größer, mäch-

---

[52] Vgl. etwa Vorlesung über den Römerbrief 1515/1516, München [3]1965, 187.

tiger, beherrschender gedacht werden denn als erster Beweger, der direkt oder vermittelt alles andere determiniert?[53] Was die Größe Gottes zu unterstreichen scheint, mindert bei Licht besehen aber seine Herrlichkeit. Die Heilsgeschichte, die das Lob und den Dank der Erretteten auslöst, ist in der Sache nichts anderes als ein vorher inszeniertes Drama, das nach festgelegtem Text- und Drehbuch auf der Weltbühne stattfindet. Es kann gar nicht anders ablaufen, weil Gott ja reine Aktualität ist. Seine Ohnmacht zur Bewegung bzw. Veränderung wird hier einfach als ihr Gegenteil erklärt. Wo Freiheit und Größe in der Begegnung mit anderem entsteht und realisiert wird, ist für einen solchen Gott alles bereits vorher festgelegt. Das, was zumindest den biblisch bezeugten Gott auszeichnet und Anlass zur Anbetung wird, fällt weg, wo sich die Theologie auf die aristotelische Metaphysik einlässt. Was biblisch-theologisch ein Hoffnungs- und Bekenntnissatz ist: Gott ist allmächtig und er wird sich auch gegenüber dieser Not durchsetzen, wird metaphysisch zu einer Auskunft über die Struktur eines ontologischen Systems; was erfahrungsgestützt und geschichtsbasiert ist, was gewisse Hoffnung, wenn auch zuweilen angefochtene Überzeugung ist, dass Gott sich durchsetzen wird, wird metaphysisch zu einer systembedingten Sicherheit, die keinen Raum lässt für Fürbitte, Flehen, Klage, allenfalls für ohnmächtige Wut gegen einen Gott, der – völlig unbeeinflussbar – doch tut, was er ist und will. Zu seiner Entschuldigung ließe sich nur anführen, dass er ja auch gar nicht anders kann. Wo die christliche Theologie sich auf die Grundentscheidungen aristotelischer Metaphysik einlässt, muss klar sein, was das für Konsequenzen hat: An die Stelle der Geschichte tritt eine ontologische Struktur, an die Stelle einer apokalyptischen Wirklichkeitsschau tritt ein abstrakter Determinismus. An die Stelle der sich als Liebe und durch Liebe durchsetzenden Vollmacht tritt ein „kalter" Systemzwang.

- Philosophischer, sich auf Aristoteles' Metaphysik stützender Monotheismus ist zu unterscheiden von einem biblisch-theologischen, näherhin als Monolatrie zu bestimmenden Glauben an den einen Gott: „JHWH ist der höchste Gott, der *el eljon*. Ihm sind die anderen Götter verantwortlich, über die er richtet und über die er Gewalt hat (Ps 82,1ff)". Weder im Alten noch im Neuen Testament (vgl. 1Kor 8,5f) wird bestritten, dass es Götter gibt. Nicht ihre Existenz wird infrage gestellt, wohl aber ihre Eigen-Macht. In sich und als solche sind die Götter „Nichtse", denen im Sinne hebräisch-

[53] Das wird sehr schön bei einem theologisch herausragenden Beispiel, in der reformierten Dogmatik Karl Barths deutlich: „Gott ist darin Gott, daß er will – das, was er will, so wie er es will, und dazu, wozu er es will" (*Kirchliche Dogmatik* II,1, 617). Gottes Willen wird von Karl Barth so konzipiert, dass er auf keinen Fall von irgendwelchen außergöttlichen Faktoren bestimmt werden kann. „Fragen wir: Warum die Schöpfung sein muß? Warum wir selbst sein müssen? Warum Alles gerade so sein muß, wie es ist? So können wir nur antworten: Weil es durch den freien Willen Gottes so sein muß" (*Kirchliche Dogmatik* II,1, 631). Das schließt Sünde, Teufel, Hölle und das Böse ein (vgl. ebd., 625-631). Sündenfall und Sendung, ja Passion des Sohnes sind vorhergesehen und vorherbestimmt. Dieses Konzept unaufhebbarer Subjektivität Gottes setzt theologisch 1:1 um, was die Aristotelische Gotteslehre an dieser Stelle vorgibt (zum Ganzen vgl. die Analyse bei: Heinzpeter Hempelmann, *Unaufhebbare Subjektivität Gottes? Probleme einer Lehre vom concursus divinus, dargestellt an Hand von Karl Barths Kirchlicher Dogmatik*, Wuppertal und Zürich 1992).

biblischer Wirklichkeitsauffassung keine Wirklichkeit zukommt, weil sie nichts bewirken können."[54] Monotheismus ist scheinbar anschlussfähig an das Sch^{e}m^{a} Israel, das Bekenntnis Israels zur Einzigkeit Gottes. Dieses Bekenntnis ist aber eine erkämpfte Gewissheit und Zuversicht inmitten einer Pluralität von Göttern, begründet in Erfahrung. Demgegenüber stehen wir bei der metaphysischen Aussage vor einer systemischen Bestimmung, beruhend auf einer Wahl: Es muss ja etwas geben, das alles zusammenhält, weil alles zusammenhängt. Eine reflektierte und sich vor Wirklichkeitsverkürzungen hütende Religionstheologie und -philosophie wird nicht ein philosophisches, spekulatives Prinzip zum Maßstab ihrer Wahrnehmungen machen.

3. Griechische Metaphysik und Christologie

Wie groß der Einfluss metaphysischer, von Platon und Aristoteles ausgehender Denkweisen auf die christliche Theologie und ihre Lehrbildungen im Abendland war und ist, erschließt sich, wenn man sich auch nur ansatzweise die christologische und trinitarische Dogmenbildung vergegenwärtigt. Das Neue Testament kreist um das Geheimnis: Gott war in Christus und versöhnte die Welt mit sich selbst (2Kor 5,19), vielleicht am anschaulichsten zusammengefasst zu Beginn des 1. Johannesbriefes:

> Was von Anfang an war, was wir gehört, was wir mit unseren Augen gesehen, was wir angeschaut und unsere Hände betastet haben vom Wort des Lebens – und das Leben ist geoffenbart worden, und wir haben gesehen und bezeugen und verkündigen euch das ewige Leben, das bei dem Vater war und uns geoffenbart worden ist – was wir gesehen und gehört haben, verkündigen wir [...] euch (1,1-3).

Gotteslehre wird erzählt; sie ist in Geschichte begründet. Doch dabei bleibt es nicht. Die Apologeten und Theologen der frühen Kirche bedienen sich philosophischer Mittel und Anschauungen, um Christologie und Gotteslehre vor Verkürzungen oder Verzerrungen zu bewahren. Schon der Anstoß der christologischen Streitigkeiten ist philosophisch begründet. Der alexandrinische Priester Arius vertrat einen strengen, philosophischen Monotheismus. Sein Einspruch gegen das Gott-Sein Jesu ist motiviert von dem Wunsch, christlichen Glauben auf der philosophischen Höhe der Zeit denken zu können. Wenn der Vater und Jesus beide Gott sind, ist christlicher Glaube als Monotheismus nicht möglich. Wenn dann (vgl. die Beschlüsse des Nicaenums, 325 n. Chr., und des Nicaeno-Konstantinopolitanums, 381 n. Chr.) festgehalten werden soll, dass Jesus sowohl Mensch als auch Gott ist, fangen die Denkprobleme erst richtig an. Die dogmatischen Reflexionen über seine beiden „Naturen" sind in einem solchen philosophisch voraussetzungsreichen Referenzrahmen nahezu notwendig. Die Zwei-Naturen-Lehre lässt sich dann geradezu lesen als Addition philosophischer Voraussetzungen und einer theologischen Vorgabe. Aristotelische Metaphysik ist leitend, wenn in dem für die westlichen

---

54 Heinzpeter Hempelmann: *„Stürzen wir nicht fortwährend?" Diskurse über Wahrheit, Dialog und Toleranz,* Witten 2015, 276. Zur näheren Begründung durch den biblischen Befund vgl. ebd., 201-204.276-289.

Kirchen wichtigen Nicaenum ein älteres Taufbekenntnis philosophisch durch Ergänzungen „aufgehübscht“ und abgesichert wird:

> Ich glaube […] an einen Herrn Jesus Christus, den Sohn Gottes, den eingeborenen, der gezeugt ist vom Vater,
> *d. h. aus dem Wesen des Vaters*
> Gott von Gott, Licht von Licht,
> *wahren Gott vom wahren Gott, gezeugt, nicht geschaffen, dem Vater wesensgleich (homousios).*[55]

Gott wird hier in der Kategorie der *ousia* gedacht. Dieses Wesen ist – per definitionem – unveränderlich. Der Lösungsansatz führt freilich zu Folgeproblemen. Wie ist denn das nun zu denken, dass Jesus, der mit Gott wesensgleich ist, seine *ousia* teilt, zugleich Mensch war, höchst veränderlich, sterblich? Gehören Gott und Mensch nicht zwei unterschiedlichen Klassen von Substanz an?

25 

„Ein und derselbe ist Christus, der einziggeborene Sohn und Herr, der in zwei Naturen unvermischt, unveränderlich, ungetrennt und unteilbar erkannt wird, wobei nirgends wegen der Einung der Unterschied der Naturen aufgehoben ist, vielmehr die Eigentümlichkeit jeder der beiden Naturen gewahrt bleibt und sich in einer Person und einer Hypostase vereinigt.“ 4. ökumenisches Konzil von Chalcedon (Lauster, 121; DH 102)

Es gibt zwei theologische Lösungsmöglichkeiten. Beide müssen als nicht befriedigend verworfen werden: Man unterstellt Jesus nur eine bloße Scheinleiblichkeit (so der Doketismus: Jesus war nur dem Anschein nach Mensch; es hat nur so ausgesehen, als habe er einen Leib angezogen, sei „ins Fleisch gekommen“ und habe Körperlichkeit gehabt); das wird aber den Evangelien nicht gerecht und widerstreitet dem Kern der Weihnachtsbotschaft (Joh 1,14). Unterstellt man alternativ eine bloße Gott-Ähnlichkeit, wäre das soteriologisch unbefriedigend. Erlösen kann nur Gott selbst, nicht jemand, der hinter dem göttlichen Sein zurückbleibt.

Die „Lösung“ ergibt sich in diesem Denkrahmen durch eine die aristotelische Kategorie der Substanz aufnehmende Zwei-Naturen-Lehre. In Jesus, so das vierte ökumenische Konzil von Chalcedon im Jahr 451 n. Chr., sind beide Naturen da, anders geht es ja nicht, wenn man die Gottheit und Menschheit Jesu festhalten will, freilich „unvermischt und ungetrennt“. Solche Formeln bestimmen nicht positiv, sie dienen der Abwehr von Aussagen, die je für sich alleine falsch sind. Die Einheit einer als eine zu denkenden Person sieht anders aus. Sie wird hier lediglich postuliert, wird aber nicht denkbar. Die vorgegebenen philosophischen Kategorien des unveränderlichen Wesens und der jeweils eigentümlichen Substanzen verhindern es, dem gerecht zu werden, was in den Evangelien als geschichtliche Realität beschrieben wird und was der Johannesprolog als Spitzenaussage formuliert: „*Das Wort wurde Fleisch und wohnte unter uns. Und wir ha-*

---

[55] Die Zusätze sind kursiv markiert. Textfassung nach Helgo Lindner: Trinität, in: ders.: *Biblisch. Gesammelte Aufsätze, hg. von Reiner Braun und Heinzpeter Hempelmann*, Gießen/ Basel 2006, (47-58) 50.

ben seine Herrlichkeit gesehen als eines eingeborenen vom Vater" (1,14). Aus der Wahrnehmung der Geschichte abgeleitete, erzählende Christologie und philosophisch bestimmte, ontologisch verfahrende Theologie verhalten sich wie Feuer und Wasser.

Das Anliegen, Jesus als wahren Gott, der wirklich Gott ist, und als wahren Menschen, der wirklich Mensch ist, zu sehen, ist legitim und unbedingt festzuhalten. Aber die hier gewählten metaphysischen Instrumente können nicht befriedigen. Ihre Anwendung verändert unter der Hand den Charakter ihres Gegenstandes. Die Kategorien, Denkweisen, Denkformen passen nicht. „Das ganze Substanzdenken der Christologie und des darauf aufgebauten Trinitätsdenkens kommt nicht aus dem biblischen Denken" (Otto Michel[56]). Aus der Geschichte Gottes wird ein unverständliches Gedankenkonstrukt. Die Wirklichkeit Gottes wird zu einem intellektualistischen Abstraktum, das keine Vorstellung mehr erlaubt. Der Hinweis, die resultierende Unvorstellbarkeit und Unbegreifbarkeit Gottes sei Gott ja gerade angemessen, Gott übersteige ja unser Erkenntnisvermögen, karikiert geradezu den heilsgeschichtlich manifesten Willen Gottes zu Offenbarung als Selbstoffenbarung. Die Namens-Offenbarung ist in der Tat ein für uns nicht aufzuschlüsselndes Geheimnis[57], das in der Erscheinung Jesu manifest, anschaulich und konkret wird; das durch die vorgenommene Rationalisierung aber gerade zerstört, weil völlig unanschaulich wird. Es kann nicht in Distinktionen begriffen, sondern angemessen, Staunen weckend, nur erzählt werden.[58]

„Biblische Gotteslehre wird mit dem heiligen Namen Jahwes einzusetzen haben. Er ist nicht hinterfragbar, aber seinerseits offenbarungs- und geschichtsmächtig. Das Geschehniselement ist in der Bibel nur ganz am Rande mit Seinskategorien verbunden (etwa im Logos: Joh 1,14; 1. Joh 1,1; Offb 19,13; in der „Gestalt": Phil 2,5; in der „Weisheit": Hebr 1,3 oder in der „Natur": 2Petr 1,4) [...]. Gerade dort, wo im Neuen Testament Seinsaussagen gemacht werden, sind sie nicht im philosophischen Sinne gemeint: Nicht das abstrakte Sein soll sich dem menschlichen Denken erschließen (Ontologie), sondern im Vorgang der Enthüllung fällt Licht auf ein Geheimnis." (Lindner: Biblisch, 57)  26

56 Zit. n. Lindner: *Biblisch*, 57.

57 Vgl. dazu die wegweisende Gegenüberstellung von Ontologie und Geschichte bei Lindner: *Biblisch*, 57 und passim.

58 Nach Lindner sind „wir [...] bleibend auf die geschichtliche Wirklichkeit Israels und auf die hebräische Sprache angewiesen, um die Kenntnis Jesu nicht zu verfehlen oder zu verfälschen" (*Biblisch*, 57). Dahinter steht die Überzeugung, dass die Geschichte Israels im Gegenüber zu Gott Aussagemöglichkeiten generiert, die sich in der hebräischen Sprache und in dem durch hebräische Semantik gesättigten Griechisch neutestamentlicher Schriften niederschlagen. Sie treten in einer biblisch-theologisch orientierten dogmatischen Verantwortung an die Stelle ontologischer Kategorien. (Zum sprachphilosophischen und sprachtheologischen Hintergrund vgl. Heinzpeter Hempelmann: „Veritas hebraica als Grundlage christlicher Theologie. Zur systematisch-theologischen Relevanz der biblisch-hebräischen Sprachgestalt", in: ders./ Klaus Haacker: *Hebraica Veritas. Die hebräische Grundlage der biblischen Theologie als exegetische und systematische Aufgabe*, Wuppertal/Zürich 1989, 39-78).

4. Zusammenfassung: Gott bei Aristoteles und die christliche Theologie

Der Theologie und Gott kommen einerseits bei Aristoteles höchste Geltung zu; es ist überaus verlockend, auch angesichts der philosophischen Qualität des Konzeptes, hier anzudocken. Andererseits drängt sich die Frage auf: Begegnen sich hier nicht *zwei* Größen, die jeweils generiert sind aus unterschiedlichen Denkweisen und Zugängen zur Wirklichkeit? Wir können und wollen uns an dieser Stelle nicht auf die viel diskutierte Hellenisierungsthese[59] (von Adolf v. Harnack u.a.) einlassen und historische Prozesse und ihre Wertungen rekonstruieren. Wir wählen einen anderen Weg. Wir fragen idealtypisch: Was bedeuten die metaphysischen Grundentscheidungen und Weichenstellungen, die wir bei Aristoteles bis hin zu einer ausgearbeiteten Theologie finden, für einen christlichen Glauben, der von der Überzeugung ausgeht, dass sich in Jesus aus Nazareth Gott selbst in Person geschichtlich geoffenbart hat? Können der in diesem Sinne verstandene Gott und der Gott des Aristoteles wirklich aufeinander bezogen werden? Auch wenn sie mit demselben Begriff, *theos*, bezeichnet werden – sind sie wirklich identisch oder – weniger ambitioniert – wenigstens kompatibel? Gott ist bei Aristoteles eine Geburt der Metaphysik, die diesen Schlussstein braucht, biblisch-theologisch ist der Glaube an Gott ein Ergebnis der Reflexion auf geschichtliche Erfahrungen, angestoßen durch die Namensoffenbarung JHWHs; bei Aristoteles ist Gott das unbewegte Bewegende, affektlos; in den biblischen Traditionen ist er höchst bewegt und offenbart sich als Zorn und Liebe; bei Aristoteles ist er selbstbezüglich, die biblischen Schriften zeigen ihn durch und durch relational; bei Aristoteles ist er Teil eines Systems, biblische Theologie zeigt ihn als Schöpfer, der aus dem Nichts (vgl. Röm 4,17) ein Gegenüber schafft (hebr. *bara)*. Bei Aristoteles ist er höchste Substanz, die biblischen Tradenten rühmen ihn als Herrn der Geschichte. Aristoteles konzipiert Gott als reine Form, Stoff kann er nicht sein; die biblischen Traditionen zeigen die Inkarnation: stoffliche Fleischwerdung Gottes als Höhe- bzw. „Tief"-Punkt der Offenbarungen Gottes. Bei Aristoteles erscheint er als reine Intellektualität, als Inbegriff der reinen Vernunft (*noesis noeseos*), in der Mitte der Heilsgeschichte offenbart er sich als leibhafter Logos; bei Aristoteles ist er *erste Ursache*, in den biblischen Traditionen ist er dynamisch interagierendes Subjekt; bei Aristoteles ist der *theos* alles determinierend und selbst

---

[59] Es wäre sicherlich falsch, einer unreflektierten Hellenisierungsthese das Wort zu reden. Christentum und Hellenismus stehen sich nicht einfach gegenüber. Martin Hengel hat gezeigt, dass sich schon antikes Judentum, auf dem das NT und Urchristentum aufbauen, und Hellenismus nicht trennen lassen (*Judentum und Hellenismus. Studien zu ihrer Begegnung unter besonderer Berücksichtigung Palästinas bis zur Mitte des 2. Jahrhunderts vor Christus* (WUNT 10), Tübingen 3. Aufl. 1988). Und schon Cicero bemerkt mit Recht in seiner Darstellung der Gottesvorstellungen seiner Zeit, dass es hier eine große Bandbreite an Überzeugungen gebe: „Über die Gestalt der Götter, ihren Aufenthaltsort und Wohnsitz und über ihre Lebensweise wird vielerlei behauptet, und darüber herrscht bei den Philosophen ein erbitterter Meinungsstreit." Sie „vertreten verschiedenartige und widersprüchliche Ansichten" (*De natura deorum* I,2). Die Hellenisierungsthese ist mit guten Gründen kritisiert worden, die Kritik selbst hat aber bemerkenswerterweise in der Reaktion einen Differenzierungs- und Reflexionsprozess ausgelöst, der im Ergebnis eine Fundierung und Vertiefung bedeutet (vgl. die knappe und pointierte Darstellung der These, ihrer Kritik und der Reaktionen auf sie bei Manuel Schmid: *Gott ist ein Abenteurer. Der Offene Theismus und die Herausforderungen biblischer Gottesrede*, Göttingen 2020, 94-109).

determiniert, biblisch-theologisch interagiert er auch gegenüber seinen eigenen Plänen frei, spontan, selbst zu Reue und Veränderung fähig.

5. Die Annahme von Kategorien

Die Annahme von Kategorien ist für das westlich geprägte Denken so wesentlich wie selbstverständlich. Der Anspruch, Strukturen des Seins/der Wirklichkeit aufzuweisen, die für alles, was ist, gelten, ist die Voraussetzung für jegliche Form von Abstraktion, für ein Denken in Form eines Systems und damit Voraussetzung für Orientierung im Denken und in der Welt. Gleichzeitig gibt es erhebliche Rückfragen an diesen Ansatz. Wir argumentieren an dieser Stelle grundsätzlicher und gehen über das, was Aristoteles als Kategorien benannt hat, hinaus. Prägend ist ja der Ansatz, den Aristoteles hier begründet: sich durch Unterscheidungen, Trennungen, Distinktionen zu orientieren, die Wirklichkeit begreifen zu wollen. Ich benenne hier nur vier Rückfragen, die zunächst von der Kategorienlehre des Aristoteles ausgehen und dann zunehmend allgemeiner werden:

1. Sind die genannten Kategorien vollständig? Immanuel Kant unterscheidet demgegenüber 12 Formen des Urteils in seiner logisch aufgebauten Kategorientafel.[60] Schon dieser Sachverhalt führt zu Fragen. Woher können wir wissen, dass wir alle relevanten, fundamentalen Fragehinsichten erwischt haben? Nach Kant sind Kategorien ohnehin nur „Verstandesbegriffe“, keine ontologisch zu verstehenden Beschreibungen. Woher können wir wissen, dass diese nicht weiter aufeinander rückführbar sind, also nicht wirklich fundamental sind? Grundsätzlicher gefragt: Was für eine Position müssen wir uns anmaßen, wenn wir beanspruchen, das Ganze der Wirklichkeit systematisieren zu können?
2. Aristoteles gibt als Quelle seiner Unterscheidungen die Sprache an. Ganz ausdrücklich bezieht er sich ja auf die Sprache und den Sprachgebrauch als Quelle: „Es wird ausgesagt“ (*legetai*). Gerade hier entstehen aber die größten Fragen. Von welcher Sprache gehen wir aus? Kennen etwa alle Sprachen dieselben Hinsichten? Das ist empirisch widerlegt:[61] Sprachen unterteilen und konstituieren Wirklichkeit auf sehr unterschiedliche, nicht ineinander überführbare Weisen. Die Sprache der Hopi-Indianer kennt keine Tempora wie unser Vergangenheit, Gegenwart und Zukunft. Für uns

---

[60] KrV B, 102ff; AA III, 90ff (§10-12).

[61] Zur sprachphilosophischen Begründung und Differenzierung der These linguistischer Relativität (Sapir-Whorf-Theorie; vgl. Benjamin Lee Whorf: *Sprache, Denken, Wirklichkeit. Beiträge zur Metalingusitik und Sprachphilosophie*, Reinbek b. Hamburg, 13. Aufl. 1978): Josef Simon: *Sprachphilosophie*, München/ Freiburg 1981; ders.: *Philosophie und linguistische Theorie*, Berlin 1971. Vgl. die Zusammenfassung und Diskussion der Befunde in: Heinzpeter Hempelmann: „Veritas hebraica als Grundlage christlicher Theologie. Zur systematisch-theologischen Relevanz der biblisch-hebräischen Sprachgestalt“, in: Klaus Haacker/Heinzpeter Hempelmann: *Hebraica Veritas. Die hebräische Grundlage der biblischen Theologie als exegetische und systematische Aufgabe*, Wuppertal/Zürich 1989, 39-78; ders.: „‚Sine verbo externo?‘ Veritas hebraica als Konsequenz kontingenter Kondeszendenz. 124 Thesen zur Unübersetzbarkeit biblischer Sprachgestalt und zur Insuffizienz aller Übersetzungsversuche“, in: Erich Lubahn/Otto Rodenberg (Hg.): *Von Gott erkannt. Gotteserkenntnis im hebräischen und griechischen Denken*, Stuttgart 1990, S. 20-41.

fundamentale Einteilungen von Wirklichkeit fehlen in anderen Sprachen. Zudem ändern sich Sprachen ständig. Sie sind Ausdruck einer Lage und spiegeln sehr unterschiedliche Erfahrungen wider, die sie wiederum in sehr unterschiedlicher Weise erschließen. Die früher alltägliche und normativ erwartete Kategorie „Fräulein" ist heute undenkbar, auch wenn es weiterhin, ja sogar vermehrt unverheiratete Frauen gibt. Hinter einem veränderten Sprachgebrauch steht eine veränderte soziale Wirklichkeit. Kann aber unsere Sprache, wenn sie bloß partikular ist uns so sehr Wandel und Veränderung unterworfen, Quelle für überzeitlich gültige, alles und alles bestimmende Einsichten sein? In seiner Fundamentalkritik am Weg abendländischer Philosophie und ihrer Ausbildung von Metaphysik formuliert Friedrich Nietzsche genau diesen zentralen Punkt: Sprache „necessitirt uns zum Irrtum"[62]. Gerade weil wir uns in ihr bewegen wie ein Fisch im Wasser, bemerken wir gar nicht mehr, was sie mit uns macht und wie sie uns beeinflusst. Wir meinen, wir stoßen auf allgemeingültige Denkstrukturen, oder noch schlimmer: Wir halten etwas für selbstverständlich richtig, weil wir es gewohnt sind und weil wir uns aus psychologischen Gründen gar nicht vorstellen können, dass man auch anders denken kann und sogar „denken" anders denken kann. De facto folgen wir aber nur unseren Denk- und Sprechgewohnheiten. Auf dieser Ebene liegt ein Gegenargument, das es auch jetzt erneut zu artikulieren gilt.

3. Aristoteles unterstellt hier ja: Was denknotwendig ist, ist auch seinsnotwendig. Wenn wir richtig denken, treffen wir Strukturen des Seins. Die Redeweisen treffen Seinsweisen. Dieser Optimismus einer echten Einheit von Denken (Reden) und Sein ist mindestens sehr fraglich geworden. Was machen wir also wirklich, wenn wir systematisieren? Worauf treffen wir? Treffen wir überhaupt etwas? Begegnen wir vielleicht nur unseren gedanklichen Setzungen? Ist alle Philosophie nur Palaver, Gespräch, das aber die Wirklichkeit nicht erreicht? „Die Welt spricht überhaupt nicht. Nur wir sprechen." So die Ansicht des Nonfundamentalismus, wie ihn der postmoderne Denker Richard Rorty[63] vertritt.
4. Diese Frage wird umso bedrängender, wenn wir uns vergegenwärtigen, dass mit dem Kategorisieren auch Fragen von Macht und Herrschaft verbunden sind. Wir kategorisieren ja nicht nur Dinge, sondern auch Menschen. Wie groß ist die Gefahr, dass wir, umgangsprachlich ausgedrückt, „schubladisieren"? Dabei geht es nicht nur und noch nicht einmal in erster Linie um die von Aristoteles, Kant und anderen entwickelten Kategorien oder um die stillschweigende fundamentale Voraussetzung der Systematisierbarkeit von allem und jedem. Wir hatten ja schon bei den Vorsokratikern gesehen, dass die Logoshaftigkeit des Seins eine massive Voraussetzung, um nicht zu sagen Unterstellung bedeutet. Denker wie Nietzsche sehen darin den psychologisch zu wertenden Versuch, eine an sich chaotische Wirklichkeit wenigstens mental begreifbar zu machen. Es gibt vor allem eine ethische Problematik. Wenn Menschen kategorisiert werden, wird damit nicht ihre Individualität verletzt, ihre programmatische Unverrechenbarkeit, wie sie vor allem Denkern des 20. Jh. wie Emmanuel Levinás

[62] *Götzendämmerung. Wie man mit dem Hammer philosophiert*, KSA Bd. 6, 77, 10.

[63] *Kontingenz, Ironie und Solidarität*, Frankfurt a.M. 1992 (stw 981), 25.

(1906–1995) wichtig geworden ist? Die Thematik ist brisant angesichts massenhaften Elends, dem (scheinbar selbstverständliche) Kategorisierungen zugrunde lagen und vielfach bis heute liegen: der Unterscheidung von Weißen (Herrenmenschen) und Schwarzen (Negern/ Sklaven), Menschen und Untermenschen, Hetero- und Homosexuellen etc. Wenn wir Menschen kategorial ein- und zuordnen, dann bringen wir sie unter ein Ordnungssystem, genauer: unter unser/mein Ordnungssystem. Einerseits gilt: Wir brauchen Orientierungen, Einschätzungen. Vor-Urteile sind erlaubt, ja lebensnotwendig. Gefährlich wird es, wenn sie zu abschließenden Urteilen werden:

- wenn unsere Schubladisierungen und Kategorisierungen zu normativen Größen mit Ewigkeitsgeltung werden;
- wenn sie ethische Bedeutung bekommen, unser Handeln leiten und schließlich soziale Wirklichkeiten generieren;
- wenn es eben, wie bei Aristoteles, von Natur aus Sklaven und Herren gibt, denen sie dienen;
- wenn wir schließlich diese Kategorisierungen, die uns ja richtig, weil selbstverständlich erscheinen, durchzusetzen suchen;
- wenn wir das Individuum (restlos) einem System unterwerfen und eben nicht mehr im Bewusstsein haben, dass es unser System ist bzw. dass es unsere Unterscheidungen sind und dass diese immer fehlbar sind und bleiben und v.a. dass das Individuum, der Mensch vor mir, immer mehr ist als der Gegentand unserer Systematisierung (vgl. E. Levinás).

Wie nahe hier die Gefahren für einen humanen Umgang miteinander liegen, zeigt sich bei Aristoteles selbst. Man darf natürlich nicht anachronistisch argumentieren, also Aristoteles nicht für seine Zeit abstrakt ein modernes Problembewusstsein unterstellen. Aber auch wenn wir mitdenken, dass Aristoteles ein Kind seiner Zeit war, gibt es zu denken, dass einer der größten Ethiker des Abendlandes, dessen Konzepte bis heute eine Benchmark in aktuellen Debatten darstellen, mithilfe feinsinniger philosophischer Distinktionen zu begründen wusste, dass es von Natur aus Sklaven gibt, Sklaverei also nicht grundsätzlich verwerflich ist. In seinem maßgebenden und die abendländische Diskussion über das Gemeinwesen dauerhaft und bis heute beeinflussenden[64] Werk *Politik* (Politeia) definiert Aristoteles den Sklaven. Er ist Teil des häuslichen Besitzes (Buch I,4). Er begründet, warum es Menschen gibt, die von Natur aus Sklaven sind (I,5). Der Sklave, so das Ergebnis fortlaufender Begriffsdistinktionen, ist ein „beseeltes Werkzeug“[65]. Er ist Besitz, aber er ist „nicht bloß Sklave seines Herrn, sondern er ist überhaupt seines Herrn“ (I,4). Sklave sein ist nicht nur Funktion, in einer Relation; es ist etwas Wesenhaftes: „Hieraus erhellt denn, welches die Natur und welches die Bedeutung eines Sklaven ist: Wer von Natur nicht sein, sondern eines anderen, aber eines Menschen ist, der ist ein Sklave von Natur“ (I,4, 1254a 13-15). Der Sklave lebt seiner Bestimmung gemäß. Es ist seine

---

[64] Vgl. Thomas Gutschker: *Aristotelische Diskurse. Aristoteles in der politischen Philosophie des 20. Jahrhunderts*, Stuttgart/Weimar 2001.

[65] Pierre Pellegrin: „Hausverwaltung und Sklaverei“ (I,1-13), in: Otfried Höffe (Hrsg.): *Aristoteles. Politik*, Berlin (2001) 2. bearb. Aufl. 2011, (29-48) 40.

Natur, Sklave zu sein, seine Körperkräfte einzusetzen für die, die im Gegensatz zu ihm über Geisteskräfte verfügen. Es ist fraglich, ob er über das Zoologische hinaus überhaupt Mensch ist – Bürger ist er jedenfalls nicht. Er ist von seinem Herrn so weit entfernt wie das Tier vom Menschen.[66]

27  „(4.a) Ganz nach diesen nämlichen Gesichtspunkten muß sich nun aber doch notwendig überhaupt das Verhältnis der Menschen zueinander regeln: all diejenigen, welche so weit von anderen abstehen wie der Leib von der Seele und das Tier vom Menschen – in diesem Falle befinden sich aber alle die, welche ihre Aufgabe im Gebrauch ihrer Körperkräfte finden und bei denen dies ihre höchste Leistung ist – diese, sage ich, sind Sklaven von Natur, für die es besser ist, wenn sie auch tatsächlich als solche regiert werden, geradeso gut wie von den vorher genannten Gegenständen das Entsprechende gilt.
(b) Von Natur Sklave ist mithin derjenige, welcher einem anderen anzugehören vermag – und deshalb eben gehört er auch wirklich einem anderen an – und der an der Vernunft nur so weit teilhat, um ihre Gebote zu verstehen, ohne sie zu besitzen. […]
(c) Ähnlich ist auch der Nutzen der Sklaven von dem der Haustiere nur wenig verschieden, denn beide gewähren uns mit ihrem Leib die erforderliche Hilfeleistung zur Herbeischaffung des zum Leben Notwendigen." (Aristoteles: Politik, I,4)

Distinktionen, gedankliche, sprachgeleitete Unterscheidungen führen zu sehr weitgehenden, handlungsleitenden und Handlungen legitimierenden Konsequenzen. Nicht-Denken, Nicht-Nachdenken ist sicher gefährlich; Nachdenken *kann* aber auch gefährlich sein, das zeigt sich hier, aber auch wenn etwa I. Kant in seiner Praktischen Philosophie und Anthropologie rassistische Überzeugungen nicht nur vertritt, sondern begründet.[67] Sicher ist dieser Befund noch einmal zu differenzieren. Nicht das (Nach-)Denken als solches ist gefährlich, sondern ein Denken, das sich seiner Tragweite nicht bewusst ist, sondern sich überschätzt, also seine Reichweite nicht kennt und die Brüchigkeit seiner Fundamente unterschätzt oder schlicht übersieht. Ein solcher Befund droht besonders dort, wo es sich nicht noch einmal meta-kritisch selbst überdenkt, sondern – weil es sich selbst ja schon als kritisch erachtet – für unantastbar hält.

Besonders gefährlich wird es immer dann, wenn mit der „Natur" einer Sache argumentiert wird. Es wird dann eine Art Wesensschau beansprucht. Jemand behauptet zu wissen, was das Wesen einer Sache, auch des Menschen ist. Eine solche Wesensschau ist nicht verhandelbar. Wird sie dominant, kann sie ungerechte Verhältnisse erzeugen, erhalten und Menschen unterdrücken. Oft hat der Rekurs auf das Wesen oder die Natur dazu gedient, vorhandene, auch problematische und vorurteilsbeladene Konventionen und Konsense philosophisch zu untermauern; oft auch dienen solche Argumentationsformen der Stabilisierung von Herrschaftsverhältnissen. Der Sklave *ist* eben Sklave und verdient, was er lebt. Die Frau *ist* eben Frau und soll die ihr wesenhaft zukommende Position im sozialen Gesamtkosmos ohne Murren ausfüllen.

---

[66] Vgl. zum Ganzen die bislang differenzierteste Darstellung von Pellegrin: „Hausverwaltung und Sklaverei".

[67] Vgl. zur jüngsten Debatte: Floris Briskamp: „Sollte man Kant als Rassisten bezeichnen?", in: *Tagesspiegel* 21.6.2020; „Antirassistischer Denkmalsturm: Auch der Philosoph Immanuel Kant steht zur Debatte. Michael Zeuske im Gespräch mit Gabi Wuttke", in: *Deutschlandfunk* 13.6.2020.

Schwierig und in vielen Fällen auch problematisch sind die Konsequenzen, die sich aus der Bezugnahme auf neutestamentliche Aussagen ergeben, die mit „der Natur" argumentieren. Sie stehen im NT eher am Rand, haben – wie etwa 1Kor 11,14 – nur unterstützende Bedeutung; sie werden im Gesamtkontext des NT auch deutlich relativiert durch ihre Einordnung in den durch Christus offenbaren Willen und die in ihm begründete neue Schöpfung. Aussagen über die Natur, das, was „wider die Natur" ist, was „die Natur lehrt" (1Kor 11,14), Aussagen über das, was es heißt, „von Natur aus" zum Verderben geboren zu sein (2Petr 2,12), etc. wirken sich aber dort problematisch aus, wo sie aus ihrem heilsgeschichtlichen Zusammenhang herausgenommen werden und im Rahmen von naturrechtlichen Begründungsformen ein eigenes Gewicht bekommen, die essenzialistisch („wesensmäßig") im Sinne griechischer Philosophie aufgeladen sind. Die Frage, ob es von Natur aus Sklaven gibt oder nicht, wie Sklaverei zu werten, zu verstehen und zu begründen ist, ist einfach nur überholt, wenn Paulus Philemon darauf hinweist, dass der entflohene Onesimus Bruder in Christus ist und dass Philemon zwar weltlich Rechte ihm gegenüber hat, dass aber die Verbundenheit in Christus als Teilhaber an der neuen Schöpfung einfach ein anderes Verhalten gegenüber ihm schafft als das, was ein römischer Staatsbürger gegenüber einem entflohenen Sklaven zeigen könnte. Das Neue Testament denkt hier konsequent apokalyptisch; die neue „Ordnung" überholt, durchkreuzt und relativiert die alte; sie hält sich noch nicht einmal damit auf, sie offen zu bekämpfen oder infrage zu stellen (vgl. 1Kor 7,17-24).[68] Es ist darum ein Irrweg, den „Stand", in dem man vom Evangelium getroffen, berufen und befreit worden ist (7,20), als eine von Gott verordnete, wesensmäßige Platzanweisung zu verstehen und – wie das etwa lutherische Theologie vielfach getan hat – eine von Gott gewollte soziale Ordnung abzuleiten und als Gottes Wille zu postulieren. Das soziale Verhältnis von Juden und Griechen, Freien und Sklaven, Männern und Frauen mag in der alten Welt sein, wie es ist: In Christus sind die vorhandenen Unterschiede fundamental relativiert und diese überholten Distinktionen verlieren ihre normative Kraft, und seien sie naturrechtlich, kulturell oder anderswie begründet:

> Denn ihr alle seid Söhne Gottes durch den Glauben in Christus Jesus. Denn ihr alle, die ihr auf Christus getauft worden seid, ihr habt Christus angezogen. Da ist nicht Jude noch Grieche, da ist nicht Sklave noch Freier, da ist nicht Mann und Frau; denn ihr alle seid einer in Christus Jesus. (Gal 3,26-28)

In Christus gilt darum auch das traditionelle Verhältnis der Unterordnung der Frau unter den Mann nicht mehr. Paulus nimmt dieses auf und formt es in revolutionärer Weise um, wenn er nun ein Verhältnis gegenseitiger Unterordnung und gegenseitigen Respektes erwartet (Eph 5,21).

Ein essenzialistisches Wesensdenken verfehlt den Sinn von Texten, die nicht überzeitliche Strukturen des Kosmos abbilden und normativ werden lassen wollen, sondern

---

[68] Das hat aus einer soziologischen Perspektive sehr schön herausgearbeitet: Troels Engberg-Pedersen: „Paulus und das Politische", in: Eckart Reinmuth (Hrsg.): *Politische Horizonte des Neuen Testaments*, Darmstadt 2010, 50-67.

von einer neuen, in Christus erschlossenen, alles überragenden und alles Vorhandene relativierenden Wirklichkeit ihren Ausgang nehmen.

28 

„17 Doch wie der Herr einem jeden zugeteilt hat, wie Gott einen jeden berufen hat, so wandle er; und so verordne ich es in allen Gemeinden. 18 Ist jemand beschnitten berufen worden, so bleibe er bei der Beschneidung; ist jemand unbeschnitten berufen worden, so lasse er sich nicht beschneiden. 19 Die Beschneidung ist nichts, und das Unbeschnittensein ist nichts, sondern das Halten der Gebote Gottes. 20 Jeder bleibe in dem Stand, in dem er berufen worden ist. 21 Bist du als Sklave berufen worden, so lass es dich nicht kümmern; wenn du aber auch frei werden kannst, mach umso lieber Gebrauch davon! 22 Denn der als Sklave im Herrn Berufene ist ein Freigelassener des Herrn; ebenso ist der als Freier Berufene ein Sklave Christi. 23 Ihr seid um einen Preis erkauft. Werdet nicht Sklaven von Menschen! 24 Worin jeder berufen worden ist, Brüder, darin soll er vor Gott bleiben." (1Kor 7,17-24; ELB)

6. Die Unterscheidung von Stoff und Form

Fundamental ist ebenfalls die ursprünglich aristotelische Unterscheidung von Stoff (*hyle*) und Form (*eidos*). Wenn wir heute zwischen Form und Inhalt unterscheiden, eine Masse von etwas denken können, das in einer bestimmten Gestalt erscheint, dann sind diese Unterscheidungen letztlich – bei allen späteren Umformungen – aristotelisch. Wenn wir im Bereich von Philosophie und Theologie verstärkt seit der Aufklärung Kern und Schale, also das Wesen einer Sache von ihrer aktuellen Gestalt trennen (bzw. vorsichtiger formuliert: trennen zu können glauben), dann liegt dem die Voraussetzung einer Substanz zugrunde, die „wesenhaft" für etwas ist, überzeitlich gültig – im Gegensatz zu ihrer zeitbedingten Gestalt, unabhängig von dem, als was es uns jetzt, gerade, aktuell begegnet. Die Form-Ursache als das eigentlich Wesentliche hilft uns dann, „das eigentlich Charakteristische eines Dings sichtbar"[69] zu machen. Theologen wissen dann etwa, was das eigentlich Wesentliche *des Evangeliums* ist, unabhängig von allen kulturellen Einkleidungen und Kontextualisierungen. Sie stehen vor einer kulturellen „Masse" bzw. Masse an Kulturen, an denen sich das Evangelium ausgewirkt hat, das dann auch – jenseits dieser unterschiedlichen Gestalten – erhebbar und bestimmbar ist. Religionswissenschaftler und -philosophen stehen dann vor einer Fülle von Religionen, sind aber in der Lage, das Eigentliche, das Wesen, *den Eidos* von Religion zu erkennen und von allen dann nur noch kontingenten Erscheinungsformen empirisch begegnender Religion zu unterscheiden. Kant kann dann die vernünftige Religion, also die Religion ihrem Wesen nach, von aller historischen Religion unterscheiden und Erstere zum Prüfstein und Maßstab für Letztere machen.

Natürlich können auf der Basis dieser Unterscheidung dann auch normative Ansprüche abgeleitet werden. Das eine ist ja dann nur Masse, Schale, kontingent, das andere wesentlich und notwendig. Wenn etwas seinem Wesen nach so ist, dann muss man sich auch entsprechend verhalten, um ihm gerecht zu werden. Philosophische Bestimmungen

[69] Robert Zimmer: *Basis-Bibliothek Philosophie*, Ditzingen 3. Aufl. 2019, 35.

können sich hier sehr leicht und schnell mit theologischen verbinden. Das, was „die Vernunft“ zeigt, ist dann eben das, was Gott schöpfungstheologisch vorgegeben hat. Die philosophische Bestimmung erhält theologische Weihen; der Versuch, theologische Normen durchzusetzen, erhält philosophische Begründungen: eine „vernünftige“ Begründung.

Natürlich enthält dieses Konzept aber auch schon den Kern der eigenen Infragestellung in sich. So überzeugend die Rede vom Wesen einer Sache ist, so viel Orientierungsleistung darin liegt, zu wissen, „was etwas ist“ – das Problem liegt ja schlicht darin, dass die weitere philosophiegeschichtliche Diskussion zeigt, dass man z. B. Substanz sehr unterschiedlich denken kann, dass man das Wesen von „Wesen“ sehr unterschiedlich bestimmen kann und dass man sehr unterschiedliche Antworten auf die Frage geben kann, was denn das Wesen einer Sache ist; was eigentlich und was zufällig ist, worin denn die eigentliche Form besteht, worin die charakteristische Gestalt gegeben ist und was umgekehrt nur kontingenter, zeitbedingter Ausdruck, der wechseln und wegfallen kann.

Ein theologisches Beispiel: Was ist denn nun die soteriologische Bedeutung des Todes Jesu?  29
Warum ist er das Heil? Die traditionelle Antwort, bis in die Bekenntnisschriften hinein, ist klar: Sühne, stellvertretende Existenzhingabe. Wer in die Dogmengeschichte blickt, lernt etwas anderes: Sein Tod als Sühne für unsere Sünden, als stellvertretende Existenzhingabe ist unethisch: Niemand kann einen anderen vertreten (so die Kritik Kants). Zudem verdankt sich, so die weitverbreitete Position, die entsprechende dogmatische Überzeugung einem mittelalterlichen Satisfaktionsdenken, das heute für uns nicht akzeptabel ist. Schon dass Jesus, der Sohn, sterben musste, ist für uns heute nicht mehr akzeptabel. Ergibt das nicht ein sehr dunkles Bild von Gott, der Welt und dem Menschen, das wir heute aus humanen Gründen nicht mehr teilen? So die feministisch-theologische Kritik. Ist der Weg Jesu in den Tod nicht vielleicht allein ein Weg der Solidarität? Beten wir ihn darum nicht zu Recht als „Herrn“ an? Aber ist das nicht patriarchalisch? Und war sein Tod überhaupt „notwendig“? Geht es nicht nur um das Beispiel Jesu, sein vorbildliches Reden und Handeln? Ist der akzeptable Kern nicht allein die Bergpredigt? Scheint hier nicht auf, was und wer Jesus eigentlich und alleine ist? Was man im jeweiligen kulturellen Kontext für wesentlich und was man für unwesentlich hält, ist selbst sehr dem Wandel unterworfen.

Das Wesensdenken gerät in Neuzeit und Moderne in eine tiefe Krise und mit ihm eine Theologie, die sich mit ihm tief verbunden hat. Wenn das Wesen einer Sache strittig ist; wenn es strittig ist, ob es ein solches Wesen überhaupt gibt, dann fällt ja auch eine theologische Gewissheit, die ihre Bestimmungen auf der Basis eines solchen Konzeptes gewonnen und formuliert hat. Theologische Wesensaussagen und abgeleitete normative ethische Imperative erscheinen mit einem Mal als anachronistisch. Schon ein Wissen um ein *Wesen* des Menschen ist dann, unabhängig davon, wie dieses bestimmt wird, kaum nachvollziehbar, weil es in einer Denkform daherkommt, die als solche nicht mehr als akzeptabel gilt. Weil diese Denkformen nicht mehr nachvollzogen werden können, gilt der theologisch-kirchliche Geltungsanspruch schnell als ungerechtfertigter Dominanzversuch, zumal dann, wenn er bekenntnishaft oder als Beschwörung des einzig Humanen daherkommt.

Wir stehen unversehens bei den Herausforderungen, vor die uns ein postmodernes Denken stellt. Das ist insofern völlig sachgemäß, als die Postmoderne, bei allen Unterschieden im Einzelnen, sich durch den Verlust eines metaphysischen Horizontes auszeichnet, den man nicht mehr denken kann und nicht mehr denken will.[70] Was ist denn nun der Mensch, wenn wir uns weder auf eine Bestimmung seines Wesens, vor allem aber noch nicht einmal mehr auf die Frage nach seinem Wesen verständigen können? Bleibt dann nicht nur die von vielen als gefährlich empfundene Möglichkeit, die Frage preiszugeben und jeden Einzelnen und jede Einzelne denken zu lassen, wie er oder sie es will? Was ist denn nun die Mitte der Schrift, das Evangelium, der Kern des christlichen Glaubens, der Kanon im Kanon; was ist bloß zeitbedingte Schale, was der Nukleus, wenn wir feststellen müssen, dass etwa die lutherische Formel „was Christum treibet" völlig unterschiedlich verstanden und gefüllt worden ist? Was bleibt da anderes als nur eine verhängnisvolle Beliebigkeit?

Philosophische Analyse treibt da über sich hinaus zu Fragen, die in ihr selbst keinen Platz mehr haben und anderswo beantwortet werden müssen, die aber so bedrängend sind, dass Kirche, Christen, Theologie sich ihnen stellen müssen.

V. Text: Metaphysik, Buch XII, Kap. 7–9

7. (a) Da es nun aber angeht, daß sich die Sache so verhalte, und wenn sie nicht sich so verhielte, alles aus der Nacht und dem Beisammen aller Dinge und dem Nicht-Seienden hervorgehen würde, so lösen sich demnach diese Schwierigkeiten, und es gibt etwas, das sich immer in unaufhörlicher Bewegung bewegt, diese Bewegung aber ist die Kreisbewegung. Dies ist nicht nur durch den Begriff, sondern auch durch die Sache selbst deutlich. Also ist der erste Himmel ewig. (b) Also gibt es auch etwas, das bewegt. Da aber dasjenige, was bewegt wird und bewegt, ein Mittleres ist, so muß es auch etwas geben, das ohne bewegt zu werden, selbst bewegt, das ewig und Wesen und Wirklichkeit ist. (c) Auf solche Weise aber bewegt das Erstrebte und das Intelligible (Erkennbare); es bewegt, ohne bewegt zu werden. Von diesen beiden ist das erste (als Prinzipien) dasselbe. Denn Gegenstand des Begehrens ist dasjenige, was als schön erscheint, Gegenstand des Willens ist an sich das, was schön ist. Wir erstreben aber etwas vielmehr, weil wir es für gut halten, als daß wir es für gut hielten, weil wir es erstreben. Prinzip ist die Vernunfttätigkeit. Die Vernunft wird vom Intelligiblen bewegt, intelligibel aber an sich ist die eine Reihe der Zusammenstellung (der Gegensätze); in ihr nimmt das Wesen die erste Stelle ein, und unter dieser die einfache, der wirklichen Tätigkeit nach existierende (Eines aber und Einfach ist nicht dasselbe; denn das Eine bezeichnet ein Maß, das Einfache

[70] Vgl. zum Hintergrund: Heinzpeter Hempelmann: *„Wir haben den Horizont weggewischt" Die Herausforderung: Postmoderner Wahrheitspluralismus und christliches Wahrheitszeugnis,* Wuppertal 2008; eine Kurzfassung bei ders.: „Wir haben den Horizont weggewischt (F. Nietzsche). Das Evangelium verkündigen unter den Bedingungen der Postmoderne", in: *thbeitr,* 30. Jg. (1999), 32-49.

aber ein bestimmtes Verhalten), aber auch das Schöne und das um seiner selbst willen Erstrebbare findet sich in derselben Reihe, und das erste (als Prinzip) ist entweder das beste oder dem analog. Daß aber der Zweck zu dem Unbewegten gehört, macht die Unterscheidung deutlich; denn es gibt einen Zweck für etwas und von etwas; jener ist unbeweglich, dieser nicht. Jenes bewegt wie ein Geliebtes, und durch das (von ihm) Bewegte bewegt es das übrige. (d) Wenn nun etwas bewegt wird, so ist es möglich, daß es sich auch anders verhalte. Wenn also Ortsbewegung die erste Wirklichkeit (wirkliche Tätigkeit) insofern ist, als das Bewegte in Bewegung ist, so ist insofern auch möglich, daß es sich anders verhalte, nämlich dem Orte, wenn auch nicht dem Wesen nach. Nun gibt es aber etwas, was ohne bewegt zu werden selbst bewegt und in Wirklichkeit (in wirklicher Tätigkeit) existiert; bei diesem ist also auf keine Weise möglich, daß es sich anders verhalte. Denn Ortsbewegung ist die erste unter den Veränderungen, und unter ihr die Kreisbewegung; diese Bewegung aber wird von jenem ersten Bewegenden hervorgebracht. Also ist es notwendig seiend, und inwiefern es notwendig ist, ist es auch so gut und in diesem Sinne Prinzip. Notwendig nämlich wird in mehreren Bedeutungen gebraucht, einmal als das gegen den eigenen Trieb mit Gewalt Erzwungene, dann als das, ohne welches das Gute nicht sein kann, drittens als das, was nicht anders möglich ist, sondern absolut ist. Von einem solchen Prinzip also hängen der Himmel und die Natur ab. (e) Sein Leben aber ist das beste, und wie es bei uns nur kurze Zeit stattfindet, da beständige Dauer uns unmöglich ist, so ist es bei ihm immerwährend. Denn seine Wirklichkeit (wirkliche Tätigkeit) ist zugleich Lust. Und deshalb ist Wachen, Wahrnehmen, Vernunfttätigkeit das Angenehmste, und durch diese erst Hoffnungen und Erinnerungen. Die Vernunfttätigkeit an sich aber geht auf das an sich Beste, die höchste auf das Höchste. Sich selbst erkennt die Vernunft in Ergreifung des Intelligiblen; denn intelligibel wird sie selbst, den Gegenstand berührend und erfassend, so daß Vernunft und Intelligibles dasselbe sind. Denn die Vernunft ist das aufnehmende Vermögen für das Intelligible und das Wesen. Sie ist in wirklicher Tätigkeit, indem sie das Intelligible hat. Also ist jenes (das Intelligible) noch in vollerem Sinne göttlich als das, was die Vernunft Göttliches zu haben scheint, und die Betrachtung (theoretische Tätigkeit) ist das Angenehmste und Beste. Wenn sich nun so gut, wie wir zuweilen, der Gott immer verhält, so ist er bewundernswert, wenn aber noch besser, dann noch bewundernswerter. So verhält er sich aber. Und Leben wohnt in ihm; denn der Vernunft Wirklichkeit (wirkliche Tätigkeit) ist Leben, jener aber ist die Wirklichkeit (Tätigkeit), seine Wirklichkeit (Tätigkeit) an sich ist bestes und ewiges Leben. Der Gott, sagen wir, ist das ewige, beste Lebewesen, so daß dem Gott Leben und beständige Ewigkeit zukommen; denn dies ist der Gott. (f) Alle diejenigen aber, welche, wie die Pythagoreer und Speusippos, annehmen, das Schönste und Beste sei nicht im Prinzip enthalten – weil ja auch bei den Pflanzen und Tieren die Prinzipien zwar Ursachen sind, das Schöne und Vollkommene aber erst in dem daraus Hervorgehenden sich findet –, haben keine richtige Ansicht; denn der Same geht aus anderem, ihm selbst vorausgehenden Vollendeten hervor, und das erste ist nicht der Same, sondern das Vollendete. So würde man z. B. vom Menschen sagen, daß er früher sei als der Same, nämlich nicht von dem Menschen, der aus diesem Samen wird, sondern von einem anderen, aus welchem der Same hervorgegangen ist. (g) Daß es also ein ewiges, unbewegtes, von dem Sinnlichen getrennt selbständig existierendes Wesen gibt, ist aus dem Gesagten klar. Es ist aber auch erwiesen, daß dieses Wesen keine Größe haben kann, sondern unteilbar und unzertrennlich ist. Denn die unendliche Zeit hindurch bewegt es, nichts Begrenztes aber hat ein unbegrenztes (unendliches) Vermögen. Da nun jede Größe begrenzt oder unbegrenzt sein muß, so kann es eine begrenzte Größe aus dem angegebenen Grunde nicht haben, eine unbegrenzte Größe aber darum nicht, weil es überhaupt keine unbegrenzte Größe gibt. Aber es ist auch ferner erwiesen, daß es keiner Affektion und keiner Qualitätsveränderung unterworfen ist; denn alle übrigen Bewegungen folgen erst der Ortsbewegung nach. Von diesem also ist offenbar, warum es sich so verhält.

8. (a) Ob nun aber nur ein solches Wesen anzunehmen ist oder deren mehrere, diese Frage darf nicht übersehen werden, vielmehr müssen wir auch die Erklärungen der anderen Philosophen erwähnen, nämlich daß sie hierüber nichts Bestimmtes ausgesprochen haben. Denn die Ideenlehre enthält hierüber keine eigentümliche Untersuchung; die Anhänger derselben erklären nämlich, die Ideen seien Zahlen, über die Zahlen aber sprechen sie bald so, als seien derselben unendlich viele, bald wieder, als seien sie mit der Zehnzahl begrenzt und abgeschlossen; weshalb aber die Vielheit der Zahlen gerade so groß sei, dafür führen sie keinen ernstlichen Beweis. Wir aber müssen uns darüber unseren Grundlagen und den bisherigen Bestimmungen gemäß aussprechen. (b) Das Prinzip nämlich und das Erste von allem Seienden ist unbewegt, sowohl an sich wie auch in akzidenteller Weise, aber es bringt die erste, ewige und einige Bewegung hervor. Da nun das Bewegte von etwas bewegt werden, und das erste Bewegende an sich unbewegt sein, und die ewige Bewegung von einem ewigen (Prinzip), die einige von einem einigen ausgehen muß, und da wir ferner außer der einfachen Bewegung des Ganzen, welche nach unserer Behauptung von dem ersten und unbewegten Wesen ausgeht, noch andere ewige Bewegungen sehen, die der Planeten nämlich (denn ewig und ruhelos ist der im Kreis bewegte Körper, wie dies in den physischen Schriften erwiesen ist), so muß auch jede dieser Bewegungen von einem an sich unbeweglichen und ewigen Wesen ausgehen. Denn die Natur der Gestirne ist ein ewiges Wesen, und so ist auch das Bewegende ewig und früher als das Bewegte, und was früher ist als ein Wesen, muß notwendig Wesen sein. Demnach ist aus dem vorher erörterten Grunde offenbar, daß ebensoviele Wesen existieren müssen, die ihrer Natur nach ewig und an sich unbewegt und ohne Größe sind. (c) Daß also Wesen existieren, und von ihnen eines das erste und zweite ist nach derselben Ordnung wie die Bewegungen der Gestirne, ist offenbar. Die Anzahl aber der Bewegungen müssen wir aus derjenigen mathematischen Wissenschaft entnehmen, welche mit der Philosophie in der nächsten Beziehung steht, aus der Astronomie. Denn diese stellt Untersuchung an über das zwar sinnlich wahrnehmbare, aber doch ewige Wesen; die anderen mathematischen Wissenschaften dagegen handeln gar nicht von einem Wesen, z. B. die Wissenschaft der Zahlen und der Geometrie. Daß nun die bewegten Körper mehrere Bewegungen haben, ist selbst denen offenbar, die sich nur wenig mit der Sache beschäftigt haben; denn jeder von den Planeten hat mehr als eine Bewegung. Wieviele ihrer aber sind, darüber geben wir jetzt der Übersicht wegen die Angaben einiger Mathematiker an, damit man in Gedanken eine bestimmte Zahl annehmen kann. Übrigens muß man teils selbst untersuchen, teils diejenigen befragen, welche die Sache untersuchen; und wenn sich dann bei dieser Beschäftigung etwas von dem jetzt Gesagten Abweichendes ergibt, so muß man zwar beide schätzen, aber den genaueren folgen.

Eudoxos nun nahm an, daß die Bewegung der Sonne und des Mondes in je drei Sphären geschehe; die erste davon sei die Sphäre der Fixsterne, die zweite habe ihre Richtung mitten durch den Tierkreis, die dritte gehe in schräger Richtung durch die Breite des Tierkreises, schräger aber durchschneide den Tierkreis die Sphäre, in welcher der Mond, als die, in welcher die Sonne sich bewegt. Jeder der Planeten bewege sich in vier Sphären; unter diesen sei die erste und zweite mit den entsprechenden von Sonne und Mond einerlei, weil sowohl die Sphäre der Fixsterne alle in Bewegung setze, als auch die ihr untergeordnete, in der Richtung der Mittellinie des Tierkreises bewegte allen gemeinsam sei; für die dritte lägen die Pole bei allen Planeten in dem durch die Mittellinie des Tierkreises gelegten Kreise; die vierte Sphäre bewege sich nach der Richtung eines gegen die Mitte der dritten Sphäre schiefen Kreises. Für die dritte Sphäre hätten von den übrigen Planeten jeder seine eigenen Pole, Venus und Merkur aber dieselben. Kallippos stimmte hinsichtlich der Lage der Sphären, d. h. der Ordnung ihrer Abstände, mit Eudoxos überein, auch schrieb er dem Jupiter und dem Saturn dieselbe Anzahl von Sphären zu wie jener; doch der Sonne und dem Monde, meinte er, müßten noch je zwei hinzugefügt werden, wenn man die wirklichen Erscheinungen darstellen wolle, und jedem der übrigen Planeten noch eine. Sollen aber diese Sphären alle zusammengenommen die wirklichen Erscheinungen darstellen, so muß für jeden Planeten eine um eins kleinere Anzahl anderer Sphären vorhanden sein, welche die der Lage nach erste Sphäre des jedesmal zunächst untergeordneten Planeten zurückführen und in dieselbe Lage wiederherstellen; denn nur so ist es möglich, daß das Gesamte die Bewegung der Planeten ausführt. Da nun der Sphären, in welchen die Planeten selbst bewegt werden, acht und fünfundzwanzig sind, und von diesen nur diejenigen nicht brauchen zurückgeführt zu werden, in welchen der unterste Planet sich bewegt, so ergeben sich sechs Sphären, welche die der beiden obersten zurückführen, und sechzehn für die folgenden, und als Anzahl der gesamten Sphären, der bewegenden sowohl als der zurückführenden, fünfundfünfzig. Wollte man aber der Sonne und dem Mond die eben erwähnten Bewegungen nicht zufügen, so würde sich als Anzahl der gesamten Sphären siebenundvierzig ergeben. (d) So groß also mag die Anzahl der Sphären sein; dann ist mit Wahrscheinlichkeit die Anzahl der Wesen und der unbeweglichen sowie der sinnlich wahrnehmbaren Prinzipien ebenso groß zu setzen. Von Notwendigkeit hier zu reden mag Stärkeren überlassen bleiben. Wenn es aber keine Bewegung geben kann, die nicht in der Bewegung eines Gestirnes ihr Ziel hat, wenn man ferner jede Natur und jedes den Affektionen nicht unterworfene, an sich des Besten teilhaftige Wesen für Zweck halten muß: so würde es demnach kein anderes Wesen außer diesen geben, sondern dies würde notwendig die Zahl der Wesen sein. Denn gäbe es noch andere, so müßten sie ja in Bewegung setzen, indem sie Zweck einer Bewegung wären. Aber unmöglich kann es noch andere Bewegungen außer den genannten geben; das ist aus der Betrachtung der bewegten Körper zu ersehen. Denn wenn jedes Bewegende auf ein Bewegtes geht, und jede Bewegung Bewegung eines Dinges ist, so kann es keine Bewegung geben, welche auf sich selbst oder auf eine andere Bewegung ginge, sondern sie muß Bewegung eines Gestirnes sein. Denn ginge eine Bewegung auf eine andere Bewegung, so müßte auch diese wieder auf eine andere gehen. Und da nun ein Fortschritt ins Unendliche undenkbar ist, so muß das Ziel jeder Bewegung einer von den göttlichen Körpern sein, die sich am Himmel bewegen. (e) Daß aber nur ein Himmel existiert, ist offenbar. Denn gäbe es mehrere Himmel, wie es der Menschen mehrere gibt, so würde das Prinzip eines jeden einzelnen der Form nach eines sein, und nur der Zahl nach wären es viele. Was aber der Zahl nach eine Mehrheit ist, hat einen Stoff; denn der Begriff der mehreren, z. B. des Menschen, ist einer und derselbe, Sokrates aber ist ein Einzelner. Das erste Sosein aber hat keinen Stoff, denn es ist Vollendung (Wirklichkeit). Eines also ist dem Begriff und der Zahl nach das erste bewegende Unbewegte; also ist auch das immer und stetig Bewegte nur Eines; also gibt es nur einen Himmel. (f) Von den Alten und den Vätern aus uralter Zeit ist in mythischer Form den Späteren überliefert, daß die Gestirne Götter sind und das Göttliche die ganze Natur umfaßt. Das übrige ist dann in sagenhafter Weise hinzugefügt zur Überredung der Menge und zur Anwendung für die Gesetze und das allgemeine Beste. Sie schreiben ihnen nämlich Ähnlichkeit mit den Menschen oder mit anderen lebendigen Wesen zu und anderes dem Ähnliches und damit Zusammenhängendes. Wenn man hiervon absehend nur das erste selbst nimmt, daß sie nämlich die ersten Wesen für Götter hielten, so wird man darin einen göttlichen Ausspruch finden, und da wahrscheinlich jede Kunst und jede Wissenschaft öfters nach Möglichkeit aufgefunden und wieder verlorengegangen ist, so wird man in diesen Ansichten gleichsam Überreste von jenen sehen, die sich bis jetzt erhalten haben. Nur insoweit also ist uns die Ansicht unserer Väter und unserer ältesten Vorfahren klar.

9. (a) Hinsichtlich der Vernunft aber entstehen einige Zweifel. Unter dem Erscheinenden nämlich gilt sie für das Göttlichste; inwiefern aber und durch welche Eigenschaft sie dies sei, ist schwierig anzugeben. Denn wenn sie nichts erkennt, sondern sich so verhält wie ein Schlafender, worin läge denn da ihre Würde? Wenn sie jedoch erkennt, dieses Erkennen aber durch etwas anderes bestimmt ist, so wäre sie, da das, worin ihr Wesen besteht, dann nicht Erkennen als Tätigkeit, sondern nur das Vermögen dazu ist, nicht das beste Wesen. Denn durch das Erkennen kommt ihr die Würde zu. Ferner, mag nun Vernunft oder ihre Tätigkeit ihr Wesen sein, was erkennt sie denn? Entweder doch erfaßt sie sich selbst oder etwas anderes, und wenn etwas anderes, dann entweder immer dasselbe oder Verschiedenes. Macht es nun einen Unterschied oder keinen, ob man das Schöne oder ob man das erste beste erfaßt? Oder ist es nicht vielmehr gar unziemend, manches zum Gegenstand des Erkennens zu machen? Offenbar denkt sie das Göttlichste und Würdigste, und zwar ohne Veränderung; denn die Veränderung würde zum Schlechteren gehen, und dies würde schon eine Bewegung sein. (b) Erstlich nun, wenn die Vernunft nicht Erkenntnistätigkeit ist, sondern nur Vermögen, so ist natürlich, daß ihr die Stetigkeit des Erkennens beschwerlich wäre. Ferner ist offenbar, daß etwas anderes würdiger wäre als die Vernunft, nämlich das Erkannte. Denn das Erkennen und seine Tätigkeit wird auch dem zukommen, der das Schlechteste erkennt. Wenn nun dies zu fliehen ist, wie es ja auch besser ist, manches nicht zu sehen, als es zu sehen, so würde demnach die Vernunfttätigkeit nicht das Beste sein. Sich selbst also erkennt die Vernunft, wenn anders sie das Beste ist, und die Vernunfterkenntnis (bzw. -tätigkeit) ist Erkenntnis ihrer Erkenntnis (-tätigkeit). (c) Nun haben jedoch offenbar die Wissenschaft und die Sinneswahrnehmung, die Meinung und die Vorstellung immer etwas anderes zum Objekt, sich selbst aber nur nebenbei. Ferner, wenn vernunftmäßiges Erkennen und Erkanntwerden verschieden sind, in Beziehung auf welches von beiden kommt denn der Vernunft das Gute zu? Denn das Sein der Vernunfterkenntnis und des Erkannten ist ja nicht dasselbe. (d) Doch bei manchem ist ja die Wissenschaft die Sache selbst. Bei den hervorbringenden Wissenschaften ist dies das Wesen ohne den Stoff

und das Sosein, bei den betrachtenden der Begriff (als die Sache) und die Erkenntnistätigkeit. Da also das Erkannte und die Vernunft nicht verschieden sind bei allem, was keinen Stoff hat, so wird es dasselbe sein, und Vernunfterkenntnis mit dem Erkannten ein einziges. (e) Ferner bleibt nun noch eine schwierige Frage übrig: ob das Erkannte zusammengesetzt ist; denn es würde ja dann das Erkennen in den Teilen des Ganzen einer Veränderung unterworfen sein. (f) Vielmehr ist doch wohl alles, was keinen Stoff hat, unteilbar. Wie sich die menschliche Vernunft, d. h. die auf das Zusammengesetzte gerichtete, in einer gewissen Zeit verhält – denn sie hat nicht in diesem oder in jenem Teile das Gute, sondern im Ganzen das Beste, welches etwas anderes ist (als sie selbst) –: so verhält sich die Vernunfterkenntnis ihrer selbst (der göttlichen Vernunft) die ganze Ewigkeit hindurch.

VI. Literaturhinweise

1. Quellen

Aristoteles: *Philosophische Schriften in sechs Bänden*, hg. von Wolfgang Detel, Hans-Günter Zekl (u.a.), Hamburg 2019.

2. Sekundärliteratur

Thomas Buchheim/Helmut Flashar/Richard A.H. King (Hrsg.): *Kann man heute noch etwas anfangen mit Aristoteles*, Hamburg 2003.

Wolfgang Detel: *Aristoteles. Eine Einführung*, Ditzingen 2021.

Hellmut Flashar: Aristoteles. Lehrer des Abendlandes, München 2., durchgeseh. Aufl. 2013.

Thomas Gutschker: *Aristotelische Diskurse. Aristoteles in der politischen Philosophie des 20. Jahrhunderts*, 2002.

Otfried Höffe: *Aristoteles. Die Hauptwerke. Ein Lesebuch*, Tübingen 2009.

Klaus Öhler: *Der unbewegte Beweger des Aristoteles*, Frankfurt a.M. 1984.

Pierre Pellegrin: „Hausverwaltung und Sklaverei“ (I,1-13), in: Otfried Höffe (Hrsg.): *Aristoteles. Politik*, Berlin (2001) 2. bearb. Aufl. 2011, 29-48.

Christoph Rapp: *Aristoteles. Eine Einführung*, Hamburg 2001.

Christof Rapp/Klaus Corcilius (Hrsg.): *Aristoteles Handbuch. Leben. Werk. Wirkung*, Heidelberg 2. aktual. u. erw. Aufl. 2021.

Wolfgang Welsch: *Der Philosoph. Die Gedankenwelt des Aristoteles*, 2., durchgeseh. Aufl. Paderborn 2018.

Glossar

ad infinitum: und so immer, unendlich, weiter

akzidentiell: zufällig, nicht ableitbar

animal rationale: das Lebewesen, das Vernunft hat

anthropisches Prinzip: Theorie, die zusammenfasst, dass nur das Gegebensein einer Reihe von naturwissenschaftlich erhebbaren Gesetzen und Konstanzen menschliches Leben auf der Erde ermöglicht hat

Anthropomorph/Anthropomorphismus: menschengestaltig; religionsphilosophisches Konzept, das darauf hinweist, dass Gott und Götter menschliche Züge aufweisen

Apathieaxiom: Grundsatz der Leidensunfähigkeit Gottes

Apperzeptionsweise, aspektivische: eine im Gegensatz zum griechischen Denken mit seiner Zentralperspektive stehende, vor allem im hebräischen Denken zu findende Wahrnehmungsweise, die nicht einen abstrakten Standpunkt über den Dingen beansprucht, sondern den Beobachter mit seiner Perspektive integriert

arche: Ursprung, Prinzip

Axiom: Grundsatz, der nicht weiter hinterfragt wird

basal: fundamental

causa efficiens: eine der vier bei Aristoteles zu findenden Ursachen, die nach der Wirkung und dem Bewirktwerden fragt

causa finalis: eine der vier bei Aristoteles zu findenden Ursachen, die nach dem Ziel/ *telos* einer Sache fragt

causa formalis: eine der vier bei Aristoteles zu findenden Ursachen, die danach fragt, wie die Gestalt eine Substanz bestimmt

causa materialis: eine der vier bei Aristoteles zu findenden Ursachen, die danach fragt, wie der „Stoff“, also die materiale Grundlage eine Substanz bestimmt

Causa-Lehre: von Aristoteles ausformulierte Lehre von den vier Ursachen, die eine Substanz bestimmen

Demiurg: urspr. altgriechisch für Handwerker, in der Philosophie entweder neutral als Ausdruck für Gott als Schöpfer gebraucht oder als negative Bezeichnung für den Urheber einer defizitären Welt

Dialektik: Theorie über eine Erkenntnis- und/ oder Seins-, im engeren Sinne Geschichtsbewegung, nach der Prozesse als Zusammenspiel oder Konfrontation von These und Antithese ablaufen, die zu einer Synthese werden, die wiederum zum Ausgangspunkt einer neuen Antithese wird (usf.)

Disjunktion: (begriffliche) Trennung

Doketismus: Scheinleiblichkeit, theologisch die These, dass der Sohn Gottes nicht wirklich „Fleisch“ angezogen hat; allgemeiner Vorwurf einer fehlenden Wirklichkeitshaftung

dynamis: die in einer Substanz liegende Möglichkeit; eine Seinsweise, die noch nicht realisiert ist

Dystopien: düstere Utopie

eleatisch: eine Weise des Denkens, die hinter allem, was sich verändert, ein unveränderliches Sein als Grundlage annimmt

Elenktik: griech. Prüfung, Widerlegung: kritisches Bemühen, bloßes Scheinwissen („Sophisterei") zu widerlegen

Empirie/Empiriker: Erfahrung; Philosoph, der – ausschließlich oder vor allem – die Erfahrung zur Grundlage der Erkenntnis machen will

energeia: bei Aristoteles eine von mehreren Bezeichnungen für die gegebene Wirklichkeit

Entelechie: von griechisch: *en* (in), *telos* (Ziel), *echein* (haben): philosophisches Konzept, nach dem eine Sache ihr Ziel – also das, worauf hin sie aus ist – in sich selbst hat

Entität: Grundbegriff der Seinslehre (Ontologie), der in einem sehr allgemeinen Sinn Dasein bezeichnet, in einem spezifischen Sinne das Sein eines singulären Einzeldings

eo ipso: wörtlich: aus sich selbst; etwas, das sich von selbst, von seinem Begriff her von selbst versteht

Epiphänomen: eine – bloße – Begleiterscheinung ohne eigene selbstständige seinsmäßige Grundlage

Eristik: Streitkunst

Erste Philosophie: bei Aristoteles und seinen Nachfolgern Bezeichnung für die Philosophie, die alles weitere fundiert

Essenzialismus: philosophischer Ansatz, der von einem Wesen einer Sache ausgeht, das jenseits und unabhängig von seinem konkreten Dasein ist

Eudämonie/Eudämonia: Glückseligkeit, glücklicher, erfüllter Zustand

Gnosis: griech. Erkenntnis; in Religionsphilosophie und Theologie oft abschätzig und kritisch gebrauchte Bezeichnung für eine Lehre, die Heil und Erlösung über – oft geheimes – Wissen sucht

Hermeneutik: Auslegungskunst

Hyle: griech. Stoff, Materie; bei Aristoteles und Nachfolgern als Gegenbegriff zur Form

hypokeimenon: das Zugrundeliegende, das bei allem Wechsel und aller Veränderung bleibt

Intelligent-Design: ein naturphilosophisches Konzept, das aus der hohen Komplexität und der offenbar zielgerichteten Organisation des Lebens und Universums auf einen intelligenten Designer schließt

Kategorienlehre: bei Aristoteles, I. Kant, Nicolai Hartmann u. a. zu findender Versuch, das Wirkliche oder das Bild von Wirklichkeit, das uns unsere Erkenntnis liefert, mittels im Verstand gegebener Begriffer und Fragehinsichten zu gliedern und zu unterscheiden

kathartisch: reinigend

Kausalnexus: Ursache-Wirkungs-Geflecht

Koinzidenz: Zusammentreffen von mindestens zwei Entwicklungen, Prozessen, Wirkungen

kontingent: zufällig, nicht ableitbar

kontradiktorischer Widerspruch: logischer Gegensatz, der besteht, wenn eine Aussage die Negation der anderen ist

Kosmologie: in einem allgemeineren Sinne die Auffassung von der Welt, konkreter gefasst: das, was wir physikalisch über das Universum wissen, in Abgrenzung etwa zur Anthropologie als Lehre vom Menschen

Logos: (Welt-)Vernunft, geistiges Prinzip

logozentrisch: bei M. Heidegger und postmodernen Philosophen zu findende kritische Rückfrage, inwiefern die abendländische Philosophie ihre Fähigkeit überschätzt, die Welt begrifflich zu durchdringen

Mäeutik: Hebammenkunst – platonisch-sokratische Überzeugung, Erkenntnis sei der menschlichen Seele schon vorgeburtlich mitgegeben und müsse durch eine philosophische Fragetechnik nur wiedererinnert werden (Anamnesis: Erkenntnis als Wiedererinnerung)

Materie: die Wirklichkeit betrachtet als Stoff (griech. *hyle*)

Metakritik: eine Kritik, die auf einer übergeordneten Ebene die gegebene Kritik auf ihre Grundlagen und ihre Stringenz hin untersucht

Metaphysik: der für die abendländische Philosophie weithin kennzeichnende Ansatz, die hinter der empirisch erfahrbaren Wirklichkeit bzw. in ihr wirkenden allgemeinen Gesetzmäßigkeiten zu erkennen

Monolatrie: in Abgrenzung von einem (religions-)philosophischen Monotheismus, der nur einen Gott kennt, die Verehrung eines Gottes als des Höchsten

naturalistischer Reduktionismus: ein vor allem in den Naturwissenschaften zu findender Versuch, als wirklich nur das anzuerkennen, was mithilfe von primär physikalischen Methoden nachgewiesen werden kann

Nihilismus: ein metaphysikkritischer Ansatz, der die Sinnhaftigkeit des Universums und Lebens bestreitet

noesis: Vernunft

noesis noeseos: die sich selbst denkende Vernunft, bei Aristoteles Prädikat Gottes als der höchsten Intelligenz

Nominalismus: im Gegensatz zum Realismus stehende Auffassung, dass die Erkenntnissuche mit ihren begrifflichen Unterscheidungen nicht auf den wesenhaften Kern der Dinge trifft, sondern nur auf selbst gesetzte Bezeichnungen

Nonfundamentalismus: vor allem postmoderne, antirealistische Position, dass die Erkenntnisbemühung nicht die Realität trifft

Ontologie: Lehre vom Sein

ousia: Wesen

Physikalismus: vor allem zu Beginn des 20. Jh. verbreitete naturphilosophische, neopositivistische, auch religionskritische Position, dass nur das als real anerkannt werden kann, was durch physikalische Methoden nachweisbar ist

polytheistisch: im Gegensatz zum monotheistisch Überzeugung, dass es nicht nur einen, sondern viele Götter oder einflussreiche Geistwesen gibt

Positivismus (logischer): —> Physikalismus

Quantentheorie: eine spezielle Deutung der neuen Erkenntnisse der Elementarteilchentheorie, die die klassische Subjekt-Objekt-Spaltung der herkömmlichen Physik bestreitet und dem Erkenntnisakt einen Einfluss auf das Sein des Erkannten beimisst

sacrificium intellectus: Opferung des Verstandes

solipsistisch: von lat. *solus ipse*, auf sich selbst bezogen, in einem kritischen Sinne gebraucht als: nur sich selbst und den eigenen Setzungen begegnend

Sophistik: Argumentationsweise, die auch falsche oder unsinnige Positionen zu beweisen sucht

Substanz: von lat. *sub stare*, darunter liegen: zentraler Begriff abendländischer Seinslehre für das, woraus etwas besteht und was das unveränderliche, allem Wechsel Zugrundeliegende ist

telos: Ziel

theoria: die erstrebenswerte, zur Eudämonie führende Wesensschau

Transzendentalphilosophie: von I. Kant begründeter Ansatz, der nach den Bedingungen der Möglichkeit von Erkenntnis fragt, nicht zu verwechseln mit dem religionsphilosophischen Ansatz der Transzendenzphilosophie

Universalienproblem: vor allem im Mittelalter zu findender, aber bis heute aktueller Streit, ob es eine unabhängig von unseren Begriffen existierende Realität gibt

universitas litterarum: Welt der Wissenschaften, Umschreibung von Universität mit ihren verschiedenen Fakultäten

via eminentiae: Bildung eines Begriffes durch Steigerung vorhandener Eigenschaften, etwa des Gottesbegriffes durch Steigerung der dem Menschen zukommenden Prädikate

via negationis: Bildung einer Vorstellung durch Verneinung vorhandener Prädikate; wichtig v. a. in der negativen Theologie, die von Gott als dem Unerkennbaren redet, indem sie ihm menschliche Prädikate abspricht

Worumwillen: kategoriale Einschätzung einer Sache unter der Fragestellung, welchen Zweck sie im Gesamt eines Systems hat

zoon: griech. für Leben

Register

Personen

Sachen